张建明 / 著
TUSHU CEHUA TONGLUN

图书策划通论

中国书籍出版社
China Book Press

图书在版编目(CIP)数据

图书策划通论 / 张建明著. —北京：中国书籍出版社，2016.6
ISBN 978 – 7 – 5068 – 5613 – 3

Ⅰ．①图… Ⅱ．①张… Ⅲ．①图书 – 选题计划 Ⅳ．①G232.1

中国版本图书馆 CIP 数据核字(2016)第 125483 号

图书策划通论

张建明　著

责任编辑	杨铠瑞　陈守卫
责任印制	孙马飞　马　芝
封面设计	贾　嫣
出版发行	中国书籍出版社
地　　址	北京市丰台区三路居路 97 号(邮编：100073)
电　　话	(010)52257143(总编室)　(010)52257153(发行部)
电子邮箱	eo@chinabp.com.cn
经　　销	全国新华书店
印　　刷	河北省三河市顺兴印务有限公司
开　　本	787 毫米×1092 毫米　1/16
字　　数	260 千字
印　　张	18
版　　次	2016 年 9 月第 1 版　2016 年 9 月第 1 次印刷
书　　号	ISBN 978 – 7 – 5068 – 5613 – 3
定　　价	48.00 元

版权所有　翻印必究

序

  我与张建明先生相识近20年，算是多年的朋友了。建明计算机工程专业出身，毕业后在部队高校教授计算机课程，教学之余编写了十多部计算机普及读物，出版后深受读者喜爱，销售颇为火爆，为出版社创造了可观的经济效益，也为自己赢得了计算机图书编写高手的声誉，成为出版社争抢的热门作者。事情本来可以到此为止，作为一个优秀的专业书作者，建明可以继续一边当他的计算机老师，一边从容不迫地延续自己与出版的缘分。但建明是真的喜欢出版，他渐渐不满足于被出版社约稿，开始主动帮出版社出谋划策，深度参与出版流程，最后索性放弃了原先的职业，直接投身出版行业，专职做起图书策划来。这以后，建明的出版职业生涯风生水起，成就斐然，出了很多好书，得了很多奖项，赢得了广泛好评和肯定。从一个优秀的作者到一个出色的出版人，建明的经历有些传奇励志，却也顺理成章。

  建明无疑是一个成功的图书策划人，他策划的精品图书，屡屡获得市场的青睐，取得的成绩令人赞不绝口。但建明并不满足于这些，他善于学习，勤于研究，在积极从事图书策划实践的同时，还不断进行经验总结和规律探寻，对有关图书策划的许多问题进行深入的思考，形成了很多独到而精辟的看法。这些年来，他在专业报刊上发表过一些研究文章，引起了行业人士的高度关注，也给相关课题研究提供了宝贵的参考。这次他花费很大精力，对自己多年从事图书策划工作的思考、感悟和体验作了认真归纳、整理，形成一个完整的系统，就有了《图书策划通论》这部来之不易的著述。

  《图书策划通论》讲的当然是图书的策划。策划对于图书出版工作的重要性显而易见，有资深出版从业者曾说过："在整个图书利润总额中，图书策划的利润贡献率一般在50%左右，有时甚至高于50%。"可见图书策划在整个出版经营中发挥着极为重要的作用。在图书市场竞争已呈白热化的今天，图书策划更是像出版社的生命一样重要，是出版社的生存和发展之本。因此，提高编辑人员的策划能力，提高出版机构的策划水平，是出版工作中的重中之重。出版业内人士，对此该有深切体会。建明长期直接从事图书策划工作，对这一点的体会自然更为真切。他创作这本书，不仅是因为个人的理论兴趣，更是出于一种责任，就是想把自己的思考和见解整理出来，以出版的形式，与同行交流、分享，以切实帮助大家增强策划意识，提升策划能力，从而推动精品图书的生产，促进行业的繁荣发展。认真读过书稿后，我以为，这本书确实不负作者的一片苦心。

  对图书策划概念的阐发，是建明这本书阐述的核心内容。近些年，出版界人人都在讲策划，表面看来，出版界对图书策划不可谓不重视，出版机构乃至出版人的策划意识不可谓不强。但细究起来，很多业内人士对图书策划的理解其实是比较片面、肤浅的，许多人心目中的图书策划，基本就等同于一个主意，一个点子，以为只要灵光乍现，蹦出一个奇妙的创意，喊出一个响亮的书名，一个精彩的策划就大功告成了。殊不知，真正有效的、高质量的策划，需要太多的智力劳作和实践运筹。所以建明在他的书中反复阐发一个理念，就是图书策划是一项系统性工程，涵盖面广，渗透性强，创新要求高。就范围而言，图书策划不仅仅是选题策划，还包括图书制作策划以及图书推广策划，涉及整个出版流程的各个环节。就深度而言，图书策划不是简单的符号和标签，它渗透在各个出版环节的多个层面。策划的水准如何，在很大程度上取决于策划人的创新理念以及把创新理念付诸实施的过硬本领。建明还特别引入了"图书生命周期"这个概念，以强调策划的作用和意义。他的意思是，图书是有生命的，而策划就是图书这个生命机体成长的灵魂。因此图书策划人必须认真做好图书选题策划、充分重视图书制作策划、积极投入图书推广策划，把策划意识和策划精神贯穿于图书的整个生命周期。换句话说，要真正做好图书策划工作，出版人就必须认真收集材料、全面掌握各项数据、仔细分析市场需求、敏锐感知时代风尚。选题策划需要精准定位，制作策划需要精细掌控，营销策划需要精确计算。而这一切，都有赖于扎扎实实的基础工作，没有捷径可走，没有偷懒的余地。建明把这个道理讲得透彻而清晰，让人印象深刻。我想，读了建明的书，那种以为策划就是聪明人灵光乍现的偏颇观点可以得到一定的矫正。

图书策划的实质是创新，这是业界都认可的观点，也是建明这本书中的一个基本理念。高水平的图书策划，必须建立在高质量的创新思维基础之上。纵观成功的图书策划案例，绝大多数都具有鲜明的创新特征，或内容特色鲜明，或形式独树一帜，或作者性格卓异不凡，或营销手段新颖别致。但在图书策划实践中，创新谈何容易。这其中的困难，出版人都有感受。现在的问题是，在许多出版人那里，模仿成为策划的惯用方法。很多出版人受制于知识基础，又不愿意进行艰苦的调研和资料工作，只把眼睛盯着排行榜，然后想方设法去跟风，去克隆。这么做，虽然有时也能获得短暂的成功，但不可能持久。总是抱着这样的讨巧念头，注定不会有什么大出息。而从行业的角度，这只能说是严重的资源浪费。建明在自己的书中用了大量的篇幅，阐述创新的意义和价值，分析创新的思路和方法，给予我们很多启发和引导。

建明是一个优秀的写作者，对如何创作一本好书经验丰富。一方面，《图书策划通论》的内容非常丰富，解渴，它是作者几十年从事市场化图书选题策划、内容设计与编写，以及基于出版企业的市场化图书运作实践的总结，有鲜明的个性化特点，可读性很强。而从另一个方面看，这本书又写得非常规范，是可以作为教材来用的。概括而言，本书至少呈现出如下几个鲜明特征。

一是系统性强。本书由总论、图书选题策划、图书制作策划和图书推广策划四部分共十章构成，囊括了关于图书策划的所有知识点和创新点，注重知识点之间的逻辑连接与相互渗透，形成相对完整的理论体系。在结构框架与各部分内容的编排上也体现了较强的整体性。这样的结构和逻辑，显得清晰和严谨，既便于读者把握全书的主旨，又能让读者充分领会细节的内涵。

二是实践性强。本书名曰"图书策划通论"，理论层面的分析、阐述占有一定的篇幅，但更多的篇幅是在讲述实践操作中的具体案例，并结合典型案例对所述观点进行了论证。这些案例有些是建明自己的亲身经历，更多的是他搜集的同行的故事。丰富而生动的案例，可以作为从业者的直接参考和指导。

三是问题意识强。本书不是一般性地谈论策划，而是针对出版行业容易出现的问题进行阐述。这些问题，有的属于时代面临的普遍问题，如当前已进入互联网大数据时代，数字出版和资源整合对传统出版业提出了新的机遇和挑战，对图书策划也提出了更高的要求，出版社应以新的图书策划思路来优化和调整出版结构，尤其是图书策划人需要增强快速响应能力、平台整合能力、产品设计能力和市场掌控能力，以适应这个快速发展的互联网时代。有的属于出版机构、出版人经常碰到的问题。提出这些问题，研究解决这些问题的思路、方法，对于从业者大有裨益。

建明出过很多书，但这本《图书策划通论》与他的其他著述很不一样。其他的书都指向某个专业领域，而这本书则指向书本身。以建明现在的身份，指向书本身的书当然也是他的专业所在，无独有偶，本书出版方——中国书籍出版社作为全国唯一一家出版文化专业出版社，与建明及其书稿的相遇与匹配，更称得上是书业的一段佳话，由此可见，建明的专业意识是非常浓厚的。在该书付梓之际，我由衷地对他多年从事出版工作、进行出版研究所取得的专业成绩表示祝贺，也相信本书能够为出版专业人员，特别是图书策划、编辑人员所喜爱。期望建明在今后的出版专业实践中取得新的成绩、收获新的成就，也期待建明能够写出更多更好的专业著述，为专业人员业务素质的提升，为专业领域研究水平的进步做出独特的贡献。

是为序。

2016 年 5 月 16 日

（郝振省，中国编辑学会会长，中国新闻出版研究院原院长、现首席研究员，中国传媒大学博士生导师）

Contents 目录

总　论 ··· 001
  第一节　一般策划 ·· 001
    一、策划的含义 ·· 001
    二、策划的分类 ·· 002
    三、策划的基本原则 ·· 003
    四、国内策划活动的发展过程及特点 ··························· 007
  第二节　图书策划的基本概念 ·· 009
    一、关于图书 ··· 009
    二、什么是图书策划 ·· 013
    三、图书策划的理论解读 ·· 015
  第三节　图书策划的意义和本质 ····································· 017
    一、图书策划的意义 ·· 017
    二、图书策划的本质 ·· 019
    三、图书策划是思想的输出 ······································· 019
  第四节　图书策划认知的转变 ·· 020
    一、职能定位的转变 ·· 020
    二、角色身份的转变 ·· 020
    三、追求目标的转变 ·· 021
    四、运作方式的转变 ·· 022
    五、从业要求的转变 ·· 022

上编　图书选题策划

第一章　图书选题策划概说 ……………………………………… 025
第一节　选题策划的基本概念 …………………………………… 025
一、图书选题与选题策划 ……………………………………… 025
二、书稿来源 …………………………………………………… 026
三、选题的构成要素 …………………………………………… 028
四、选题策划依据 ……………………………………………… 029

第二节　选题策划的特点 ………………………………………… 032
一、目的性和可行性 …………………………………………… 032
二、创新性与时效性 …………………………………………… 033
三、整体性与系统性 …………………………………………… 034

第三节　选题策划的作用 ………………………………………… 035
一、选题策划是出版业发展的必然举措 ……………………… 035
二、选题策划能够强化图书的市场优势 ……………………… 036
三、选题策划具有文化引导作用 ……………………………… 036
四、选题策划是塑造出版单位个性的首要环节 ……………… 037
五、选题策划事关出版质量和企业效益 ……………………… 037

第二章　选题策划的目标与要求 ………………………………… 039
第一节　选题策划的目标 ………………………………………… 039
一、出好书 ……………………………………………………… 040
二、铸品牌 ……………………………………………………… 041
三、求发展 ……………………………………………………… 043

第二节　选题策划的一般要求 …………………………………… 044
一、不刻意策划畅销书 ………………………………………… 044
二、把策划长销书作为工作目标 ……………………………… 046

三、在策划精品书上下足功夫 …………………………… 046
四、把策划品牌书当作职业追求 ………………………… 047
第三节 对选题策划主体的要求 …………………………… 047
一、策划主体及其作用 …………………………………… 048
二、选题策划人能力要求 ………………………………… 051
三、选题策划人的职业意识 ……………………………… 060
第四节 选题策划案的撰写要求 …………………………… 067
一、撰写选题策划案的前提 ……………………………… 067
二、选题策划案的基本要素 ……………………………… 068
三、撰写选题策划案应注意的问题 ……………………… 070
四、选题策划案举例 ……………………………………… 071

第三章 选题策划的原则及关键因素和程序 …………………… 074
第一节 选题策划的基本原则 ……………………………… 074
一、市场原则 ……………………………………………… 074
二、创新原则 ……………………………………………… 076
三、整体原则 ……………………………………………… 078
四、品牌化原则 …………………………………………… 078
五、效益最大原则 ………………………………………… 079
六、动态性原则 …………………………………………… 080
第二节 选题策划的关键因素 ……………………………… 081
一、职业化的策划意识 …………………………………… 081
二、选题策划的前瞻性 …………………………………… 082
三、周密的市场调查 ……………………………………… 083
四、以特色策划为策略 …………………………………… 084
五、重视选题背后故事的利用 …………………………… 085
第三节 选题策划的一般程序 ……………………………… 085
一、调研与创意：选题策划的前期工作 ………………… 086

二、论证与决策：选题策划的中期工作 ………………………… 089
三、审批与实施：选题策划的后期工作 ………………………… 093
四、选题策划常见问题与陷阱 …………………………………… 094

第四章　选题策划方法与策略 ………………………………… 098
第一节　选题策划一般方法 …………………………………… 098
一、市场调研分析法 ……………………………………………… 098
二、资源整合提炼法 ……………………………………………… 99
三、读者心理体验法 ……………………………………………… 100
四、社会热点转化法 ……………………………………………… 100
五、同类图书研判法 ……………………………………………… 101
第二节　选题策划基本策略 …………………………………… 102
一、资源策略 ……………………………………………………… 102
二、执行策略 ……………………………………………………… 104
三、竞争策略 ……………………………………………………… 106
四、借鉴策略 ……………………………………………………… 106
五、发展策略 ……………………………………………………… 107
第三节　大数据时代的图书选题策划 ………………………… 108
一、数字时代呼唤选题手段创新 ………………………………… 108
二、选题技术手段创新 …………………………………………… 109
三、新技术手段及大数据在选题策划中的使用 ………………… 110

中编　图书制作策划

第五章　图书编辑策划 ………………………………………… 115
第一节　编辑策划概说 ………………………………………… 115
一、书稿审读 ……………………………………………………… 115
二、装帧编辑 ……………………………………………………… 117

三、文字编辑 …………………………………………………… 118
　　四、印刷装订工艺设计 ………………………………………… 123
　第二节　书名策划 ………………………………………………… 125
　　一、书名的作用 ………………………………………………… 126
　　二、书名策划的基本方法 ……………………………………… 127
　　三、好书名的特点 ……………………………………………… 128
　　四、书名策划法则 ……………………………………………… 128
　第三节　内容提要与目录的策划 ………………………………… 130
　　一、内容提要的策划 …………………………………………… 131
　　二、目录的策划 ………………………………………………… 133

第六章　图书设计策划 ……………………………………………… 135
　第一节　图书装帧设计概说 ……………………………………… 135
　　一、关于图书装帧 ……………………………………………… 135
　　二、图书装帧设计的目的和要求 ……………………………… 137
　　三、图书装帧设计的一般内容 ………………………………… 137
　　四、图书装帧设计的基本手段 ………………………………… 142
　第二节　图书封面设计 …………………………………………… 144
　　一、图书封面与封面设计 ……………………………………… 144
　　二、图书封面设计一般要求 …………………………………… 145
　　三、图书封面设计基本思路 …………………………………… 147
　第三节　图书版式设计 …………………………………………… 154
　　一、版式风格 …………………………………………………… 154
　　二、图书版式设计的基本程序 ………………………………… 155
　　三、版式设计的其他因素 ……………………………………… 159
　　四、图书版式设计的基本原则 ………………………………… 163
　第四节　图书设计中策划人的作用 ……………………………… 166
　　一、图书策划人的设计策划作用 ……………………………… 166

二、图书策划人的设计策划素质……………………………………167

第七章　图书制作策划…………………………………………………169
　第一节　图书制作策划概说…………………………………………169
　　一、图书制作需要策划………………………………………………169
　　二、制作策划在图书出版中的作用…………………………………170
　　三、纸张类型及图书材质……………………………………………172
　第二节　制作成本的控制……………………………………………174
　　一、精心策划，做好成本预算………………………………………175
　　二、制作的成本控制…………………………………………………179
　　三、综合考量，选择确定印装企业…………………………………181
　第三节　图书出版技术的变革………………………………………183
　　一、图书出版技术的专业性及其特性………………………………183
　　二、图书印装技术变化趋势…………………………………………185
　　三、图书出版技术在电子出版时期的地位与作用…………………188
　第四节　图书印装质量的保障………………………………………189
　　一、影响图书印装质量的因素………………………………………189
　　二、图书印装质量的保障……………………………………………192
　第五节　图书出版技术责任的认识误区……………………………195
　　一、出版技术是印制单位的事………………………………………195
　　二、技术把握由图书策划人负责……………………………………196
　　三、出版技术工作由美术编辑承担…………………………………197
　　四、技术活可以社会化………………………………………………198

下编　图书推广策划

第八章　图书宣传策划…………………………………………………201
　第一节　图书宣传策划概说…………………………………………201

一、图书宣传策划的含义 ………………………………… 201
二、图书宣传的意义与作用 ……………………………… 202
三、图书宣传策划的主要内容与要点 …………………… 204
四、图书宣传的主要形式 ………………………………… 208
第二节 图书宣传策划的方法与原则 ………………………… 211
一、图书宣传的基本策略 ………………………………… 211
二、图书宣传的一般原则 ………………………………… 214
三、图书宣传策划各阶段的侧重点 ……………………… 216
第三节 媒体宣传 ……………………………………………… 217
一、媒体的作用 …………………………………………… 217
二、传统媒体不能放弃 …………………………………… 218
三、要重视新媒体在图书宣传中的作用 ………………… 219
四、各种媒体力量的综合运用 …………………………… 222
第四节 图书广告的投放 ……………………………………… 224
一、广告宣传策划 ………………………………………… 224
二、图书广告投放的基本原则 …………………………… 226
三、保证广告效应的有效措施 …………………………… 227

第九章 图书营销策划 ……………………………………………… 229
第一节 图书营销策划概说 …………………………………… 229
一、图书营销策划一般内容 ……………………………… 230
二、图书营销策划的基本原则 …………………………… 231
三、图书市场营销策划的现状 …………………………… 232
四、图书市场营销策划的运作方式 ……………………… 234
第二节 营销策划中的定价策略 ……………………………… 236
一、图书定价方法 ………………………………………… 237
二、图书定价策略 ………………………………………… 238
三、高定价的 N 个理由 …………………………………… 240

第三节 营销策划的一般方法 ··············· 245
一、全程营销 ······················· 245
二、造势营销 ······················· 248
三、创意营销 ······················· 251
四、精准营销 ······················· 253

第四节 图书策划人应重视营销策划 ············ 256
一、图书营销中策划人的作用 ············· 256
二、图书策划人营销意识缺失的成因 ·········· 257
三、强化图书策划人图书营销作用 ··········· 259

参考文献 ······················· 262
后　记 ························ 267

总 论

本书关注的重点是图书的策划，但读者对一般意义上的"策划"活动及其相关内涵和外延当有所了解。

第一节 一般策划

无论"策划"一词的出现时间从何时算起，我们相信：自从有人类生命开始，策划活动就一定是存在的。

一、策划的含义

"策划"一词最早出现在《后汉书·隗嚣传》，意思为计划、打算。

《辞海》释"策"的主要含义为：①指马鞭、鞭策、鞭打；②通"册"，即竹片记事之书，记事之竹成编称"策"，考试以问题书之于"策"，令应举者作答，称"策问，策试"；③指计算、筹划，如献策、上策下策、策士、策略等。《辞海》释"划"的主要含义为：①划分；②计划；③划拨。显然，"策划"的成词，主要是取"策"字的第③义，即计算、筹划和"划"字的第②义，即计划。从"策划"的字义与词义来看，其词义主要是指：计划、筹划、谋划。

策划是谋划天下，正像《史记》所说："运筹于帷幄之中，决胜于千里之外。"

关于策划有各种各样的描述：如，策划是"出谋划策"，是智力游戏，是灵感的捕捉和理性的升华；策划是艺术和科学的统一，是务实和创意的统一；策划是点石成金，策划是创造性思维的现实化。再如，策划是用人的智能对将做的事进行谋划，使之有效完成。又如，策划是从条条通罗马的路中，找出最近的那一条……

如果一定要给"策划"下一个定义，我们可以这样描述：策划是为达到社会组织的预定目标或解决面临问题，利用个人或集体智慧预先拟定行动方案的思考活动。

也可以这样描述：策划是立足现实，以创意取胜的科学程序，通过这种程序预测事物的发展趋势，捕捉机遇，整合各种资源，制订可实施的最优化方案，以有效地达到所设定的目标。策划的这一定义强调了几个要点：一是策划不能违背现实性原则，不能离开现实资源而随意遐想；二是策划一定得有创意，能设计新理念，新主题，能够开拓创新；三是策划必须注重现实与创意的结合，认识规律（天时、地利、人和），预测趋势（宏观、中观、微观），反常规思维，审时度势，捕捉机遇；四是策划必须能将各种资源，实物的、信息的、历史的、现实的进行分析整合，设计一套有操作性的能有效达到目的的方案。

"策划"具有宏观、中观、微观三种含义。宏观含义指人类在军事、政治、经济、文化等各个领域所进行的计划和谋划活动。如国家间、地区范围内基于各种设想的军事演习；各个国家、地区所推行的政治体制改革；各种刺激经济发展的政策以及国家之间、地区之间的各种文化交流活动等，均属宏观策划。中观含义指的是广告营销方面的创意、设计、谋划等活动；微观含义指的是个人在学习、生活和工作过程对具体事务的谋划。

二、策划的分类

"策划"的分类方法很多，常见的策划分类及策划类型有以下几种。

从策划的活动区域来看：有全球性的策划、有某一大洲范围的策划、有国家的策划、有地区内的策划、有社区内的策划，等等。

从策划所涉及的不同功能来看，可分为发展战略的策划（如企业发展战略的策划、省市发展战略的策划）、竞争战略的策划（如电视市场竞争战略的策划)、对抗战略的策划(如军事对抗战略的策划)、扩展战略的策划(如跨国集团拓展市场的战略策划)、转移方式的策划(如企业经营中心转移的策划)等。

从策划所涉及的行业来看,可分为旅游策划、体育策划、新闻策划、教育策划、科技策划、文艺策划、商业策划、影视策划、书刊发行策划等。

从策划所涉及的宏观学科方向来看,大体可分为经济策划、文化策划和政治策划三个分支学科,因为军事斗争在政治斗争中总是非常突出的,所以经常合称政治军事策划。

按不同手段分有:新闻策划,促销策划,广告策划,形象策划,公关策划等。

按策划对象分,还有选题策划、产品策划、专题策划、项目策划、体育策划、影视策划等。

……

三、策划的基本原则

策划活动是有很强随机性、灵活性的创造性工作。从根本上说,策划没有固定的方法,古人云:"文无定法",策划更没有程式,策划的基本原则可总结为以下几点。

1. 创意创新原则

策划活动的关键是以创意求得创新。而创新以创意为前提,通过创意创造理想的活动效果才是真正的创新,否则,就只能是翻新,充其量是更新。当然,创意也要有实际的效果,并且这种效果应该是看得见摸得着的,否则,停留在头脑中的创意只能是空中楼阁。创意在方法论上表现为"出奇制胜",孙子曰:"凡战者,以正合,以奇胜。""善出奇者,无穷如天地,不竭如江河。""奇"由"正"出,"正""奇"结合,善于反常规而出奇招,变化无常,出其不意,以新奇而制胜。

由新奇的创意而获得事业成功的商业案例不少,例如,世界上最大的电脑直销企业戴尔公司的创始人迈克尔·戴尔,18岁那年,他对父亲说："我想跟 IBM 竞争。"他父亲当时很惊讶，后来戴尔真的做到了。戴尔发现当时一台 IBM 个人电脑商店售价约 3000 美元，而其零部件仅需 600～700 美元，中间环节利润很大，而且销售店对客户的服务又不好。所以，戴尔说："我是以一个简单的问题来开展事业的，那就是：如何改进购买电脑的过程？答案：把电脑直接销售到使用者手上，去除零售商的利润剥削，把省下来的钱回馈给消费者。"① 这一创意创造了戴尔直销模式。再如，亚马逊网站的创始人杰夫·贝佐斯于 1984 年发现互联网的增长速率高达 2300%，于是，他毅然辞去华尔街待遇优厚的副总裁职位，利用这一优势，在自家的车库里开始了亚马逊网上书店的传奇般的经历，获得巨大的成功。

近年来，阿里巴巴、京东等网络销售大鳄的成功无不是在创意上取得了大的成功。

2. 客观现实原则

策划活动追求的是目的性与规律性高度统一，即人们所制定的目标、计划和规划必须能够符合客观发展规律。所以，一个十分重要的策划原则就是，使自己的策划方案符合客观规律或者说符合现实。策划的客观现实原则，强调策划活动必须符合自然规律和社会规律，符合历史潮流，符合民意，符合人民大众的利益。

策划一定要从活动主体的现实条件出发，根据主体所拥有的实物、所具有的财力、所能利用的资源，以及所有可靠的信息来源等，做出可行方案。违背策划的客观现实原则而造成失败的事例不少。商界名人史玉柱的沉浮很能说明策划的客观现实原则的重要性。在电子领域的成功策划实现了"巨人"的成长，却因为"巨人大厦"的不太现实的策划而导致自己成为中国"首穷"，个人负债达 2 亿元人民币，后来又因为创新而又务实的"脑白金"营销策划，重返商业巅峰。还有，1999 年中央电视台黄金段广告招标，"秦池"不切实际违背客观现实的原则地投入人民币 3.2 亿元，夺得广告标王，导致第二年公司出现负效应，使企业经营陷入困境。

---

① 迈克尔·戴尔：《戴尔战略》，上海远东出版社，1999 年版。

3. 目标主导原则

人类的一切活动都是有目的的，明确的目的称为目标。策划活动也是投向一定目标的。任何策划都具有目的性，都是为了实现特定的目标。目标主导原则在策划活动中表现得十分突出。

人类活动形式的丰富性决定了活动的目标是一个复杂的系统，所以策划人在选择目标、制定目标和为实现目标而采取行动的时候，就常常会遇到复杂问题。策划活动也会面对复杂的目标系统，这就需要策划人根据具体情况做出有针对性的考虑。策划活动的目标有多种，如：总目标、具体目标，有近期目标、中期目标、长远目标，有策划的经济发展目标、文化发展目标、政治发展目标等。在市场经济时代，对利益的追求在目标系统中十分突出，经济目标的实现或经济效益的获得显得十分重要。

目标主导原则对策划的重要性可以通过许多事例获得证明。没有目标，或者目标不明确的策划行为是不存在的，或者说，没有明确目标的胡思乱想，称不上"策划"。

4. 系统规划原则

策划活动是一个系统工程，它强调活动的系统性和规划性，好的策划行为离不开系统论。系统论最权威的理论家路德维希·冯·贝塔朗菲在1968年出版的《一般系统论》中，阐明了系统论的基本理论，他主张"有机体"的概念不仅适用于生物界、动物界，同时也适用于物理存在现象。"有机体"概念关注的是自组织、整体性、有向性、目的性、变异性等，它不停留在孤立的部分和过程上，而是注重在统一的组织和秩序中发现各部分的动态的相互作用，发现整体中的部分具有孤立的部分所没有的因素。强调"组织"概念，认为有机体具有整体、变异、控制、竞争、秩序等组织特征。有机体组织靠系统内信息的传递维护其平衡态，靠系统对外部环境的信息反馈而达到功能控制。组织的健康发展，是负熵的增多，是有序状态的形成，它主要依靠的是有机体的竞争机制，竞争导致生长能力差的种族的灭亡，竞争充分发挥整体内各因素的特色、能力，使整体的效能得到充分体现。

策划作为一个系统工程，强调整个策划的有机性、组织性、有序性和反馈特征等，现代策划应该使策划人所策划的项目能够有序地实现，达到理想的效果。

5. 随机制宜原则

策划活动离不开有机性和系统性，而健康的机体和系统是随机和灵活的，这种灵活反馈的机制在策划学中称之为随机制宜的原则，它所强调的是策划活动因时、因地、因人而进行。实际上，这一原则是把运动变化发展的观点作为策划学的哲学根据，随机制宜就是在策划中处理好机遇与规律的关系。规律是客观的、必然的，而机遇是随机的、偶然的，二者要达到统一，就是要既充分发挥人的主观能动性，又要顺应客观发展规律，也就是说，主体在策划过程中，要善于掌握、利用、巧用规律，顺应必然规律，及时抓住机遇。

策划的随机制宜原则讲究适度：一方面，墨守成规将毫无创新，是被规律牵着鼻子走；另一方面，主观遐想难成正果，最终只能以失败而告终。策划所讲的随机不是随意遐想，不能异想天开，也不能投机取巧；策划所讲的制宜，不仅仅是适宜，不能被动消极、按部就班地等待。"生生之谓易"，变化创造机遇，能顺应规律、随机应变，方能抓住机遇，获得成功。"应变致胜谓之神""兵形像水"，关键要善于"顺水推舟"。

6. 协同创优原则

策划的关键在于整合各种资源，达到更理想的目标。如果要使资源整合得到有效结果，就必须符合协同创优的原则。策划活动关键也在于使各种资源协同作用，创造新的效果。策划的真谛在于"共赢"。协同的各方既存在竞争又存在互利，竞争是实际存在的，真正的协同不是掩盖竞争，不是回避竞争，策划的目的在于找到超越竞争的协同机制，通过协同机制创造良性的竞争，将双方或多方的竞争引向更大的竞争系统，并转化为联合对外的合力。在现代商战中，企业兼并需要有效地利用协同创优原则，这样才能为合作各方带来更大的效益。当今社会，工业化程度很高、专业划分也愈来愈细致，协同、合作是成就事业的最有效途径。

四、国内策划活动的发展过程及特点

应该说企业的策划是伴随着企业的产生出现的，无论是古代、近代还是现代，只不过在没有将这种行为固定或者说赋予一个统一的认知之前，人们对它的说法不一罢了。因此，这里所说的"国内策划"应该冠以"现代"更为准确。

现代国内策划活动的发展过程及特点可以概括为以下几点。

1. 专职策划人的出现

策划这种新职业刚开始时也许是企业的销售人员或者宣传人员参与策划，后来设置了企划部门，增加了专职的策划人员。此阶段，社会上也出现了一些专门的策划公司，如婚庆公司。当然，所谓专职策划人员也是相对而言，有一些策划人员会身兼数职，比如出版企业中的策划编辑。

而能提出一套有独特见解的理念并能够将其转化为可执行的方案，是有实力、有影响的策划人必备的条件之一。

2. 策划水准的不断提高

随着国门的再一次打开，改革开放30多年来，国内策划活动有了长足的进步和发展，已经基本趋于成熟，形成了一套较完备的策划理论，其操作实践也形成了一定的规律。尤其是在一些大型的文化体育活动中表现出来的高水平策划能力，让世界刮目相看。例如，2008年奥运会开幕式，其中国元素、中国语言、中国精神和中国表达，给世界留下了难以复制和超越的记忆。

这期间，根据中国企业或策划人职业规律总结出来的实战型策划理论也相继问世。例如，《市场营销与策划》《中国市场营销策划》等策划类著作的不断出现。

3. 策划由单一环节向系统化发展

中国企业最初的策划是相对比较单一的，更多策划是基于某一种（类）商品（产品）的促销推广。之后，逐步开始注重企业品牌和形象的全方位的策划。搞活动也开始讲究系统性，更多的企业策划团队，已经注意到分阶段、有针对性地进行企业整体策划。另外，在产品营销策划方面，也更注重各种策划原则和资源的综合利用。比如徐静蕾导演并主演的电影《杜拉拉升职记》的策划，不仅内容而且表现形式都充满了商业气息，影片植入的广告，不但保证了影片制作成本，而且为该片的收视率打下了一定的基础。

4. 策划被融入企业的商业运作

策划被融入商业运作中，由策划得来的效益在企业经营中占的比例越来越大。策划是有经济效益的，甚至会产生直接的经济效益。比如大的商家举办店庆、节假日等优惠活动，几乎每家大商场都有新颖的策划，而那几天，商场如同过节一般，熙熙攘攘，人头攒动，百姓在商家策划行为的作用下，自觉不自觉地就多掏了腰包。

新闻界是较早引入策划概念的，处理时政、时事新闻之外，有很多新闻是新闻人借助某个事件策划的。诸如，前多年央视的"质量万里行"，近年来，出现的"重走红军长征路""丝绸之路万里行"（陕西广播电视台2014年开始实施的大型跨国文化活动）等等，都会引起人们对某一事件的关注。但"策划新闻"概念一提出就伴随着争议。持异议者认为：新闻必须客观报道，而不是主观制造的；提倡新闻策划会误导记者和编辑人员去搞"主题先行式"的人为的新闻，甚至制造假新闻。我们认为这里的新闻策划并不是指编造新闻事件，或者无中生有地组织新闻事件，然后再加以报道。

提倡的新闻策划是使报道更好地满足受众要求，更系统，更集中，更主动，更有新闻价值，更符合新闻规律。

每年全国"两会"报道，中央媒体以及地方媒体都会做出报道策划，派出强大采访和播出阵容，第一时间挖掘和播发有价值的新闻线索，为受众提供各种有价值的新闻资讯，这几乎已经成为主流媒体的常态。

第二节 图书策划的基本概念

一、关于图书

图书是人类用来记录一切成就的主要工具，也是人类交流感情，获得知识，传承经验的重要媒介，对人类文明的发展，功不可没。所以，无论古今中外，对于图书，人们总给予最高的肯定与特别的关怀。

1. 图书的概念

关于图书的概念，中国古代、近代、现当代是不同的。

中国古代的图书概念是：图书是系统的、内容完整连续的文献。事实上图书随着文献数量的增加和种类的扩展已经从文献中分离出来，它具有文献的一般特征。

我国宋代以前的图书其典型样式为竹简。后人用常"学富五车"来形容某人读书多、学问渊博。

我国宋代以后，随着造纸业的发达，活字印刷的普及，图书文献的使用也有一定的扩大，其典型样式为线装竖版书。因为造价昂贵而不能普及。

近代的图书概念：是指书籍、期刊、报纸、图片等出版印刷品。

在中国古代，人们曾对"图书"下过不同的定义。例如：从图书的内容方面出发的就有："百氏六家，总曰书也"（《尚书·序疏》）。从图书形式上出发的则认为："著于竹帛谓之书"（《说文解字·序》）。显然，这些定义是时代的产物，是就当时的实际情况而言的，不可能对以后的发展作全面的概括。但上述定义已经正确地揭示了当时书籍的内容和形式特征，并且把"书"看作是一种特指概念，把它与原始的文字记录区别开来。经过了长达数千年演变，作为图书内容的知识范围扩大了，记述和表达的方法增多

线装书

　　了，使用的物质载体和生产制作的方法发生了多次的变化；因而也就产生了图书的各种类型、著作方式、载体、书籍制度以及各种生产方式。所有这些，便促使人们对图书有了较系统而明确的认识。

　　图书有广义和狭义之分。在实际生活中，我们常常会遇到这样一些现象：对于"图书馆"和"图书情报工作"等概念来说，"图书"是广义的，泛指各种类型的读物，既包括甲骨文、金石拓片、手抄卷轴，又包括当代出版的书刊、报纸，甚至包括声像资料、缩微胶片（卷）、机读目录、各种电子读物等新技术产品；而在图书馆和情报所的实际工作中，人们又要把图书同期刊、报纸、科技报告、技术标准、视听资料、缩微制品、各种电子读物等既相提并论，又有所区别。在前者与后者有所区别的时候，图书所包括的范围就大大缩小了，这是狭义的"图书"。

　　究竟什么是图书？当今通行的关于图书的定义是："以传播为目的，以文字为主，图画、符号为辅，在文献载体上记录知识，并具有相当多篇幅和装订成卷、成册的书写物或印刷物。"

　　联合国教科文组织对图书的定义是：凡由出版社（商）出版的

不包括封面和封底在内49页以上的印刷品，具有特定的书名和著者名，编有国际标准书号，有定价并取得版权保护的出版物称为图书。

图书是以传播为目的，用文字或其他信息符号记录于一定形式的材料之上的著作物，它是人类文明发展的产物，是一种特定的不断发展着的知识传播工具。

2. 起源与演变过程

"图书"一词最早出现于《史记·萧相国世家》，刘邦攻入咸阳时，"何独先入收秦丞相御史律令图书藏之。沛公为汉王，以何为丞相……汉王所以具知天下厄塞，户口多少，强弱之处，民所疾苦者，以何具得秦图书也"。这里的"图书"指的是地图和文书档案，它和我们今天所说的图书是有区别的。

进一步探求"图书"一词的渊源，可追溯到《周易·上系辞》记载的"河出图，洛出书"这个典故上来，它反映了图画和文字的密切关系。虽然是神话传说，但却说明了这样一个事实：文字起源于图画。图画和文字确实是紧密相连的。

中国最早的书，兴起于春秋战国时期，在秦汉之际尤为流行，到两汉之际，简牍成为图书的代名词。简牍是指用毛笔在简和木牍上书写的文献的统称。简即竹简，为削制成的狭长竹片；牍即木牍，为削成的木片。先秦诸子百家著作大都是通过简牍书记载下来的，秦始皇焚烧的书也都是简牍书。

众多的"简"通过绳索皮条编连成册称为"册"（也称为"策"）。简牍书是春秋战国到魏晋间使用最为广泛的图书形式。

古人称各种文字形态为"书体"，写字的方法为"书法"，"书"字还被作为动词，当"写"讲，如"罄竹难书""奋笔疾书""大书特书"等等。以后，"书"便进一步被引申为一切文字记录。如"书信""文书""刑书""诏书""盟书"等等。随着历史的发展，人们对于图书的认识也在不断地发生变化。到了今天，人们已经不再把一切文字记录都称作"书"了。例如文书、书信、诏书、盟书，虽然都带有"书"字，但已不包括在图书的范围之内。

古文记载，其内容多是记事性质的，如甲骨卜辞、青铜器铭文

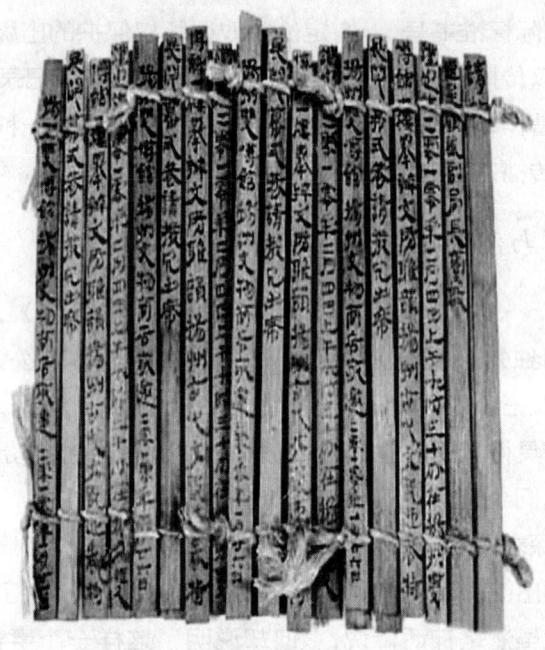

古代的竹简

等，都是属于这一类的，其作用主要是为帮助记忆，以便需要时检查参考，其性质相当于后世的档案。后人从实践中认识到，这些记录的材料可以改变成总结经验、传授知识的工具。于是便出现了专为传授知识、供人阅读的著作。这样，"图书"一词便取得了较新而又相对固定的意义。到后来，凡不以传播经验、传授知识、供人阅读为目的的文字记录就不算图书了。随着生产力的发展和社会的进步，人们开始有意识地运用文字来宣传思想，传播知识，同时也逐步地形成了一套"书籍"制度，而处理日常事务的文件又形成了一套"文书"制度。于是，图书与档案就逐渐被区分开了。

3. 图书的构成元素、特点与种类

从竹木简牍到今天的各类图书，不管其形式和内容如何变化，只要认真地加以考察和分析，就可以看出它们都具有下面这样几个要素：

（1）有记录知识的文字、图表、图像符号；

（2）有被传播的知识信息；

（3）有承载文字、图像信号的物质载体；

（4）由一定的生产技术和工艺加工成方便携带易于保存的独立物品。

与其他出版物相比，图书的特点为：

（1）内容比较系统，全面，成熟，可靠；

（2）有一定的信息容量；

（3）生产（出版）周期较长。

图书按学科划分为：社会科学和自然科学图书。

我国的图书按文种划分为：中文图书和外文图书。

图书按用途划分为：普通图书和工具书。

二、什么是图书策划

1. 图书策划的概念

图书策划是指图书策划人在市场调研的基础上，对图书生命周期的各个阶段精心设计、谋划，并选取最优的组合策略以取得良好社会效益和明显经济效益的出版行为。图书策划的内容包括：图书选题策划、图书制作策划和图书推广策划三个大的板块。

从认识论的角度看，图书策划是一种特殊的认识活动。它在图书出版活动中产生，并最终回到出版过程中去，一方面指导图书出版活动，为图书出版活动服务；另一方面又要经受图书出版的检验，并在实践中得到进一步的丰富、深入和发展。

图书策划是图书出版实践中主体对客体的能动反映。首先，图书策划这种特殊的认知活动具有客观性，是对图书生命周期及其规律的客观反映；其次，图书策划又具有能动性和创造性，它不仅能动地反映图书生命周期的本质和规律，而且要根据图书出版工作的目的，不断地调整和优化这种反映，形成自己的认识，塑造出符合图书策划主体需要的客体。由此可见，成功的图书策划应该是客体事实判断和主体价值判断的完美结合，是规律性和目的性的高度统一。

从方法论的角度看，图书策划是基于对图书生命周期本质和规律的能动认识而产生的一种策略和方法，是源于出版实践活动并在此基础上对图书生命周期规律的概括和对出版实践经验的提炼。更具体地讲，就是图书策划主体在遵循图书生命周期的客观规律的前提下，为实现编辑出版目的而采取的一种优化图书出版工作的手段，是编辑宗旨、编辑思想的具体表现，即对整个图书出版活动或其中某些环节的工作目标、工作蓝图及其具体工作项目所进行的主动谋划和设计。

2. 图书策划的目的

图书策划的目的有两个。

第一，是提高图书（包括单本书、丛书）在社会上的知名度和宣传出版社形象，即获得一定的社会效益。一本影响大的图书不仅可以使图书，同时可以使出版社在短时间内声名鹊起，如中信出版社原本规模不大曾面临关张，《谁动了我的奶酪》的成功使中信出版社名声大振。再如"布老虎丛书"的策划成功，使春风文艺出版社广为人知。

第二，是扩大图书的发行量，增加图书的销量，取得好的经济效益。利润是企业追求的目标之一！

要实现图书的社会效益，必须最大限度地提高图书的发行量，提高图书的社会拥有量和覆盖面；拥有了市场占有和覆盖，图书良好的经济效益就有了保障。如果图书销售不出去，压在库里，没有更多的读者去读，社会效益从何谈起呢？要实现第二个目的，图书策划人必须想方设法使图书成为在短时间内有较大销售量的畅销图书或者有持久市场需求的长销图书。

提高图书的知名度目的是为了扩大图书的销售量，以获取最大的经济效益，这和企业为增加产品的销售通过广告宣传企业和产品，从而获得更大的经济效益是一样的道理。当然，对于图书策划而言，首要的是图书的政治导向和社会影响，也就是社会效益。

3. 图书策划的核心问题

图书策划的核心问题是精心设计与谋划。所谓的图书策划与例行、日常的出版行为的最大区别也在这里。图书策划强调的是主观能动性和目的性，强调的是事先的设计，或谋略，结果是创意行为、创新行为。图书策划既不同于传统的方法，也不同于惯常使用的方法。当然，这需要在扎实调研的基础上科学地预见和组织，比如准确地对图书市场甚至对社会生活趋势做出判断。

三、图书策划的理论解读

1. 策划主体和策划方法

策划主体的思想水平与业务素质往往体现为一定水准的策划方法，特定的策划方法反映了策划主体的综合素质。

所谓图书策划主体，是指图书策划中的行为主体。图书策划是与策划主体的特性联系在一起的。主体的特性，也就派生出策划生成物的特性，体现为策划行为的一定功效，最能体现和发挥图书策划人智慧和能力的就是图书策划。

图书策划是图书出版的高级形态、智力形态，是以对图书的策划来实现积累文化、传承文明的精神活动。一个好的策划，就是一座丰碑。倡导策划，就是加大出版工作中的职业化成分，提升编辑工作的劳动高度和智能含量。

事实上，图书策划是一种生产力，一种文化生产力。策划主体的一切策划行动，都要着眼于文化生产力的极大提高。

图书策划是策划主体根据市场需求和读者需要，主动设计工作方向和工作项目，确定行动目标。方法是策划主体创新性思想的具体运作形式。正确的策划方法体现了策划主体对客观规律所独具的能动反映和本质认识，决定于主体的自身素质，也来自于主体的工作实践、学术考察和市场调研。

归根结底，在市场经济条件下，策划方法的正确运用和不断改善，必须建立在充分关注和积极适应出版事业的新发展和新变化这一客观现实基础之上。

2. 微观策划和宏观策划

所谓微观策划，这里有两个层面的含义：一是指图书策划人的工作运思；二是指具体图书，包括图书的内容、封面、版式等的策划。微观策划需要专门家，钻研越深刻，策划成效就越具体、越生动。因此，在一定意义上说，缜密而科学的分工造就着成功的微观策划。

对于一个出版企业而言，所谓宏观策划，是整个企业发展方向、出书结构、资源配置的总体策划。它既是一种围绕出版优势和选题特色的出版布局设计，又是充分展示策划人优势的资源合理配置。宏观策划是一种大的思路，覆盖宽广，影响深远，在时间上具有一定持久性。

宏观策划统帅和指导微观策划，常常把微观策划作为一个子系统来处理。微观策划的活力和张力，来源于宏观策划高屋建瓴式的引领和指导。当然，从宏观角度看，只有充分激发和保护微观活力，才能实现一加一大于二的效果。宏观策划统领下的各个微观策划是互为相长的。各个微观策划既有各自独创性的发挥，又总体上服从和服务于宏观策划。通过微观层与宏观层的科学定位和准确运作，编辑策划的最佳效能才能最终实现。

在图书策划中，微观策划是宏观策划的基础，宏观策划对微观策划有指导作用。

3. 策划客观性和策划能动性

在图书策划中，策划客观性的本质是规范，是事物有限性的生动体现；策划能动性的本质是解放，是事物无限性的具体张扬。客观性规范能动性，能动性实现客观性。

图书策划是以社会实践为基础的社会意识活动。社会实践是客观存在，因此建立在实践基础上的图书策划具有不可置疑的客观性。任何图书策划都要受到一定的社会条件制约，图书策划从属于一定的社会规范。所有图书策划只能是与社会规范相适应、满足于策划目的的主观意图。策划目的是具体和有限的。因此，图书策划也是有界和有限的。不是毫无目的的，不是万能和万向的。这种有界和有限，是图书策划的根本属性。

图书策划既要有一定的学术依凭，又要在一定的出版专业分工范围之内运思。图书策划不是漫无边际、毫无科学性可言的行为。只有遵循出版客观规律，图书策划的优势才能得以显现，图书策划的功效才会真正体现。因此，策划图书强调思路要开阔，看问题要全面，涉猎要广泛，思维形式要开放，但这些是有界区的。图书策划不是胡乱思想，不是凭空臆造。

图书策划是一种主体行为，它在一定的客观条件和环境下产生策划客体。在图书策划过程中，主体素质和行为对策划产物的质量具有根本性影响。策划人主观能动性在图书策划中有着举足轻重的地位，在很大程度上决定着精神产品的质量。

策划工作是一种具有较大弹性系数的智力支出。一个选题可以这样设计，也可以那样设计。一个科学闪光的策划思想，可以由某人有感而发，但放在另外一个人身上就会无法生发和形成。

通过图书策划，策划人自身的工作经验、智力水平、知识结构可以完美地得到体现，从而能够形成充分反映事物真、善、美特质的优秀精神产品。人的能动性，在策划工作中也是无限的，是需要充分激发和解放的。

认识和改造客观世界，就是发挥主观能动性的过程。掌握和运用图书策划规律和技能，在很大程度上也依赖于策划人的积极探索和努力。因此，策划人在客观环境和条件允许的情况下，要十分重视并努力激发和解放自身的主观能动性。

第三节 图书策划的意义和本质

图书策划是一种高智能的创造性工作，意味着一种高度、一种气势，它昭示着出版社角色的主动性和文化权威性。

一、图书策划的意义

图书策划之所以重要，主要缘于以下几方面原因。

1. 图书策划是市场竞争的必然要求

随着宏观经济的发展，我国早已告别了短缺经济时代，代之而起的是一种过剩经济。2014年，全国年出版新书12万种左右，加上重版书，当年共出版图书20余万种。图书竞争经历了产品竞争、市场竞争和品牌竞争，竞争水平不断升级。激烈的竞争迫切要求图书的多样化和差异性，即要求出版社走创新之路。谁在创新能力上做足文章，谁就能很快发展起来。而创新的关键在于图书策划的质量。

2. 图书策划是实施品牌战略的客观要求

品牌意味着无形资产和高附加值，一个产品的品牌反映的是市场心理的追求。出版业竞争日趋激烈，出版社的经营业已由单纯的产品经营为主转向品牌经营为主。品牌经营不仅可以为出版社树立读者喜爱、社会认可的形象，而且可以使品牌图书深深地植根于读者的脑海中，使出版社的资本运作、连锁经营等成为可能，从而给出版社带来丰厚的回报和全新的经营方式。

品牌的长远发展依靠创新。在日趋激烈的图书市场竞争中，只有通过持续、稳定的创新，出版社才能在市场上占据一席之地，其品牌才能获得一定的市场份额，才能使出版社及其品牌有所发展、有所进步。策划人要追求品牌效益，就要积极主动地调研市场，明确本社优势，全面把握目标读者群的需求变化，周密细致地进行策划。品牌经营和品牌创新只能靠策划，舍此别无他途。

3. 图书策划是出版产品加速更新的紧迫要求

当今社会，图书的生命周期越来越短。

图书策划在图书生命周期中的作用至关重要，并且日益突出。如果说在计划经济条件下，没有图书策划无关紧要的话，那么在图书市场竞争已呈白热化的今天，图书策划像出版社的生命一样重要，是出版社生存立足和发展之本。一个出版社的兴旺发达取决于多种因素，但最重要的一项是其图书策划的能力。换句话说，出版社事业发展与其策划能力是成正比的。或者说，出版社命运所系，在于策划。缺少或者没有了策划，这个出版社就如无水之鱼，失去了生机与活力。不要说事业发展如何，恐怕连维持生存都难，事业发展的路子会越走越窄，最后走到末路。

纵观当今的中国的出版业，那些弄潮书业的出版社，没有一个不是格外重视图书出版的全程策划而在图书市场稳稳当当站住脚的。反过来讲，凡是事业不兴、人心不振、业绩平平而艰难度日的出版社，除了管理体制和运作机制的原因外，最主要的原因当属策划能力不强，其对图书出版策划的重视程度和策划能力都会存在问题。

二、图书策划的本质

策划的本质是创新。创新的含义就是不重复别人，也不重复自己。美国创新思维专家迈克尔·米哈尔科在其著作《创新精神》中提出，要学会"发现别人看不到的东西，思考别人想不到的东西，发现你没有寻找的东西"。

策划需要创新。图书的创新当然并不单指图书内容本身。不重复是指在题材的定位、选题的角度、封面的设计、版式的风格、宣传的策略等诸方面不因循守旧，并且不断超越自我。不能重复别人，更不能重复自己，一定要避免走"同质化"的路子。

创新有内容的创新，也有形式上的创新。

概括起来，图书策划在图书出版中的作用表现在这样几方面：

一是，保证出版社有优质选题，为选题确定后其他出版程序奠定基础。

二是，可以为出版社造就更多的畅销书、长销书。

三是，可以创立出版社品牌形象和提高图书知名度。

四是，保证出版社的图书发行比较顺畅并产生良好经济效益。

三、图书策划是思想的输出

充满创意的选题哪里找？靠策划。策划自选题的筹划始，策划比一般性提出选题，其文化内涵更深厚：第一，使选题更具有创意；第二，它是一种分析，一种设计。它不仅仅是灵机一动、蜻蜓点水想到一个题目，而是要对这个题目有精心的设计、独到的分析、巧妙的安排、周密的规划。简而言之，它比一般性的提出选题有更强烈的思想性、现实性、重要性、主题性。从这个意义上说，策划是一种思想的输出，它不仅仅是学术头脑、经营意识、敏锐目光的简单反映，而是一切综合的、全面的主体性发挥，是潜能的开发。

策划首先是思想的过程。如果说出版人的责任不在于他本人发现了什么伟大的真理，而在于通过他的努力，为人们架起通向真理的云梯，那么图书策划则是搭建理想云梯的最有效途径。出版人的策划意识，不只是技术问题，仅凭技术眼光看不到前途，策划解决选择何种目标，技术解决实现目标的手段。策划人首先应当是思想者，或者说是正在思想着的人。

第四节 图书策划认知的转变

面对日新月异的图书市场，要想策划出既有社会效益又有经济效益的图书，图书策划人必须转变理念。因为理念是行为的指南。市场化的图书生产，必须依靠出版人理念市场化来实现。市场经济的发展加速着出版业市场化的进程。总之，图书策划市场的变化最终体现着出版人整体理念与行为方式的变化。

一、职能定位的转变

在传统的图书编、印、发工作中，编辑只负责组织选题、加工文稿，主要充当文稿加工整理的"工匠"角色。如今图书市场已从计划经济转变为市场经济，这时图书的策划，在图书选题申报之前就已经开始。要考虑图书的卖点、市场定位、读者定位、市场调研、市场预测分析、图书装帧形式、用纸、定价、成本核算、宣传营销战略等一系列的问题。此时加工文稿已成为出版工作的一部分，图书策划人的作用体现在图书生产的各个环节，要时刻关注市场营销的动向，要找准适当的读者群，要构思每种图书的整体包装效果，要核算单位品种的投入产出。总之，今天的图书策划人应该是图书生产的直接经营者。

二、角色身份的转变

一直以来，编辑被称为"为他人作嫁衣裳"的人，这除了强调编辑尊重作者的美德外，从另外一个角度则反映了编辑角色的从属性和非创造性。市场经济的到来，让更多的人意识到图书的表现力与图书的内容具有同等价值，图书变化的新格局凸显了编辑创新的增值效果。如果没有编辑对作品价值的认同，对作品市场的准确把握，对作品表现形式的到位体现，该作品极有可能被埋没在浩如烟海的书堆里。

在市场经济的今天，绝非任何人都可以成为一个好编辑、一位图书策划人，出版人的作用越来越趋同于对作品进行二度创作的导演角色。一样的剧本，在不同的导演手中，根据其对作品的理解，选用不同的演员，运用不同的灯光、背景等表现手法，会产生不同的视觉效果。同样，一个选题在图书策划人按照自己的理念，对其进行定位、包装、制作等精心设计后，会升华出一种全新的生命力。书稿除了体现作者的思想情感外，也倾注着出版人的精神追求、知性、悟性。图书策划人要在作品与读者之间找到契合点，通过到位的表现力完成作品的社会化。

所以，今天的出版人已不再是简单地"作嫁衣者"，而是要成为与作者共同开发图书的合伙人。图书策划人也会同品牌一样吸引人们的注意力，成为作者选择出版社的因素和读者挑选图书的标志，成为市场竞争的重要因素。

三、追求目标的转变

编辑，虽然是个传统的职业，但它却一直不被视为一门独立的学科，编辑学也是在20世纪80年代中后期才出现的。过去编辑的最高理念是由编辑进而成为作者。"学者化"是编辑推崇的理想境界和归宿。应该说，编辑与学者并不矛盾，问题是人们过去只看到编辑具备了学者的学识，有利于对书稿的定夺和加工整理，却忽略了编辑与学者研究角度的区别，以及由这一观点引发的对编辑的误导作用。

学者的研究重点是在本学科研究领域有所突破，著书立说，建立自己的学术地位。出版人的职责主要不是研究学问，而是传承与普及知识，是作者与读者、研究与市场之间的桥梁和纽带。对今天的出版人而言，特别是在图书市场激烈的"眼球"争夺战中，策划一本

受读者喜爱的图书日益成为出版工作的核心与重点，"图书策划人"的作用也逐渐被认可，成为一名成功的"图书策划人"已成为出版人精神追求。

四、运作方式的转变

出版工作方式要由熟悉的独自完成单本图书的策划、组稿、编辑过程，向寻求团队合力作战的方向转变。在图书市场竞争中，品牌与规模的优势日渐明显。受资源、资金、个人精力、学识水平等因素的影响，以项目为核心的合作方式正逐渐替代编辑之间的各自为战、单打独斗，部门之间的合作也不断加强。图书策划的背后必须有实力强大的团队。

五、从业要求的转变

复合型人才愈来愈成为适应出版发展的亟需人才。高速更替的学科发展，一方面是分工的专业化程度提高，另一方面是对人综合素质的要求愈来愈高。生存危机的巨大压力激活了学习的动力，图书策划人只有不断地追踪社会的发展，汲取最新资讯和学术发展动向，更新理念，充实自己，才能策划出适应形势变化的图书，才能完成由传统出版编辑向现代出版人的转化。

图书出版产业是智慧的产业，是创新的产业。图书市场的千变万化，图书出版人的理念也要随着图书策划的变化而变化，随着图书策划职业的成长而成长，随着图书策划理论的完善而完善。但万变不离其宗，传播知识，传承人类优秀的文化是出版人永恒的追求、不变的信念。

图书选题策划

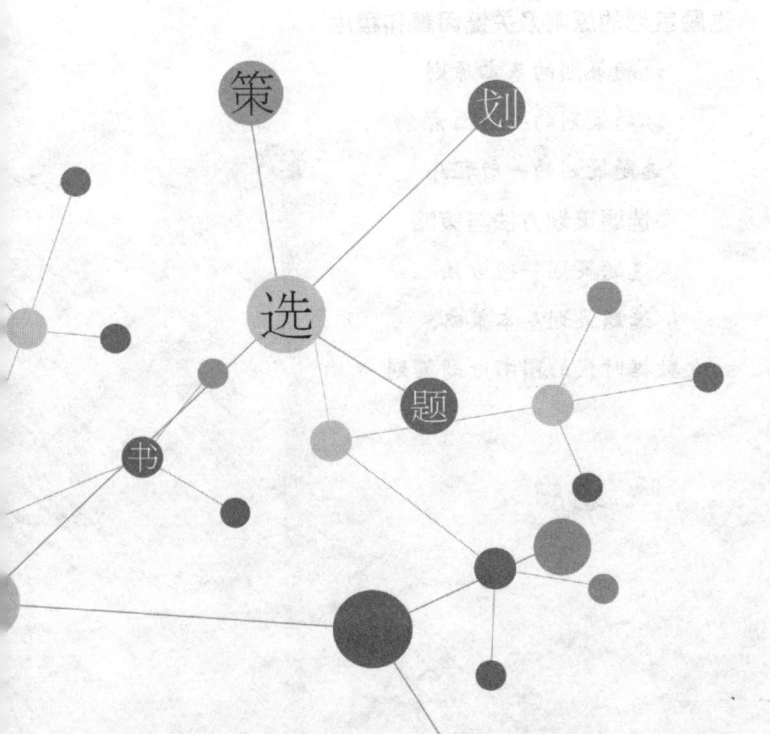

上编
图书选题策划

◎ **图书选题策划概说**
  选题策划的基本概念
  选题策划的特点
  选题策划的作用

◎ **选题策划的目标与要求**
  选题策划的目标
  选题策划的一般要求
  对选题策划主体的要求
  选题策划案的撰写要求

◎ **选题策划的原则及关键因素和程序**
  选题策划的基本原则
  选题策划的关键因素
  选题策划的一般程序

◎ **选题策划方法与策略**
  选题策划一般方法
  选题策划基本策略
  大数据时代的图书选题策划

第一章　图书选题策划概说

图书选题是出版企业对准备出版图书的理性谋划，其主要对象一般由书名、著译者和内容设想、读者对象以及字数等部分构成，它是编辑工作的基础。在中国，选题体现了党和政府的出版政策、出版企业的策略和任务，因而在编辑出版工作中具有重要的性质和作用。

第一节　选题策划的基本概念

图书选题策划是图书策划的关键和核心工作，是出版社的基础工作，也是十分受重视的一项工作。图书生命由选题策划孕育，因而其构成要素、策划原则和一般流程必须清楚。

一、图书选题与选题策划

1. 选题的基本定义

出版活动的第一步是制定好图书的选题。选题有两种意思：一是确定出版书目的题目；二是制定一系列关于图书发行的计划和构思，这部分工作称之为选题策划工作。通常情况下是一本书有一个选题，但有时也可能是一套书共有一个大的选题，各本书又有自己的小选题。现在的选题策划不仅仅是要给图书"取名字"。现代出版环节中的"选题"包含前期的信息收集、对市场敏锐度的感知、确定目标受众、选好作者、确定出版风格及内容、审稿校对和后期的宣传推广等一整套策划活动。

2. 选题的基本组成

一般来说，选题包括6大组成部分，即：图书的题目、主要著作者或者编译者、发行意义、可能的读者群、图书的基本内容和写作要求，通过这6个部分可以比较清晰完整地描绘出该图书大致的一个蓝图。需要明确的是，确定选题只是图书选题工作中的一小部分的工作，并不是整个图书策划的内容。不能简单地把选题策划归为对图书的题目或者出版意义的简单描述，图书选题策划应该是包括且贯穿于整个出版过程的具体任务。

3. 选题策划的含义

选题策划是对出版选题进行的一种创制和战略规划，它是出版者（图书策划人）在市场调研的基础上，以读者和社会需求为出发点，对选题的结构、目标、功能、内容要素以及整个选题体系所反映的出版单位的整体形象，进行符合出版编辑规律的有创意、有组织的谋划和预先决定，其目的是为了合理地利用和配置编辑出版资源，使之达到一种最优化状态。

二、书稿来源

1. 书稿类型

出版社的书稿来源大致有三种途径。

一是作者投稿，即作者自愿给出版社投递的、愿意交付出版社审核出版的书稿。这部分书稿视出版社品牌影响力的大小所占比例有一定差别。

二是索稿，是编辑人员主动向作者索要的书稿，或者得知某位作者正在写作一部书稿，或者因为作者是某一学科的专家学者，希望作者把作品交由出版社审核出版的书稿。

三是约稿，即本书所讲的图书选题策划后所获得的书稿。这种书稿融入了策划。对这种书稿，出版社策划人员有更多的参与，并且是从书稿撰写到宣传再到营销的系统行为。这部分书稿在出版企业中所占比例与出版社的实力有关。

换句话说，第三种稿源的直接原因是图书选题策划的结果。

2. 约稿与索稿的区别

图书选题策划与一般性、日常的索稿是不同的。

那么，一般性索稿与图书选题策划有哪些区别呢？我们以为主要体现在如下五个方面。

一是从约稿方案的系统性上，索稿的方案是单一的，有时甚至没有方案，也许是编辑的一个初步想法，就会向作者约稿；而图书选题策划则有一套完整的、系统性的方案或者思路，这种方案往往是包括设计、制作、宣传、营销在内的一揽子方案。

二是从出版社的期望值上，对于索稿，出版社不会寄予太大的希望，不指望从中谋取太大的利益；对于通过策划而得到的图书选题则希望它能成为出版社的畅销书或者长销书，能有较大的社会影响和销售量。

三是从出版社的参与、重视程度上，索稿时一般只有编辑一人，是编辑和作者一对一的行为；而图书选题策划一般是多对一的行为，即出版社几个策划人或者整个出版社对作者一人。从规格上来说，不仅有选题策划人、责任编辑参加，还会有编辑室主任（策划部门负责人），甚至社领导的共同参与。

四是从出版社的投入上，索稿的投入是不会太大的，一本印发一万册图书的投入，加上版税等的开支，不过十几万元足矣。而策划的选题一般投入较大，属于大出大进型的，投入的人力、财力较大，获取的利润也会很大。这其中包括付给作者的版税占有很大的比重，尤其是著名作者，这和电影制作成本有很大比重是支付给演员（尤其是明星）的片酬是同样的道理。

五是从图书的出版数量上，过去出版社索稿占其整个出版图书的比重较大，如今图书选题策划的书稿比例正在发生反转。

由此可见，所谓图书选题策划是指出版社编辑人员及其他图书出版从业者，以强烈的创新意识、敏锐的市场洞察力和热情的工作精神，积极主动地筹划、组织图书稿件的一种行为。

三、选题的构成要素

策划选题时，策划人只有对图书选题的构成要素进行深入细致的思考和综合的把握，才能提出比较成熟、具有实际价值的选题。一般来说，选题由以下几个要素组成。

1. 出版理念

出版理念是图书策划人对所要出版图书的整体构想和想要达到的总体目标。出版理念是选题策划的灵魂，它反映了一个策划人的策划能力。好的策划思路和出版理念是决定图书质量的根本。

2. 读者定位

读者定位是策划人对图书潜在读者群体和购买对象的基本判断。图书的读者定位来源于市场调研。读者定位准确与否，是决定图书策划是否成功的关键。

3. 图书内容

图书内容是指选题策划人，为实现图书的主题思想、框架结构、知识结构等内涵而要求作者撰写的文字、提供的表格、图形、图像等。书稿的内容定位，取决于该图书的读者对象。

4. 图书的呈现形式

图书的呈现形式包括图书的体裁、叙述方式、表现形式等。例如，幼儿读物大多采用纯卡通为主配有少量文字的展示形式；少儿读物大多采用图文并茂的形式；对文学作品和专著大多采用纯文字形式。

5. 书稿的篇幅和图书定价

书稿的篇幅和图书定价要根据事先确定的话题、读者愿意支付的费用，综合考虑定价与成本来决定图书的篇幅。

6. 推广设想

推广设想主要包括书名、选材、装帧形式、宣传推广、营销方式等。一般是在选题策划时初步拟定，根据图书出版时的市场情况再具体确定的。

四、选题策划依据

策划人在选题策划阶段除了要关注以上的各个要素外，还应从以下几个方面来深入思考，才能提升全面的策划能力。

1. 基于信息

图书选题策划是一项创意工作，而有价值的创意自然离不开大量相关信息的积累。采集信息是选题策划最初、最基础的工作，选题策划要以充足准确的信息为依据。社会政治与经济中的重大决策、发展规划、新闻热点、出版导向、书业资讯，以及与作者的沟通交流，甚至电视栏目中的一个小广告等都有可能催生一个很好的选题。策划人不仅要"眼观六路，耳听八方"，随时注意捕捉信息，更要做一个有心人，能够筛选出对选题策划有用的信息——激发职业兴奋点的信息。策划人要广泛搜集、科学分析这些信息，并理出明确思路，为图书选题策划做好充足准备。

2. 基于作者

策划人的图书策划构想要能得到有效的落实，必须寻找到合适的作者。选题好，找不到合适的作者，或者找到的作者能力达不到要求，也不能产生好的书稿，也就不能保证图书内容质量。例如：笔者在策划"三生有型"之《音乐家赵季平》一书时，一开始就设想找一位熟悉赵季平先生的

《音乐家赵季平》书影

人，但后来发现这只是其中的一个因素，因为赵季平先生是一位音乐家，要想让这本书出彩，作者还必须对音乐有一定的认识和感觉。另外，此书属于传记性题材，作者还应该具备严谨的写作素质，当然作者如果熟悉赵季平先生，对于采访和各种资料的核实一定也会有帮助。经过多方联系并征得赵季平先生同意，我们最终确定由作家和谷主笔。和谷，一级文学创作，中国作家协会会员，中国报告文学学会理事，其作品《市长张铁民》获中国作协报告文学奖，曾担任陕西省文联办公室主任，与时任陕西省文联主席的赵季平共事八年，应该说是最佳人选，由此从源头上保证了书稿的质量。《音乐家赵季平》出版后在业界产生了一定影响，《西安晚报》连载了图书内容，《中国报告文学》《中国教育报》选载了图书内容，该书还获得了中国高校出版社优秀畅销书一等奖。

3. 基于读者

图书出版的目的就是为广大读者提供精神食粮，丰富和提高人们的精神文化生活。因此，在策划图书时，必须思考为什么要出这本书，它能以怎样的内容、形式、表达方式和装帧设计，来吸引那些文化层次、年龄、职业的读者；这些读者会以怎样的心情购买和阅读这本书；他们在阅读后，能获得什么益处等等。这样策划出来的图书才能更贴近生活、贴近读者。

换句话说，你想让读者购买你出版的图书，总得给人家一个理由吧。

笔者策划的"中国大学生职业生涯与成长书系"之《助你飞翔——当代大学生就业指导手册》，根据大学生对就业创业的模糊认识以及在毕业季所遇到的一系列问题，从大学生实际需求出发，创造性地采取专题问答的形式，对在就业和创业过程中可能遇到的问题，依据最新政策精神进行解读，方便了读者，因此受到主管部门和广大学生的广泛认可。

4. 基于出版社的特色和个人定位

现在许多出版社的发展注重自身的出版特色和定位，以特色创品牌，以品牌赢市场。选题策划忌"散、乱、杂"的局面，无论

《助你飞翔——当代大学生就业指导手册》封面

出版社还是选题策划人个人都要有整体规划。所以，策划人在策划选题时，一是要考虑选题是否符合本社的出版方向和定位；二是要基于自身的专长和优势；三是策划人要有开放的视野，以符合大众阅读兴趣为选题策划的切入点。

5. 基于市场

出版社的产品源头来自策划者的思想，而策划人最初的灵感和想法则应来自于图书市场。一旦这个灵感或想法确定下来，成为图书选题，就意味着出版社要投入一笔资金来运作。市场投资必然会有风险，为降低风险，从基于市场的理念出发，选题策划人要做好以下几个方面的工作。

（1）做好充分的市场调研工作，把握各个问题细节。

找准读者定位；走访目标读者，了解他们的阅读需求；走访不同的书店，了解这类选题的主要购买者以及购买趋向；了解目标读者平均收入状况，研究他们的心理价位；了解其他出版社同类产品的出版情况和销售情况，与同类图书比较，找到同类图书的市场空隙，确定自己的图书在同类图书中的竞争优势；根据市场倾向、读者群偏好等因素，了解目标读者喜好什么样的开本、结构、封面、整体装帧风格，以及什么书名更能吸引他们并得到认可；了解图书的最佳上市时间和有效营销策略等。

（2）选题确认前一定要集中大家的智慧，与市场营销人员和本社图书销售人员保持密切的联系与沟通，认真听取他们的建议。对各选题的名称、读者定位、作者、编写形式、卖点、出书时间、定价、内容等进行仔细分析，选题确定后由策划人根据调研情况，写出营销策划报告。

（3）样稿完成时，组织读者对书稿进行试读评议，充分听取目标读者群体对书稿的意见，并及时与作者沟通，进行调整和修改。

（4）图书的版式、封面也要有三个以上不同风格的设计方案，在组织有读者参与的活动时，策划人、营销部门与读者一起共同讨论确定。

（5）在图书付印前后，在媒体上对该书进行形式多样的宣传，充分利用各种媒体平台，对图书进行评论，在市场中形成一定热度。例如，可以将专家、读者的评议和提出的意见在网上进行宣传。

（6）图书出版后，一定要在第一时间内铺货，及时在书店、卖场亮相，确保最佳销售时机，同时要通过第三方市场监控平台经常检查图书的上架和销售情况；要及时了解读者的反馈信息，总结出版、营销过程中的经验和教训。

第二节　选题策划的特点

选题策划的特点可以归纳为以下几个方面。

一、目的性和可行性

出版任何图书都有一定的目的性。而选题策划活动就是要多出精品、出效益、出人才。

出精品，就是出版社生产出广大读者欢迎的、有益于社会主义精神文明建设的文化精品。内容上不落俗套，能陶冶读者的情操。

出效益，就是追求社会效益和经济效益的最佳结合，以及"双效益"的丰收。经济效益好，能给改善出版单位的硬件和软件设施，增强员工的工作热情。社会效益好，有益于国家的发展，同时也能树立出版单位的品牌，"无形资产"得以倍增。

出人才，就是一方面通过选题策划活动的锻炼，使编辑策划人员成为策划高手，成为编辑高手；另一方面，通过优秀图书，充分发挥"人类灵魂工程师"的作用，影响受众的精神世界，并促进读者文化修养的提高，使他们成为有益于社会进步的人。

选题策划必须受出好书这一目的支配，并为这一目的服务。一个图书策划人是不是有能力出奇制胜，别出心裁，还是只会人云亦云，亦步亦趋，拾人牙慧，在选题策划上就能考验出来。

为了有效实现出版目的，做到目的性和规律性的有机结合，在选题策划中必须对市场形式及其发展趋势进行预判，对其可能产生的社会效益和经济效益做预测。

通俗地说，就是根据现有的信息和图书出版中的随机现象对其可能产生的直接和间接效益进行分析，预测未来图书市场的走向和发展趋势，在最恰当的时机以最小的投入获得最大的收益。选题策划的确定、方案的研制都要遵循编辑出版的客观规律，要考虑出版政策、本社的出版方向和本社的出版人力、物力、财力等主客观因素，综合分析各方面的因素，也还要考虑读者和市场的需要，使策划选题切实可行，真正具有可操作性。

二、创新性与时效性

选题策划是一种创新性活动，是出版业最具知识经济特征的智力活动。创新性是选题策划的灵魂，是其最根本的特征。选题策划的创新性最终体现在选题的新颖性与独创性方面。

没有创新特性的选题不能叫策划，充其量是一种模仿或者跟风。选题是否是策划的结果，即便是同一题材也会有不同的表现。

在图书出版的整个过程中，每一个环节、每一个阶段的工作都具有创新性，但是，客观地讲，最能体现出版工作创新性的无疑是选题策划。

要想推出高质量和高效益的图书，就必须不断地推出具有创新意义的选题。美国的阿瑞特曾经说过，创新性也许不是发展成功的唯一手段，但它是最重要的手段之一。

选题策划要想有所创新，就必须在新思路、新方法、新信息、新理论、新题材、新知识上多下功夫。另外在策划过程中，要有继承前人的经验，借鉴别人的成果，并在此基础上产生新的编辑思路，从而策划出符合时代特征，具有新颖性、价值性和先进性的编辑成果。

新闻行业经常提到新闻要抓"活鱼"，在媒体融合背景下，新闻稿件已经抢到了"以秒为单位"的白热化状态。新闻对于时间而言是易碎品，同样，时效意识也要求出版单位要能够恰到好处地把握出版时机，在人们最关心、最关切的时候，及时地将图书印制出来送到读者手中。这一切都要求出版单位在选题策划上的工作要做到位，做得全面。

三、整体性和系统性

整体性与系统性是选题策划日渐重要的特征，有机的整体性是取得良好整体效应的根本关键。选题策划活动将延伸、渗透到图书的整个生命周期，其中任何一个环节、任何一个阶段的工作做得如何，都会影响到选题策划目标的最终实现。出版实践告诉我们，有一些本来很不错的选题或选题策划，结果在实施选题的某一个环节、某一个阶段上，或者由于相关人员的工作不到位，或者由于发生了意想不到的客观情况，最后导致没有达到预期的效益，甚至造成了损失。因此，选题策划人千万不能只管策划选题，而置选题的落实于不顾。也就是说，除了对选题本身进行精心策划外，还必须对选题的实施与运作进行必要的策划与监督。不仅如此，还必须积极参与实施、运作选题的各个环节、各个阶段的工作。

选题策划是从市场调研到分析信息、提出选题、论证、选择作者等一系列工作，是一个连续的、动态的、系统的工程，这一"系统工程"里包含了许多错综复杂、相互联系的要素，它的过程还包括后期的印刷、宣传、营销和市场等，从投入到产出的整个过程莫不在策划人关注之中。图书策划人要为预定目的，将出书之众多要素最佳地结合在一起，使之产生最佳效果。要尽量预想工作中可能出现的障碍和困难，制定正确的战略和策略，加以克服和排除。在整个系统设计工作中，图书策划人要特别注重的是把出版工作固有的两重性质有机地结合起来，即最大限度地做到既注重文化内容，又力争高收益。

出版是系统工程。系统的结构决定了系统的功能。系统的功能不是系统内各个个体功能的简单相加，而是远远大于个体功能之和。在实施与运作选题的时候，为了增强选题策划的整体性，必须高度重视选题策划的整体性与系统性，处理好具体选题之间以及具体选题与选题计划之间的关系。出版社应该将出版发行部门和图书策划部门用效益、利润捆在一起，使"两个轮子一起转"：选题策划、营销策略等工作由图书策划部和出版发行部共同论证；新书上市后，图书宣传、市场营销由出版发行部和策划部共同运作。

可是，在我国出版业现行体制与机制下，策划选题与实施选题脱节的现象至今仍然比较普遍。通常的情况是：策划人员提出了选题，获得了书稿，但对于编辑加工、装帧设计、印刷装订、宣传营销、发行销售等，策划人员往往受制于人、鞭长莫及，这样就制约了策划人员介入实施与运作选题的积极性与主动性，也不利于选题效益的最大限度发挥。

第三节 选题策划的作用

在图书的整个生命周期中，选题策划占有着举足轻重的地位。因为它不仅仅是整个图书出版的灵感来源，也是一种全新的创造性活动。

一、选题策划是出版业发展的必然举措

信息时代，信息爆炸带来的是人们在知识获取上的选择困难和接收困难。如何把有利的信息和有益的知识快速简洁的传达给受众，这是出版人必须思考的问题。图书市场因为受到各方面的冲击，在人们选择获取知识的途径中所占的比例有所下降，这是一个不争的事实。

这个时候，选题策划的重要性就体现得尤为明显。一个好的选题策划加上后期强有力的过程监控，可以打造出一个或者一套能迅速占领市场、甚至引起轰动的优秀图书。

另一方面，随着计算经济的发展，越来越多的数字化媒体开始瓜分原本属于图书出版的市场。作为纸质媒体，想要在当今的知识市场上占据一席之地，就必须从内容下手，打好"内容"牌。而选题策划正是从源头上决定图书内容是否能吸引受众、能吸引多少受众的关键。因而，在当下，做好选题策划是图书出版出路的必要举措。

二、选题策划能够强化图书的市场优势

经济的快速发展，反映在图书方面就是图书的市场化。而图书市场化便要求图书要适应时代的需求，提高其市场占有率，做到占领市场，赢得经济效益和社会效益。再加上国外图书的参与竞争，要想赢得受众，出版的图书必须具有非同一般的优势。这种优势的体现主要依赖于图书策划人的选题策划。

知识经济时代的到来，也让图书的生产进入了主动加工、主动进行的选题策划时代。如何在繁多的信息中收纳、整理、归类出所需要的信息，将信息转化为知识，是出版人在前期的策划中所需要做的事情。出版人的主要任务便是将有价值的信息，通过创意性的策划和设计，最终转化成新的精神食粮，为读者提供"营养"。

三、选题策划具有文化引导作用

图书的选题策划在很大程度上决定了出版社出版什么样的图书，一般民众可以看到什么样的内容，受到什么样的熏陶和影响。所以，从文化的影响方面来看，图书的选题策划具有一定意义上的代替人们进行选择的意味。图书对人类的影响甚至可以上升到文化的发展上。有时候，一本书影响的是某些人的心情、思绪，但也有些时候，一本书会变成一场"革命"、一次巨大改变的导火索。因此，出版社所出版的图书，需要考虑文化的导向作用，必须端正思想，坚持科学健康发展。

表面上看，选题策划是对出书题目的选择，然而，实质上是对文化的选择。选择某个选题，就选择了一定的文化；舍弃某个选题，就舍弃了特定的文化。例如，同样是杂志，《故事会》选择了俗文化，而《读者》选择了雅文化。人类文化中的典籍有些流传至今，而有些湮没无闻，重要原因之一就在于出版人不同的文化选择。

选题策划活动在出版传播活动中的战略性地位，主要体现在对人类文化建设中具有非常明确的导向作用。积累文化，传承文明，出版人担负着文化选择的重大使命。策划在本质上是一种文化引导，其最重要的功能不仅是弄出一本好书，而且是通过好书影响社会文化、科学思想、学风大势，唤起民智、民心与民魂。

四、选题策划是塑造出版单位个性的首要环节

选题策划是整个出版流程的龙头工作，在整个出版过程中处于"牵一发而动全身"的位置，是出版流程中的一项宏观龙头业务。

出版单位的个性或者说是特色，是出版单位提高市场竞争能力的重要因素。出版单位的个性，主要是通过出版物来展现的，因此选题策划便成了塑造个性的首要环节。选题贵在一个选字。面对林林总总的阅读需求和方方面面的作者、译者，图书策划人要敢于和善于选择。一个出版单位的选题计划，是这个单位的图书策划人层层选择的产物，它体现的是文化的追求、审美的趣味和市场判断的眼光。"汉译世界名著丛书"便是商务印书馆自觉选择的一套大型学术读物。不管图书市场潮起潮落，商务印书馆坚持完成这套丛书的出版计划，表现出了可贵的文化责任感。这套丛书以其厚重的文化含量，推动了我国的学术研究，也帮助商务印书馆树立了重视学术文化的出版特色，产生了良好的社会影响。

五、选题策划事关出版质量和企业效益

选题是出版物的最初形态。虽然只是简单的轮廓勾勒，但它凝聚着图书策划人的心血和智慧。选题策划则是对精神产品的设计，引导

着精神产品的生产过程。一个好的选题策划，不仅可以让图书策划人明确自己的工作思路，还能给作者很多有益的启示。作者可以通过图书策划人的构思，明确自己的写作目标，尽快进入写作过程；而且可以对照选题要求，选择自己的研究或创作方法。这一切都会对最后的成果产生影响。良好的开端是成功的一半。出版实践证明，选题的成功在很大程度上能保证作品的成功。

出版产业是内容产业，出版界流行"内容为王"的说法，但是，出版社的"内容"能否在图书市场上称"王"，很大程度上取决于选题策划。周蔚华先生指出："选题策划是出版企业的研究和开发活动，它是形成企业核心竞争力的关键，是核心竞争力中的'核心'。"

选题代表一家出版社的形象，显示出版社的品位、声誉与效益，一家成功的出版社，首先是选题策划的成功，选题策划是出版社立社和发展的根本。一本成功的书可以救活一家出版社。

中信出版社原本是个名不见经传的小社，业绩平平，以至于主办单位（中国国际信托投资公司）在机构改革中打算撤销它。2001年，新领导上任后，推出《谁动了我的奶酪》和《杰克·韦尔奇自传》两本畅销书，两本书总发行量超过300万册，特别是《谁动了我的奶酪》在书业以至全社会刮起了一股强劲的"奶酪"风。中信出版社由此起死回生，并成为国内著名出版社。

在市场经济条件下，出版业的风险很大，尤其是当读者的阅读习惯发生改变之后，风险更是日益增加。最大限度地加大策划和优化选题的力度，就可以尽可能降低出版业的风险，最大限度地增加出版成功的把握。从一定意义上说，选题策划作为事前的筹谋、设计，目的就在于通过种种努力来预测、防范风险，从而达到最终降低甚至避免风险；从事选题策划活动，本质上应该能够承担风险，功能上却要规避风险。成功的选题策划必定事半功倍。

图书选题策划是出版的首要工作，而且是十分重要的工作。在市场经济环境下，图书选题策划在整个图书生产制作过程中显得越发重要。图书生产同样需要投资，当然包括人力、物力与财力的投入，选题策划不到位，后续工作就可能失去意义，甚至给企业造成损失。

第二章 选题策划的目标与要求

选题策划是目的性很强的文化创意活动。本章将就图书选题策划的具体目标和要求展开讨论，以帮助读者理清思路，更好地、更有效地做好选题策划工作。

第一节 选题策划的目标

策划目标是策划活动所要达到的预期结果和策划者将要完成的任务。确定目标是整个策划活动的起点。任何策划活动的目标都应该做到两点：一是明晰，即目标必须明确，绝不能含糊；二是可行，即目标在实践中可以操作，经过努力可以实现。

选题策划的目标与出版的目标密切相关。我们国家对出版业的总体目标要求是："出版事业必须坚持为人民服务、为社会主义服务的方向，坚持以马克思列宁主义、毛泽东思想和邓小平理论为指导，传播和积累有益于提高民族素质、有益于经济发展和社会进步的科学技术和文化知识，弘扬民族优秀文化，促进国际文化交流，丰富和提高人民的精神生活。"（见《出版管理条例》第三条，2001年颁布）这一条规定了我国出版工作的四项基本任务。第四条是："从事出版活动，应当将社会效益放在首位，实现社会效益与经济效益相结合。"这一条讲的是我国出版工作的根本宗旨。将这两条综合起来，可将选题策划的目标表述为：在完成出版工作四项基本任务的过程中，实现社会效益与经济效益的有机结合。

选题策划的目标可以细分为以下三个层次（或者说三个具

体目标)。

一、出好书

图书仍然是历史最悠久、作用最重要的文化传播媒介，其主要社会功能是传播思想、知识与科学技术，以促进社会生产力的发展和精神文明的进步。图书又具有"积累文化，传承文明"的重大社会功能。"传承文明"是从"横向"来说的，强调对今人所起的作用；而"积累文化"是从"纵向"来说的，强调对后人所起的作用。

一个时代、一个民族文化发展的成就，最集中地反映在这个时代、这个民族出版的图书之中，各时代、各民族创造的精神财富在图书中会得到最全面、最充分的体现。正是通过图书这个载体，人类社会的精神财富才得以一代一代地继承下来。所以，图书被誉为人类进步的阶梯。中华文化之所以五千年绵延不断，最重要的原因是中国出版将中华文化中有价值的著作比较完好地选择、保存了下来。

试想一下，如果没有大量优秀的图书流传，如果没有保存图书文献的各级各类图书馆的存在，人类仅仅靠口口相传，那么人类文明的历史进程将被延误多少年，科技的发展将受到怎样的窒碍。

出版人应该义不容辞地传承精神薪火，这是神圣而光荣的使命。选题策划人不能唯利是图。

近期，从选题内容上讲，以下选题均可策划出好的图书：

（1）中国特色社会主义理论体系研究、宣传和普及读物出版项目。

（2）社会主义核心价值观研究、宣传和普及读物出版项目。

（3）深入阐发中华优秀传统文化的思想精华和道德精髓，在实现中华优秀传统文化创造性转化和创新性发展方面具有重要意义的出版项目；深入挖掘、整理、保护民族文化遗产，具有重要思想价值、学术价值、艺术价值和重大文化积累价值的出版项目；传播当代中国价值观念，坚持以人民为中心的创作导向，反映当代中国文化创新成果，思想性、艺术性突出的文艺原创精品出版项目；内容健康，形式新颖，思想性与艺术性、教育性与趣味性相统一，适合青少年阅读的优秀出版项目。

（4）反映自然科学各领域具有国际领先水平或国内一流水平的研究成果，在基础研究方面具有重大价值的出版项目；内容丰富，形式多样，兼具知识性、可读性的优秀科普读物出版项目。

（5）对推进丝绸之路经济带、21世纪海上丝绸之路建设，全面发展同周边国家关系具有重要意义的优秀出版项目。

（6）对展示中华人文风貌、具有史料价值、集学术之大成的古籍整理出版项目；优秀"三农"及重点音像制品、数字出版物和优秀公益性出版项目；对推动中国文化"走出去"具有重要意义和作用的优秀出版项目；对我国政治、经济、文化、社会发展等具有积极推动作用的优秀出版项目。

二、铸品牌

越来越多的人认识到，图书同样有品牌。图书品牌是出版者（出版社）的名称（社名）、标志（如社徽）、术语（如社训）和图书书名，或其组合：其主要功能在于区别不同出版者的出版物或同一出版者的不同出版物。图书品牌同样是巨大的无形资产，对于出版者树立美好形象、赢得美誉、扩大知名度、增加销售量，都具有重大而深远的积极影响。品牌意识是出版社生命的源泉。在市场经济条件下，选题策划人应该具有品牌意识，应该具备打造品牌的能力。

出版社（商）若没有自己的品牌，既难以实行自己应有的文化力量，也难以实现自己应有的经济力量。品牌图书的选题策划有以下的作用。

1. 能使出版工作重心突出，管理科学化

目前，图书出版已进入了一个以策划求发展、以策划求效益的智慧开发阶段，"事先策划，事中控制，事后总结"的科学管理和策划意识已经被从业人员广泛接受。因此，建立以策划为核心的现代出版新体制，以出版策划为切入点来优化和调整出版结构，培养有策划意识的编辑出版人才，是出版工作的当务之急，出版社的管理工作和日常工作应围绕策划选题展开。以策划的精品选题布局出版社的各项

工作，对出版社的市场意识、营销观念、品牌形象，都有一种促进和提升的作用。

2. 能扩大市场占有份额和提升知名度

选题策划是运用知识进行创新的智力活动，是出版战略的核心问题。美国著名出版家小赫伯特·S.贝利在《图书出版的艺术和科学》中说：出版社并不因它经营管理的才能而出名，而是因它所出版的书出名。

出版社出版的书一旦形成了自己的品牌，就会增强自身的竞争力，促进自身的发展。当出版社的图书形成品牌后，读者要够买相关内容和题材的图书时，自然就会联想到该出版社。如已经形成自有品牌影响力的：商务印书馆（学术、工具类图书）、外语与教学研究出版社（英语类图书与教材）、中国人民大学出版社（法律和经济管理类图书）、高等教育出版社（高等教材）、中信出版社（畅销书）、海豚出版社（少儿图书）、广东科技出版社（生活美食）、电子工业和人民邮电出版社（通信与计算机类图书）等等。从图书销售的商业角度看，一般认为再次光临的顾客相对于初次登门的顾客来说，可以为公司带来25%～85%的利润。作者要出书时，也会优先考虑富有特色的出版社，如：广西师范大学出版社出版的典籍和学术书，这又为出版社获取出版资源创造了优势。

3. 能使策划人明确工作方向

品牌图书的策划可让图书策划人抓住工作的重点，实现选题优化，突破选题重复、雷同、平庸的困境，发挥工作的能动性。从主观来说，品牌图书的选题策划是对出版人学力、智力和活动能力的综合考验。选题策划人对学术界动态、作者的理论修养、专业水平、写作能力以及工作条件等，要有充分地了解和深入地研究。

4. 能使作者得到启示

策划品牌图书的过程，是在对大量的或许可利用的选题进行多次的、严格的分析、比较、鉴别、筛选、论证和研究而得到的。在这过程中，需要作者的介入。作者的介入能集思广益，增强可操作性，使选题得到进一步的挖掘，内容变得更加丰富，离读者和市场的需求越来越近，并且能廓清作者的写作思路，使作者得到很多的启示。

三、求发展

虽然出版业有其特殊性，中国出版业少不了中国特色，但既然是产业，就要讲回报，否则，何以在市场竞争中生存与发展？而且从我国出版业引入策划的理念、开展策划活动的时代背景来看，尽量扩大图书销售量，以最大限度地获取经济利益和社会效益，是选题策划活动在我国产生的基本动因。

出版产业化进程中，曾经有人不切实际地提出出版的多元经营问题，甚至有些出版集团还信誓旦旦地投入到证券、房地产行业，以为有那么一点点资金就可以在其他行业一展身手，但经过多年的尝试，事实已经证明，出版业的优势仍然在于图书以及围绕图书（当然包括音像和电子出版物）的衍生产品的生产营销，与出版业相去甚远的其他行业不是出版人的菜，也不是那么容易就能够抢得一片地盘的。

出版业的发展，无论到何时，哪怕是在目前这种受新媒体冲击非常严重的今天，出版业依然应该在出版技术、出版形式、出版内容，以及宣传、营销模式上努力探索和拓展，到什么时候，都不应该抛弃主业，在自己并不熟悉的行业去扩展，所谓的跨界创新只是一厢情愿的，起码会为此付出比在自己熟悉的出版业中更多的人力、物力和财力。如果真如此，那可能就不是求发展，而是为尝鲜啦。

上述三个层次有相对独立性。有的选题能赚大钱，却不能积累什么文化，而有的选题恰恰相反；有的选题对今人起到了广泛传播某种文化的作用，可对后人却没有什么文化价值，而有的选题又正好相反；能赚大钱的选题、能广泛传播某种文化的选题、能积累文化的选题，起码具备了创造品牌的潜力。

第二节　选题策划的一般要求

　　选题策划人只有全面地、准确地把握不同类型图书的内涵、外延及其相互区别，才能有的放矢、富有成效地开展选题策划。选题策划人应该有所为有所不为，要经得住诱惑，耐得住寂寞，要甘于坐冷板凳。实践经验告诉我们，选题策划人在对可能的选题素材取舍时，应该在以下四个方面有所坚持。

一、不刻意策划畅销书

　　出版的历史与现实告诉我们，许多畅销书是在事先并非刻意策划的情况下问世的。或者说，畅销书是可遇而不可求的。

　　英国作家、出版家伦纳德·伍尔夫（著名作家弗吉尼亚·伍尔夫的丈夫）一针见血地指出：倘若真的能抓到一种畅销书，那自然是一件大快人心的事。只是没有一个出版商是靠畅销书过日子的。

　　有些图书起初总是销得很慢，但是它们能牢牢地占住市场，持续稳定地销售多年甚至更长的时间。正是这些图书才能保证出版业得以不断发展，也正是它们才使得出版商能够安安稳稳地生活。

　　如陕西师范大学出版社出版的《杜拉拉升职记》，该书上市后第一年，销售平平，并没有引起读者的关注，为此，出版方专门进行分析、研究，并重新制定了营销方案和措施，并利用各种媒体和市场机会，着力打造"职场教科书"的概念，声称此书内容几乎可以指导白领的职业生涯等，正是基于这方面的营销，加之当年合资、外资企业的吸引力，促成了此

《杜拉拉升职记》书影

书在白领人群中的传颂，随着图书影响力的增大，影视制作的相互促进，使得以该内容为题材的同名图书、影视剧均取得了不俗的业绩，《杜拉拉升职记》图书连续十多期位于书店销售排行前十，至今已累计实现销售近 600 万册。

《秘密花园》书影

事实上，在国内即使是善于运作畅销书的出版社，畅销书的品种在全社图书品种中也不过占 20%。把希望只寄托在能发行几十万册、几百万册甚至上千万册的某一种畅销书上的想法是不现实的。当然，凡事不能一概而论。有条件的出版社和选题策划人可以有意识地策划出版畅销书，例如，中信出版社，近年来靠策划出版畅销书，取得了长足的发展。

大部分情况下，畅销书是可遇而不可求的。如 2015 年全球图书销售数量惊人的《秘密花园》一书，全书仅有 264 个字，更多的是黑白线稿图。何以畅销是作者和出版者所没有料到的。

二、把策划长销书作为工作目标

策划畅销书是梦想，培育长销书才是目标。长销书是出版社基本的赢利之源，是真正意义上的出版生命线。

如商务印书馆出版的《新华字典》、上海大百科全书出版社出版的《百科全书》至今已经修订出版十多个版次，总发行量超过1000万套，不但巩固了出版社的品牌地位，同时也为出版社赢得了丰厚的经济效益。

长销书除了在工具书中比较常见外，一些经典著作、教材也相对容易出长销书。但与畅销书相比，长销书对选题策划、图书内容、编校质量要求更为严格，出版人应该在这方面舍得投入精力和财力。

三、在策划精品书上下足功夫

精品书不以营利为直接目的或主要目的，出版人哪怕是不赚钱甚至赔钱也应竭尽所能地策划出版一些精品书。正如英国出版家斯坦利·昂温所说："如果赚钱是你的首要目的，那就不要从事出版业。出版业的报偿远不只是金钱。"[1] 长期以来，无论在国外，还是在国内，出版业传统上都被看作是一项与知识及意识形态有关的职业。出版商对自己的能力也很自豪，因为他们不但能赚到钱，同时还能出好书。出版人坚信，让读者接触真正的好书是出版的使命。

必须看到，策划出版精品书虽然主观上不以赢利为目的，但事实上真正的精品书往往会赢利。

如获得"五个一工程优秀图书奖""中国图书奖"等奖项的优秀图书，获得"茅盾文学奖""鲁迅文学奖""冰心散文奖"的文学类图书，以及近年来，获得由中国图书评论协会评选的"中国好书"等图书，可以称得上是优秀图书中的精品，这些图书不但扩大了出版社的社会影响，而且为出版社争得了可观的经济效益。

---

[1] 斯坦利·昂温：《出版概论》，中国书籍出版社，1989年版，第202页。

四、把策划品牌书当作职业追求

策划品牌书是图书选题策划的最高境界。品牌书策划是出版人的精神追求和出版社的整体形象与发展规划。只有形成了品牌，才能真正把出版业做大做强。选题策划人应该把策划出版品牌书作为毕生奋斗的目标。

品牌也是行业成熟的标志，对出版业如此、出版人如此，对读者也是如此。当今，图书市场，无论对出版方还是读者来讲，除了一般应试类图书之外，已经是一种近乎奢侈品消费。在这种情况下，读者购买行为已经比较成熟，更多的读者明白自己需要什么？哪些图书哪家出版社出版的更具阅读价值。这些认识，从哪里来，无疑是出版社的品牌在起作用，更何况这种品牌已经受到了国家行政管理方面的保护。出版资格许可，就是对出版社品牌影响力的官方认可。另外，出版社由于自己的出版行为和效果，在读者心目中的品牌影响力对其经营活动同样作用显著。

图书选题策划必须动态地把握社会效益与经济效益之间的平衡点。要根据市场的需求和自身的条件，适时策划畅销书，以积累经济实力；与此同时，积极向文化深层拓展，增加畅销书的文化含量，提高图书质量，打造精品。促使畅销变长销，最终走品牌图书的发展道路。①

第三节　对选题策划主体的要求

选题策划是一项智力、创意活动，其结果是一个具有操作性的实施方案，直接效益是能够出版经得起市场考验的出版物。在这个过程中，起主导作用的是图书选题策划人，图书（或者说策划案）是策划行为的对象或结果。

---

① 易图强：《当代读者的新需求》，载《出版广角》，2002（9）。

一、策划主体及其作用

选题策划的主体不能单纯界定为少数被确定为专门负责策划的编辑人员。事实上，策划实践活动的主体应是由多角色、多层次人员共同参与的复合型主体。这是因为：

其一，出版策划内涵丰富，不单单是选题策划，更不只是个别选题的开发与实施；

其二，策划过程是一种复杂的价值评判过程，需要发挥个人的才智，更需要集思广益；

其三，出版策划所固有的前瞻性与图书市场的动态性，使选题的决策实施具有某种风险性，增强预见性，降低风险性，有赖广泛拥有信息和群策群力；

其四，策划运作具有广泛的关联性，只有将各个方面和环节纳入整体良性运作之中，才能有效地促进图书出版的优质高效。

显然，策划主体单一化和"各自为政"式的运作形式，不符合也不适应出版策划的特点或要求。只有确立和发挥各种角色和层次的人员在出版策划中的主体地位和作用，并建立相应的运作机制，才有真正意义上的出版策划，才能有效增强出版社的策划功能。

1. 社长、总编辑是选题策划的核心，起主导作用

社长、总编辑在出版策划中的核心地位与主导作用主要体现在三个方面。

一是，宏观策划出版社的特色定位和整体发展，确定出版社的出书方向和出书结构，提出明确的选题思路和选题总构想。这种宏观策划不仅对整个出版活动包括具体选题策划起着引导、规范作用，更是出版社创品牌、在出版市场竞争中立于不败之地所不可或缺的。

二是，组织、策划出版社重要出版工程和选题。这些工程和选题作为出版社的重点产品甚至是标志性出版物，事关重大，往往涉及面广，实施过程也相对复杂，特别需要统筹运作、精心组织和策划。没有社长、总编辑的参与是难以想象的。

三是，社长、总编辑其特殊的地位和全局视野，决定了他们直

接策划选题，成为出版社全部选题策划的重要组成部分。如陕西师范大学出版社出版的获得2014年度"中国好书"称号及"鲁迅文学奖"的《先前的风气》就是由该社社长刘东风策划的选题。

2. 编辑室主任是选题策划的骨干，起中坚作用

就出版社来说，编辑室是一个局部，但就其编辑工作领域的相对完整性来说，又是一个小的整体。职责要求编辑室主任不仅应是编辑加工的高手和书稿的重要把关者，还应是出版策划的中坚力量。一方面，编辑室主任是全社出版总策划目标和要求的具体实施者，需要将许多构想变为实实在在的图书选题，并组织实施；另一方面，又是编辑室这个局部的总策划者，需要根据全社的选题总思路提出更为具体和更具操作性的选题思路，设计出整个编辑室的选题框架，从而更好地促进选题的深度开发和实施。

《先前的风气》书影

3. 策划编辑是选题策划的尖兵，起突击作用

一个出版社策划功能的强弱在很大程度上取决于它所拥有的编辑队伍的策划意识和策划能力。但各人的特长不同，毕竟不是每个编辑都能胜任策划工作的。其中有的编辑主动意识、创新意识强，具有较强策划能力和相应的选题运作能力，有必要让这部分编辑适当从案头工作中解脱出来，专注于图书策划。尽管策划编辑的策划难以替代出版社的整个策划工作，有相当的局限性，不能"管总"，但通过他们的策划活动往往能产生以点带面的效果或影响，对增强出版社策划工作活力、开发更多优秀选题具有重要作用和意义。

4. 社内外热心选题策划的人员是选题策划的基础，起智囊及辅助作用

图书出版具有广泛的社会性。成功的策划是各种主客观条件共同作用的结果，需要形成或建立社内外的广泛联系与协作。社内外热衷于出版策划的人员以不同方式参与出版社策划工作，这对于拓宽信息网络和策划空间领域，深入开掘出版资源，及时准确把握出版市场态势等，都具有显著意义，能获得众人拾柴火焰高的效果，使出版策划具有厚实的基础。

目前看，各出版社都有一些重大的选题和出版项目均是来自社会力量，如陕西师范大学出版社获得国家出版资金资助的出版项目《中国民间泥彩塑集成》。

《中国民间泥彩塑集成》丛书

5. 有序、高效的运作机制可放大选题策划主体的作用

出版策划主体的"复合"要求，不是各主体角色作用的简单相加，不能流于通常出版运作的形式。它要求各有关人员适应策划需要调整自己的职责定位，在思维方式与行为方式上与之相适应，在相应的策划运作机制中实现各种相关优势的重组与互补，强化优势，形成新的效应。这种运作机制，一般说来应包括以下几方面。

首先，需要有一定的组织形式。如建立一个由社长、总编辑或其他社领导具体牵头负责、包括有关人员参加的出版策划机构等。

其次，要有严格的规则。如明确组织形式的具体职能、基本任务和要求，特别是要确定好各种人员的职责。

再次，要有相应的活动方式。可采取定期召开例会的方式，阶段性地集纳汇总各种相关信息，如图书出版信息、出版物市场信息、读者需求信息、作者队伍信息、学术研究或创作活动信息等，分析研究各种信息，制定选题开发计划，或对已提出来的选题予以全方位、全过程的分析论证，制定具体实施方案。

确立多角色、多层次的出版策划的主体，并建立相应的运作机制，既能很好地发挥个人的优势和特长，又有利于集思广益，群策群力，拓宽策划空间领域和使策划工作建立在严密论证的基础上。同时，有效地避免因策划主体单一或各自为政而容易出现的在策划中重局部轻整体、重眼前轻长远等问题，还能使策划工作同其他方面的工作协调一致，形成良性运作态势，从而实现图书出版的整体优化和效益。

二、选题策划人能力要求

无论是社长、总编辑，还是编辑室主任、策划编辑，作为图书选题策划的主要提出者、执行者和实现者，图书选题策划人应该具备如下能力。

（一）信息采集加工能力

获取信息是选题策划的前提，是选题创意的来源。选题策划需要深入调查研究并采集大量信息，然后对采集到的信息进行加工处理，从中总结并甄选出有用的信息加以利用，因此获取信息、加工信息的能力是优秀图书选题策划人的首要素质。它包含了两个层次：一个是基础的搜索能力；二是整理、分析处理信息的能力。

1. 信息搜集

在技术高度发达的今天，搜集信息，一般可以采用搜索引擎来实现，无论是百度、谷歌、迅雷、雅虎还是其他搜索工具，当然也可采取传统（如调查问卷）等搜集方式。但重要的是，首先应该想到你要查找的目标有可能在哪里。毕竟，彼此重复的信息太多，符合我们真正需要的往往较少。加上搜索过程的机械性，容易令人感到疲劳，很容易使人失去耐心。信息搜集人员，不能迷失在信息的海洋之中，应该学会选择关键词，有效排斥无价值信息的干扰。

对图书选题策划有用的信息包括：

（1）国家倡导或扶持的出版宣传主题以及相应的鼓励政策，如国家这几年给予出版的指导性政策很多，从规划项目、基金项目、主题出版等方面，均可获得相关信息；

（2）读者类型和读者需求的信息；

（3）国内外图书出版物市场有关的信息；

（4）其他出版社相关图书选题、出版的信息；

（5）各学科、专业、行业的最新发展动态；

（6）国内外形势发展变化的信息、重大活动和具有历史纪念意义的信息；

（7）作者队伍的信息；

（8）发行信息，等等。

2. 信息分析处理能力

获取了需要的信息，如果不能为我所用，它就是死的。优秀的选题策划人会在各种有价值的信息之间寻找内在联系，从而发现信息漏洞，为弥补这一漏洞，就可能产生新创意；或者通过研究各种信息之间的规律，发现更深层次的东西。

信息分析处理包括内容的研判和概括等工作。

（1）内容研究能力——有助于做精做深、讲求细节。

大部分图书策划人是从文字职业（文字工作、文化工作者）转型而来，就是说，往往是长期从事某领域的图书出版，逐渐过渡到策划这一环节的。所以，一旦从事策划工作，就应该从最熟悉的领域着手。这样做，有助于做精深、讲求细节。这也符合文化行业"内容为王"的基本业态特征。

此外，高端的策划人往往是跨领域策划的高手，但这不意味着自己擅长各领域内容，这需要各行业作者的充分介入。但是，就专业性而言，强大的内容研究领域有助于构成专业感，有利于专业权威的形成，从而为整体品牌建设服务。

（2）高度概括能力——有助于优秀选题的形成。

不具备高度概括能力的人，就无法提炼出简洁、精致、有冲击力的选题。事实上，大多数策划诉求点的提取，最终都要以最简洁的语言传递给读者。一般来说，如果是文字传播，越概括，冲击力越大！越烦琐，效果就越差。

（二）创造性思维能力

图书选题策划是一种创造性的劳动。图书选题策划的核心就是创新，这不仅指形式上的创新，也指内容的创新、流程的创新、方法的创新等。创新是增强竞争力的根本保证，策划人的创新意识是策划成功的关键，作为一种创造性的工作，策划人必须具备创造性的思维能力。

首先，是形式方面的创新，如在图书版式、装帧、开本等方面进行创新，要有封面、印刷等方面的最佳匹配，否则就会影响图书的质量和效果。

其次，不断学习，使自己的知识结构合理化。只有深化自己的专业知识，掌握专业的前沿知识和信息，具有敏感性和洞察力，才能对稿件做出客观的识别和评价，才能保证选题的质量。只有具备了专业功底和了解前瞻性知识，才能在策划过程中找到高水平的作者，才能与作者产生共鸣，也才能发现新的选题。相近专业之间的知识没有明确的界限，而是相互渗透、相连相通的，所以在保证自己专业优势的条件下，策划人员也可以以此为主轴，扩充相关领域的知识，开阔自己的思路。

再次，培养自己的创新思维。主要体现在选题策划思路和读者调查两方面。策划人员的创新性思维可以使选题充满闪光点，使选题活动充满生机和活力，形成读者喜爱的产品，策划人应在实践中不断积累，占有多方面的信息和资料，推陈出新。

（三）协调沟通能力

良好的沟通能力是处理好人际关系的关键，可以很好地表达自己的认知、思想和情感，获得别人的了解、理解和支持。成功策划图书选题并通过与图书生产各环节的有效沟通与协调，使选题顺利转化为符合市场需要的出版物。选题策划人要做好以下几方面的协调沟通工作。

1. 与作者的沟通

作者因素是一个选题最终能否成功的重要因素之一。优秀的作者不仅能够帮助策划人实现图书选题策划的意图，保证图书的内容质量，还有助于图书产品的宣传与推广，帮助出版社顺利实施营销计划。通常，综合性出版社的图书学科专业门类多、读者层次多、功能复杂，这就需要有相对应的多种层次结构的作者队伍。最大限度地发挥作者的作用，需要策划人与作者的有效沟通。如果策划人具备了一定的专业知识和沟通能力，就能与作者产生良好的互动甚至能碰撞出新的

《秦腔，1807年的转折》书影

思想火花，进而形成好的图书选题。策划人除了要与行业内专家、学者沟通联系外，还应多与年轻作者交流，以保持图书选题的生机和活力。

《秦腔，1807年的转折》就是笔者与作者有效沟通产生的选题。

此书不但获得陕西省政府出版资金的支持，还在读者及学界引起了共鸣。

2. 与设计人员的协调沟通

随着图书市场竞争的日趋激烈，图书的版式和封面设计对销售影响也越来越大。据研究统计，很多读者决定是否翻阅一本图书仅需3～5秒。所以一本书能否在如此短暂的时间内吸引读者的眼球，往往取决于图书的整体设计，尤其是封面设计。由于策划人对图书的内容很了解，为了将书的内容、思想融入整体设计中，需要与装帧设计人员进行有效的沟通。在此过程中，策划人不但要具备审美素质，还要对图书市场、读者的审美情趣有准确的把握，让图书能够在内容、封面和版式设计上都做到吸引人。

3. 与出版及营销人员的协调沟通

图书选题策划的出发点和归宿点是读者，不针对读者市场，图书选题策划只能是无的放矢。处于了解图书的适宜读者人群考虑，在定价、印制数量、出版周期、成本确定和控制过程中，策划人也应该与有关人员协商，了解费用构成，以求实现最经济的成本和最符合市场需求的定价、印制数量、出版时机。

（四）语言文字能力

图书选题策划人是通过出版物把各种信息传达给读者，所以图书选题策划人的语言文字能力，不仅对选题表达十分重要，同时对社会上语言文字的应用质量和发展有直接影响。因此，选题策划人要强化以下几项文字能力。

1. 快速阅读能力

高端的策划人往往是跨界策划高手，加上优秀的策划需要对内容非常熟悉，借此提取策划要素。因此，快速阅读能力就显得至关重要。如果你长期从事财经类图书的选题策划，若想策划心理学图书，就应该拥有快速阅读能力——通过短时间快速阅读，迅速熟悉心理学这一领域的基本内容，为有效提取策划要素做准备。

2. 规范能力

作者在写稿时一般都会仔细推敲语言文字，但难免会留下疏漏。因此，选题策划人要在语言文字方面建立自己的职业优势，必须比一般作者更熟悉有关语言文字规范的文件和相关的知识；对政治形势的发展、社会政治思想动向要有较高的认识和判断力；对于党和国家的重大方针、法规要熟悉把握。要提高自己的政治敏锐性，才能把好图书的政治关。

3. 加工能力

对于从事图书出版的专业编辑，对本专业领域的专业知识、学科发展有一定程度的了解，才能具备相应的鉴别能力，才能拥有和作者对话的平台，才能有效地对原稿进行审读，准确体会作者的表达意图，向作者提出建设性修改意见。另外，编辑要通过字斟句酌提高书稿表达效果，如合理调整语序和节奏，保持语言风格和文体风格的统一等。

4. 写作能力

写作能力强的策划人比较容易完成图书策划书的撰写并在审读、加工中能消灭书稿中的差错、弥补疏漏、规范文字以提高和完善稿件，保证书稿质量。因此，写作能力也是需要加强的基本功。

（五）市场预测能力

市场预测是预测科学理论和方法在市场经济方面的应用，它是指在对影响市场的诸多因素进行系统调查的基础上，运用科学的方法对未来一定时期内的市场供求变化规律以及发展趋势进行分析，从而做出合乎逻辑的判断、预计和测算。通过市场调查与预测，可以掌握市场上同类产品的发展动向、竞争对手可能投入市场的新产品及其市场经营策略，以便及时采取各种应变措施，调整产品结构和经营策略。市场预测能够提高企业的应变能力，为企业在竞争中获胜提供必要的条件。

1. 市场预测的主要内容

任何市场的变化和发展都受制于多种市场因素，市场预测建立在对市场各要素之间特殊因果关系的掌握上。图书市场也不例外，其预测的目的在于更好地满足读者需要，为促进销售、增加利润提供可靠的依据。图书市场的预测主要包括以下四个方面的内容。

（1）需求预测。

这需要图书选题策划人员收集已经上市的同类图书的市场销量等大量的市场信息，对潜在市场需求、最低点需求、读者对象等进行分析和预测。要分析每一组数据背后隐藏的信息，分析产品畅销或滞销的原因。这既要求策划人员掌握科学的工具和方法，也要求具备敏锐的洞察力和分析能力。

（2）销售预测。

图书策划人不仅要对图书的品质负责，还要关注图书的销售情况。因此，要能够结合市场现状做出合乎市场规律的判断，对产品的销售额、销售周期、销售寿命和销售效果做出预测。

（3）成本预测。

图书策划人的工作不应只停留在编辑工作的某个层面上，要有成本意识，了解成本核算，对策划选题的管理费用、编辑加工费、印制费和销售费用等图书成本进行综合分析和核算。

（4）利润预测。

图书策划人要能根据产品预测的销售数量和成本数额等，预测可能的利润。

2. 影响预测效果的几个因素

为了做好出版物的市场预测工作，图书策划人需做到以下几个方面。

（1）明确预测的目的。

图书策划人应根据出版社的情况，明确预测所要解决的问题。例如，教育类图书的销售中，有时出现脱销，有时又出现积压，而且这种脱销和积压现象，有时是整体的，有时又是局部的，有时是不同品种，有时又是同一品种在不同时间发生。为此，图书策划人在进行教育类图书选题策划之前，需要根据目前的情况对教育类图书进行市场预测，可将预测目的确定为：

①出版社教育类图书销售额预测，以解决销售总量的控制问题，预防全局性脱销或积压；

②分类需求预测，以解决个别教育类图书品种供需平衡问题，消除局部脱销或积压情况的发生；

③库存积压分析，与营销发行人员充分沟通，弄清不同时期图书脱销或积压的原因。

（2）收集与预测目的相关的各种数据资料。

做好收集与预测目的相关的各种数据资料，这要求根据预测目的尽可能全面、充分地收集相关的历史和现实的资料，资料收集得越多、越全、越客观准确，预测的准确性就越高。

（3）选择预测方法。

图书策划人在选择市场预测方法时需遵循广泛性、准确性、时效性、可用性、经济性和前瞻性的原则。

①经验预测法。选题策划人员可以总结历史上类似选题的情况，同时汇集营销发行人员或第三方采集信息对某种图书的销售量意见（数据）进行预测。这种方法主要依靠人的经验、知识、客观数据和综合分析能力进行综合加工，做出预测判断。经验判断不是凭空想象，需要以综合经验和信息资料为依据。判断也不是局限为个人的直观判断，一般要对多人的判断进行综合、分析。

②分析计算法。选题策划人员可利用有关的数据资料进行分析计算，建立数学模型。

A. 时间序列预测法。如果预测者是对选题的短期和近期的市场预测，则较适合使用时间序列预测法，即利用过去的资料来预测未来的发展趋势，按照时间序列观察历史资料的发展变化规律和特点，建立适当的预测模型。预测者所收集的资料越完善，对现象从时间上观察得越充分，对预测现象的发展变化趋势和规律的分析就越深入，预测结果就越准确。

B. 回归分析预测法。预测者找出影响市场预测对象的主要因素，确定自变量和因变量之间存在着高度关联，如使用人民教育出版社教材的在校学生人数与配套教辅资料的需求量之间的相关关系，并且能够取得其系统的数据资料，则可以运用相关回归分析预测法来预测分类需求和供求关系。它既可以适用时间关系变量的预测，又可适用因果关系变量的预测。

（4）分析预测结果，提交预测报告。

预测结果是出版社选题决策和制订计划的重要依据。因此，必须对预测结果进行分析论证，将预测结果中不合理的部分加以修订，充分估计其风险性，然后提交预测报告。预测报告一般包括预测目标、预测值、预测依据、预测方法、预测结果、预测结果分析、利弊分析、措施和建议等。

（5）检验预测成果，修订预测值。

图书市场的预测只能降低未来市场的不确定性，不可能百分之百地与未来的市场状况相符合。由于影响市场的因素不断变化，会对市场的实际情况产生影响，因此，选题策划人员在完成预测后，还应时刻关注市场的变化，及时修订预测值，从而使预测结果最大限度地符合市场实际情况，为以后的图书市场预测积累经验和资料。

3. 市场预测对策划人的素质要求

（1）敏锐的判断力——独到的眼光。

优秀的策划人往往用自己的眼光不间断地跟踪市场变化，形成一双独特的眼睛。根据这双眼睛，可以敏锐判断读者需求的变化，精确找到书的卖点。这种眼光的形成，需要长期的行业经验，需要一定的专注力。在这方面，需要有足够兴趣，能够持续观察，反复思考，长久坚持。

（2）想象力——不能丧失的重要能力。

小孩子的想象力一般比较丰富，随着年龄的增长，人的想象力似乎逐渐丧失了，甚至产生一定的想象力枯竭感。保持想象力确实不容易，但如果没有丰富的想象力，基本上无法做策划。因为，策划是一项原创性工作，是从无到有的过程，没有的东西如果事先不被想象出来，是无法实现的。

作为策划人，可以参考一些培养、保持想象力的书籍，让自己的大脑保持在灵活畅想的状态，经常做想象性思考，保持充沛的精力，健康的身体，等等。

（3）抽象逻辑思维——擅长逻辑推演好处多。

抽象逻辑思维是人在成长的过程中渐渐形成的，它也可以通过一定的思维训练快速提高。擅长逻辑思维推演的好处是明显的——可以深刻洞察事物发展的根本规律，可以令人深刻、不肤浅，等等。有了抽象的逻辑思维能力，可以令策划者在众多的烦琐中看到简单，从肤浅的现象中看到本质。

三、选题策划人的职业意识

图书策划人的策划意识很重要，良好的策划意识可以成就好的选题和图书，这一点已经被市场所广泛认可。一般认为，作为图书策划人，下面一些意识不可缺少。

（一）自主创新意识

在社会资源日趋共享、信息获取方式日渐相同的时代，选题竞争也同社会竞争一样日益激烈。如果没有创新，不具备使此书不同于彼书的策划能力，那么就没有获得更大利益空间的可能，也就永远也成不了优秀的策划人。

1. 创新是推动出版行业发展的原动力

缺乏创新的选题策划，会造成图书出版业的停滞不前。因为如果图书策划人缺乏创新意识的话，就不能挖掘出具有新意的选题，也就很难组织到新颖、特色的内容，也就出版不了具有时代特点、符合读者需求的好书。比如，20世纪80年代突发的"琼瑶热"，许多出版社大量出版言情图书，导致出版数目大幅飙升；20世纪90年代走红的金庸武侠类图书，又给出版业带来了发展的春天，出版社大规模出版武侠小说；素质教育呼声此起彼伏，有些出版机构在课外读物上下功夫，使很多需要扩大阅读的读者有了更广阔的阅读空间；当下，国学教育呼声高涨，又有大批出版社趋之若鹜。虽然各种出版热潮给读者带来了很多视觉盛宴，但是这种重复的思路与选题让人担忧出版行业的创新能力。

随着出版业国际化趋势的不断加强，出版业对创新思维的需求更为强烈，图书出版人的阅读方式、发行方式、生产方式、编校方式、创造方式都将面临深度革新，以适应出版业一体化的发展趋势，也只有这样才能在海量的图书中跳出来，才能征服读者、吸引读者，真正实现人无我有、人有我优、人优我特、人特我专的创新方式，才能促进出版行业的健康、快速、持续发展。

2. 提高图书选题策划创新意识的途径

（1）注重差异化选题，力争独树一帜。

选题的差异化是指图书选题具有开拓性与独创性。开拓性，是指挖掘新选题，或在原有选题的空档处翻出新花样。

差异化选题是图书策划人提高图书质量、优化选题的重要途径。差异化选题需要图书策划人全面把握同行业竞争产品的特点与基本情况，知己知彼，才能百战不殆，才能策划出有竞争力的选题。所以，分析出版领域中特定门类的出版行情，是图书选题策划人理应具备的基本素质。另外，全面了解市场需求，也是差异化选题的核心因素。作为一名有经验的图书选题策划人，应时常到出版市场中走访、调查，了解读者的真实需求，只有这样才能策划出真正符合读者需求的图书。比如，在日常工作中，很多精心策划的图书夭折，而有些图书则意外走红，都表现出图书选题策划人对读者的需求了解存在很大偏差。所以，图书选题策划人怎样把握读者真实需求，借助什么手段获得读者需求信息，是每一个图书选题策划人员必须慎重思考的问题。但是，不管怎样，每个选题都应鲜明、新颖，避免雷同。所以，图书选题策划人的策划应具有个性特点，有个人的风格、特点与思路。只有做到别具一格，才能给读者眼前一亮的感觉。

（2）挖掘海量信息，培养作者创新意识。

在互联网时代，人们可从网上海量信息中搜索到自己需要的各种信息，这也是图书策划人在选题策划过程中获取信息的重要途径。当然，图书策划人还可借助其他传媒、社交活动、图书市场等得到有价值的选题信息。但是，在浩如烟海的信息中，如何才能筛选出对选题有帮助的资料呢？这就需要图书策划人对大量的信息进行去伪存真、去粗取精、反复论证、综合比较，对选题策划的时效性、社会性、超前性、独特性逐步确定，对图书的规模、作者、内容、形式及发行等逐步确定，这种逐步明朗的过程是将信息转变成选题策划的过程。

当前，很多人都认可图书策划人的信息捕捉能力在选题策划中有重大意义，但对图书策划人激发作者创新思维的能力还缺乏认识。造成这种现象的原因有两个：首先，图书策划人过于强调市场需求，没有考虑作者的特长与市场需求的结合点，这就使作者的创新思维没有得到最大限度的发挥。其次，依据市场需求所策划的选题，是图书策划人所不熟悉的领域，他们对该选题形式、内容都缺乏独特见解，与作者的沟通不到位，致使作者的写作过于随意，所写内容与市场实际需求脱钩。虽然有些作者擅长创作活动，但对读者需求了解不透彻，这就需要图书策划人在市场与作者之间找到一个恰当的结合点，见作者所不见，想作者所未想，最终让作者既能写出最有灵感的东西，也能实现读者的阅读需求。

（3）重视博而专的知识积累。

选题策划的创新灵感来自于"博而专"的知识积累，图书策划人的工作，具有很明显的创造特点，这就要求图书策划人应拥有适合的知识层次。这种知识层次必须具有"博而专"的特点。第一，图书策划人只有具备新颖的思路，才能利用超前意识策划出更有特色的选题，该特色是建立在对市场热点的判断与把握及读者真实需求的准确预测上，这也是图书策划人职业识别力及敏感性的客观体现。它是在图书策划人对新颖观点准确把握的基础上，科学预测与之相关图书的发展趋势，最终确定组稿、策划、选题方向。第二，图书策划人还应具备创造性思维的习惯，善于转变思维角度，能从对比中发现新问题、提炼新观点，能从错综复杂的各种信息中理清关系，并提出独特观点，发掘出新的有价值的选题。第三，图书策划人还应具备发现问题的能力。换句话说，就是在以往出版策划经验的基础上，借助自身的想象力、洞察力、敏锐性等，在策划图书选题过程中，寻找到闪光点。

图书选题策划人的创新思维对策划选题有重大影响，因此图书选题策划人必须积极发挥创新意识，不断提高自身的选题策划水平。只有这样才能更准确地把握市场需求，并协调好作者与市场之间的关系，借助超前意识策划出更符合读者需求的特色图书。

（二）责任意识

选题是出版社的核心竞争力所在。因此，图书策划人在进行选题策划和组织书稿时，一定要慎之又慎。一方面，要有高度的政治敏感和责任意识，把好政治关。在工作中，始终坚持党的思想路线不动摇，把握正确的政治导向，坚持坚定的政治立场，正确对待出版改革过程中出现的新情况和新问题，不受各种错误思想观念和价值形态干扰，维护稳定团结奋进的局面。另一方面，要在坚持主题出版的情况下，充分发挥自己的创新能力，进行深入的市场调查，研究有关的学术、学科发展状况，了解读者的需求，掌握图书市场的供求情况，使选题的确定建立在准确、可靠、科学的基础上，从而开发出有敏感性和创造性、有实用价值和学术价值的图书选题。

还有就是，对于国家明令禁止或需要重大选题报批的选题，一定要按规范依规办理，不可打"擦边球"，更不能瞒天过海。

（三）质量意识

质量是图书的生命，图书的质量包括图书内在质量和外在质量。图书的价值是以质量为前提的，质量好才有竞争、生存、长久传播的价值。独具特色、令人耳目一新的选题，自然要比平庸媚俗、陈旧过时、重复雷同的选题质量高。图书内容是否有思想性、科学性、知识性、准确性，是否抄袭剽窃、胡拼乱凑，都属于对内在质量的评判要素。好的编校质量、精美的装帧与版式设计、精制的印刷装订及成功的宣传评价，可以反映出外在质量是否优秀。强烈的质量意识能使策划人运用自己广博的学识和丰富的工作经验，进行创造性思维，科学地预测重大、优秀的选题；保持质量意识，可以组织高水平的作者，从浩瀚的书稿海洋中慧眼识珠，并对书稿提出导向性意见，使书稿质量更上一层楼。

图书策划人要具有全面控制图书质量的意识和能力，使图书能够产生好的社会效益和经济效益。

首先，应严把稿件质量、编校质量、图书装帧质量关，稿件应适合当前市场的需要且具有文化内涵和学术思想；编校过程中要处理好时间、编校周期和编校质量之间的关系，合理安排时间，有条不紊；在图书版式、封面设计和装帧等方面要符合稿件的内容和思想精神，既不能喧宾夺主，也不能过于呆板。

其次，树立责任心。在编校过程中把握好质量和数量的关系，避免因片面追求经济效益和图书的数量而导致图书质量滑坡的现象。

时代的进步和科技的创新不断赋予出版从业人员素质新的内涵，图书策划人应在出版业竞争日益激烈的形势下，不断拓展自己、勇于创新，策划优质图书、长效图书、畅销图书，这是历史赋予出版人的责任。

（四）市场风险意识

1. 市场风险意识薄的主要表现

目前，国内大多数出版社还没有形成选题策划与图书发行后的市场风险联动的机制，图书选题策划人往往存在以下问题：

（1）市场风险意识薄弱。

脱离市场需求而想当然地考虑问题，有一些偏离市场的主观想法，不容易感受到发行销售的难易和市场风险所带来的后果。

（2）对发行部门产生依赖性。

"图书选题策划以发行意见为主"会导致图书策划人缺乏开发选题所应有的主动性，使图书策划人对选题的市场判断能力下降和对市场的变化反应迟钝，形成思维惰性，并使选题论证工作流于形式。

（3）重选题申报，轻选题实施。

选题的重要性不容置疑，但图书质量优劣不仅会影响发行的质量和数量，甚至还会影响出版社的声誉。

为了解决上述问题，出版社除了要引导图书策划人正确认识出版物的产出与销售发行的紧密关联外，还需鼓励图书策划人通过各种渠道了解市场信息，更重要的是必须完善出版社内部的目标管理机制，确立图书策划人的市场风险意识，提高图书选题策划人选题策划的积极性和责任感。

2. 强化市场风险意识应重视的几个指标

图书策划人在图书选题策划时应关注以下三个指标：

（1）图书的销售周期。

销售周期短与销售周期长的图书，虽然表面的利润结算是一致的，但涉及资金的运转周期、人员开支、仓储费用等，实际效益大不一样。因此，建议图书策划人以一年为销售结算周期，对自己策划的已出版的图书做总结，看看哪些图书销售好，并分析影响销售效果的原因。同时，在策划新的选题时，也应将图书的销售周期和销售时间作为图书选题策划的重要指标。

（2）图书重印率。

图书的重印率对出版社的经济效益影响很大。重印率高，说明策划的选题符合市场需求。对初版印数较低而时效性又相对较弱的图书，更应注重重印率。图书策划人要重视多出有重印价值、生命力强的图书，将图书的重印率作为衡量自己策划选题是否成功的指标之一。

（3）投入产出比率。

出版社应鼓励图书策划人多策划投入少、回报高的或大投入、高回报的图书，最大限度地提高市场效益，降低市场风险。除了提高图书策划人的策划能力外，选题策划人应更加注重市场研究，增强风险意识，尽量少策划或不策划平庸选题，时刻关注市场走势，努力提高策划水平。

（五）竞争与经营意识

1. 竞争意识

在市场经济体制下，参与竞争应该成为图书策划人的一种本能。没有竞争意识，就没有生存的自由。图书，作为一种商品，它具有和其他商品一样的属性，即产品价值和使用价值。它必然会受商品价值规律的制约，受到图书市场的检验。因此，图书策划人作为图书的孕育者，必须要具有市场经济的竞争意识。图书策划人在图书的生产领域、流通领域都要保持旺盛的竞争力。只有这样，才能保证自己策划的图书在流通领域中受到欢迎。另外，现代社会的信息、科学技术的迅猛发展，信息量剧增，新旧知识和新旧技术的更新速度更快，周期更短，因而出版图书的速度也要加快，出版周期也要不断缩短。当然，这个问题还有一个印刷技术不断提高、印刷设备不断更新的技术保障问题。这里要强调的是，在人力所能及的范围内，意识作用是相当重要的。在同样的环境条件下，有无竞争意识，其结果肯定是大不一样的。

2. 经营意识

在市场经济环境下的图书策划人，必须适应市场经济的调控，必须真正把图书作为商品来运作，必须管理好自己组织策划的图书的生产和销售工作，必须密切注视每一本图书的销售情况，尤其必须认真做好每一本图书的经营核算工作。因为经济效益的好坏，是衡量一个策划人经营意识强弱的重要标志，也是判定一个图书策划人的出版成果大小的标准之一。

图书策划人的经营意识在很大程度上表现在优化选题的过程中，涉及策划人的判断是否正确。策划人对自己策划的选题有没有预见性是相当重要的，因为它直接影响到策划人的利润指标能否顺利完成，影响到发行后的社会效果，影响到出版社的经济效益。策划人难当就难当在这里，他们必须在经营图书的生产和销售过程中，预测和判断其出版效益如何。

出版效益表现在社会效益和经济效益两个方面。倘若一个原来被预测和判断为好的选题，结果却既无好的社会效益，又无赢利，那么这个预测和判断就是有失误的；反之，策划人原来的预测和判断就是正确的。当然，理论上讲是这样，实际上十全十美的选题也是要靠策划人扎实地去努力、去争取得来的。图书策划人追求出版社会效益和经济效益俱佳的"拳头产品"，要靠经营手段、经营意识。策划人要有经营意识，更要有经营手段和经营本领，这主要指的是出版发行等业务方面的知识，诸如掌握图书的成本核算方法、了解各种图书的发行渠道和市场方向、懂得图书的装帧美学及其时代要求等。只有这样，才能在经营过程中做到心中有数，胸有成竹。

（六）团队合作意识

图书策划强调集体和团队的协作。出版人的劳动是一种知识密集的创造性劳动，随着市场竞争的加剧，对策划人的要求也越来越高，但这并不意味着策划人要包揽所有工作。所以在选题策划伊始，编、印、发各个环节的人员就应相互沟通和配合。策划人在装帧设计等问题上要与美编和文字编校及制作人员及时沟通，提出自己的设想，虚心听取建议，不能一意孤行；另外，策划人还要及时从发行人员处搜集相关选题的市场反馈信息，对市场变化迅速做出反应。

第四节　选题策划案的撰写要求

选题策划方案也叫选题策划报告或选题策划书，它是由选题策划人对于准备出版的图书提出的一种设想和构思，它需要选题策划人针对选题编写出一套完整的出版方案，并提交相关机构审批、备案。因此，选题策划案的撰写，实际上是对选题可行性的分析论证过程，也是确保图书出版质量的第一个环节。为出版决策人提供一份优秀的选题策划案，实际上，也就为出资人撰写了一篇合格的商业策划报告。

一、撰写选题策划案的前提

1. 了解出版社的选题定位

选题策划首先要围绕出版社的选题方向进行。了解出版社的选题定位至关重要。现如今，出版专业化，各个出版社都有自己的选题范围（出版资质认定），比方说，如果是社科类出版社，主要出版的就是社科方面的图书，如法律、社科人文等，而不能涉及医药、卫生等出版领域。

2. 熟悉编辑出版流程

图书策划人一般要有两年以上的编辑出版经历，在熟悉编辑出版流程的基础上，对自己所关注的选题进行策划，这样可以避免走弯路，以提高选题策划效率和成功率。对于刚刚做图书策划的新编辑，在初次撰写选题策划案时，最好在资深策划人的指导下，完成自己的第一份选题策划书。

3. 与服务对象沟通

在酝酿选题的过程中，要不断地进行沟通。出版是为作者和读者服务的，是一种极具互动性的文化服务形态，因此，只有在与服务对象反复沟通后，才能全面掌握他们的需求，同时产生互动，有利于判断选题的可行性。沟通的形式是多种多样的，包括电话沟通、邮件沟通、网络沟通等，当然，最有效的沟通还应该是面对面的。

4. 资源整合

争取可利用的资源，内部和外部的资源，包括出资人、作者、编辑、出版人、供应商等，对他们进行资源整合、协同合作。在这里，要运用换位思考的方法，从对方的角度考虑问题及期望达到的目的，即"如果我是你，我会怎么想……"。之后，考虑能否把不同的资源进行互补，寻求利益的共同点。

5. 资料查询

收集详细的相关资料，进行调查和分析，方便自己提炼策划内容，找到可利用的依据。要充分利用互联网进行相关资料的查询，这样可以高效率地获取政策方面的信息以及有价值的专业信息，为下一步撰写选题策划案，准备足够的依据。

二、选题策划案的基本要素

选题策划案一般包括下面十个方面的内容。

1. 选题名（书名、丛书名或系列书名）和选题策划人

选题名要力求准确，反映书稿主题，要简明并具有吸引力。同时，选题策划书一定要写明选题策划人是谁，这也是出版社考核策划编辑工作的依据。

2. 著译者姓名和著译者简介

此要素是反映选题分量的重要指标，也是出版物的品牌标志之一。撰写好著译者简介非常重要，其内容主要包括著译者的学术成就和地位、在业界的影响力，以及此次合作所具备的优势等。

3. 选题字数（千字）

一般是计划出版的书稿字数。统计方法是以 WORD 文档统计后，需要加 10%～15% 即可得出大致的版面字数。选题字数要严格控制，因为它会对图书成本产生直接影响。

4. 选题产生的背景及申报的意义

此要素建可从三个方面进行分析：①选题产生的背景及市场需求现状，即分析选题涉及的行业情况、图书的市场前景等；②选题的特点，即从读者需求的角度并结合选题内容进行分析阐述；③选题申报的意义，即选题申报后，给出资人带来的好处以及产生的社会影响。

5. 选题内容介绍

主要介绍选题的内容概要，可以提供书稿的目录大纲或部分样张，这样便于大家共同协商和讨论。

6. 读者定位

分析说明主要读者对象和次要读者对象。读者定位越准，对书稿内容质量的控制能力就越强。

7. 选题执行说明

选题执行说明，顾名思义，就是对选题怎样执行的具体解释。一般要说明选题执行的情况，选题的可行性分析等，具体说明选题已经做到哪一步了，还有什么问题需要解决，包括选题的性质、选题的类别、组稿方案、审稿计划、装帧设计、印量等。

8. 资金投入及产出预算

资金投入及产出预算是选题策划中至关重要的要素，关系到选题资金运作问题，只有准确地掌握了选题的运作成本，把握好资金的投入与产出，才能最终达到预期的结果——获得利润。运作成本除了考虑直接成本，一般包括稿费、审稿费（初审、复审和终审）、校对费（三校）、封面设计费、排版出片费、印刷装订费、材料费、发行管理费；以及间接成本，即书号管理费外，还应该加上应付的税费（法定税收）。

9. 同类图书市场分析

分析同类图书的市场，除了到书店和省级图书批销中心调研了解外，更多的是在网上查找相关图书，可以通过对关键词的检索，了解同类图书的市场情况，可以参考的内容包括：书名、定价、开本、目录、内容提要、封面设计等，从而帮助判断所策划的选题是否具备创新优势、市场预期，以便充分地论证该选题的市场风险。

10. 效益评估

通过对策划选题的投入产出的预算，对同类图书市场的分析判断，以及以上各个要素的认真分析，一般可以预测出该选题的经济效益，也就是图书销售的利润空间。

三、撰写选题策划案应注意的问题

撰写选题策划案时，要特别注意其内容的真实性。申报选题时，要确保各个基本要素的真实性，以避免在选题的执行过程中，出现与选题策划书内容脱节的情况。例如，对著作权人的落实、对出版经费的落实；如果是引进版权的选题，会涉及版权合同的签订、翻译合同的签订，以及翻译稿交稿时间、翻译质量的把握等问题。因此，对一名合格的图书策划人来说，上述问题要在申报选题前，也就是在撰写选题策划案时，一一落实下来，如果出现问题，建议要重新撰写选题策划案，并作为新选题再次申报。

四、选题策划案举例

下面是一份选题策划案，该书获得陕西省出版基金资助。

一、选题名称

《秦腔，1807年的转折》

二、图书性质

《秦腔，1807年的转折》是一部建立在严谨学术研究成果基础上的通俗读物。围绕乾隆时期的秦腔到底是什么样子，和今天陕西地区流行的梆子腔秦腔有什么区别展开。因为依据大量明清历史记载，这两个秦腔是决然不同的。开始展开中国戏剧史上最为华彩的乐章：乾隆时期戏剧深刻的变化，这个变化在周秦故地的陕西，呈现出不同凡响的高潮，推动中国古典戏剧后来的格局：花雅之争和京剧的出现。

三、作者情况

本书作者长期从事文学创作和戏曲研究工作，是承担陕西对外宣传的媒体人，一直关注陕西的地域文化和秦人秦事，是《大秦岭》《陕西故事》《天下有秦人》《大秦之声》的主创人员之一，对本选题关注已久并已获得部分珍贵文献、音像资料，具有从事本项目创作的能力和实力。

四、本书优势

本书以学者眼光、通过文学化的叙事、故事化的表达，把"京剧出自咱陕西""京剧声腔源于陕西"的研究成果用通俗性的文字表现出来；作者对相关问题关注已久，并且占有珍贵资料和文献，采访过大量的民间艺人，进行了大量的田间考察，书稿从内容到表现方式有一定的创新。

五、读者定位

所有秦腔爱好者；戏曲史研究人员；秦腔艺术研究者。

六、主要内容

本书以当前中国戏剧史学界最新研究成果，围绕乾隆时期的秦腔到底是什么样子，今天陕西地区流行的梆子腔秦腔与乾隆时期的秦腔有什么区别来展开。梨园会馆碑石上的两个年份即乾隆四十五年（1780年）和嘉庆十二年（1807年）的变化，是否预示了什么问题等深入田野调查，发现历史上、现实中生动的事例，以陕西地区戏剧活动为背景，以前秦腔、后秦腔中涌现出的戏剧名角为中心，通过文学化的叙事、故事化的表达，展开一个个翔实、生动的故事，在故事中折射出时代对文化的要求与促进，艺术对时代变革的反映等一系列面貌，把"京剧出自陕西"的研究成果用通俗性的文字表现出来。

戏剧里的人生、戏剧里的时代；人生中的戏剧、时代下的戏剧。故事曲折、命运感强烈！

本书约25万字，150幅图片，约480P。

七、编著计划及章节目次（略）

本书约25万字，150幅图。预计定价：35元；印张数：小16开，总页数/开本=480/16=30印张

八、图书的发行与推广策略

秦腔艺术，在中国西部地区广泛的群众基础，对于它的知名度不必再做宣传，只要做好图书发行与推广过程的具体工作就好，重要的是，一定要使图书最大化普及到目标市场。

九、图书生命周期及印量

经粗略计算第一批应印3000册，阅读人数达到60000时再版，根据情况再印3000册，总印量6000册（可以根据实际情况酌情来定）。

十、成本计算

本书25万字，150幅图，480P，16开平装，以印制3000册预算费

用如下：

(1) 文献、资料购买费：1.8万元；

(2) 采访、调研费：1.5万元；

(3) 稿酬：3.5万元；

(4) 编校费：0.5万元；

(5) 装帧设计费：0.3万元；

(6) 正文图片购买费：2.3万元；

(7) 排版出片费：1.5万元；

(8) 拼版、晒蓝及封面插页制版费：2.5万元；

(9) 印制费：2.7万元；

(10) 材料费：3.5万元；

以上费用合计为20.1万元。

十一、效果评估与预测

1. 社会效益不可小觑

本书以学者眼光、通过文学化的叙事、故事化的表达，首次把"京剧出自咱陕西"用通俗性的文字表现出来，必将引起社会各方面的广泛关注，对陕西文化发展将产生深远影响。

通过艺术的手法，使得"京剧出自咱陕西""京剧声腔源于陕西"的研究成果家喻户晓，对陕西戏曲、文化发展，"改写中国戏曲史，意义非常重大"，必将增强"陕西人的骄傲""陕西的光荣"，从而振兴陕西戏曲和文学创作，给陕西乃至全国戏曲表演市场注入活力。

2. 经济效益不能低估

秦腔，在中国西部地区有广泛的群众基础，爱好者众多，加之近年来，戏曲史研究，尤其是政府弘扬传统文化力度的加大，这些因素对于图书的销售均为利好。

第三章 选题策划的原则及关键因素和程序

在人类进步的历史中，出版业承担着"积累文化，传承文明"的作用，在我国的社会主义建设中，负有"讲好中国故事，传播好中国声音，阐释好中国特色……引导我国人民树立和坚持正确的历史观、民族观、国家观、文化观，增强做中国人的骨气和底气"（习近平在中共中央政治局就提高国家文化软实力研究进行第十二次集体学习上的讲话）的使命。

第一节 选题策划的基本原则

选题策划的原则是指图书策划人必须掌握的指导思想与基本要求，它们是选题策划顺利开展并获得成功的前提条件。选题策划的基本原则有六个，即：市场原则、创新原则、整体原则、品牌原则、效益最大原则、动态原则等。本节将逐一论述。

一、市场原则

满足读者需求是出版工作的出发点与归宿，是多方位、多样化、多层次和多功能的系统工程。图书策划人的职责就是要推出优秀的出版物，反映社会发展和文化传承，还要推出导向正确、健康向上、雅俗共赏的作品，抵制媚俗、低俗、庸俗的作品，把读者带到更高雅的审美与思想境界。就其图书这一特殊的商品，我们应把握知其不可为部分与知其可为部分。

1. 知其不可为

知其不可为部分是指那些虽有市场需求，却不能也不应出版的低俗的出版物。例如，格调低俗甚至黄色淫秽的图书可能销量很大，就其本身而言产生了利润，有了一定的经济效益。但它却给社会带来了危害，败坏了社会风气，破坏了社会的稳定，政府还要花很大的代价来消除它所带来的恶劣影响。因而就整个社会而言，它的社会效益和经济效益却是负的。而且，一旦某出版社出版了该类出版物，它必然要受到政府的惩罚，轻则罚款、处分，重则整顿、停业，最终的结果是它所期望的所谓"经济效益"也不可能实现。其结果既害了国家和人民，也害了自己，同时在读者中形成了"好书不多，精品更少"的负面印象。

策划选题有个底线，那就是：不违反《出版管理条例》第二十六条与第二十七条的规定。

第二十六条 任何出版物不得含有下列内容：

（一）反对宪法确定的基本原则的；

（二）危害国家统一、主权和领土完整的；

（三）泄露国家秘密、危害国家安全或者损害国家荣誉和利益的；

（四）煽动民族仇恨、民族歧视，破坏民族团结，或者侵害民族风俗、习惯的；

（五）宣传邪教、迷信的；

（六）扰乱社会秩序，破坏社会稳定的；

（七）宣扬淫秽、赌博、暴力或者教唆犯罪的；

（八）侮辱或者诽谤他人，侵害他人合法权益的；

（九）危害社会公德或者民族优秀文化传统的；

（十）有法律、行政法规和国家规定禁止的其他内容的。

第二十七条 以未成年人为对象的出版物不得含有诱发未成年人模仿违反社会公德的行为和违法犯罪的行为的内容，不得含有恐怖、残酷等妨害未成年人身心健康的内容。

毫无疑问，涉及以上内容的选题坚决不能出。

2. 知其可为

知其可为部分，主要是指满足市场需求。的确，读者的需求是图书选题策划的依据，适应读者的心理、引导读者的兴趣是选题的关键。图书策划人只有从图书市场中捕捉信息，力求从中发现当前市场的热点和空白点，寻求需求与供给的盲点和弱点，发现读者需要而市场又欠缺的选题内容，积极策划图书的出版与营销，才能得到丰厚的市场回报。

实践证明，一个选题之所以能被市场认可是因为找准了市场的热点和重点。要找准热点和重点，方法是多种多样的，例如，可留意《中国图书商报》中各地区、各主要书店的排行榜及"开卷"中相关类图书的销售情况，以及同类出版社图书的市场销售情况等等。最最重要的，还是要深入市场第一线，从图书市场需求入手。只有真正满足读者需要，符合读者阅读口味的图书才是有生命力的书，才能长销不衰。

二、创新原则

所谓创新，是指在图书的内容框架、表现形式、写作角度、编撰体例和装帧设计等方面体现"人无我有，人有我新，人新我优"的原则。

1. 创新是策划的本质

随着现代科技传播手段的发展，读者获取知识和信息的渠道大大增加，人们已不再满足于一般的图书，图书的选题必须使人感到新鲜、深刻、贴近生活。选题策划的本质是创新，创新是编辑思想的灵魂，只有不断创新，开发优质选题，才能满足读者的需求。

任何一本好书都是具有"畅销潜质"的，而内容平庸和文化含量肤浅的图书，无论怎样装潢也难以拥有持久的吸引力。我们所处的时代是一个需要不断创新的时代，出版人是文化工作者，构筑和创新人类文化是图书编辑出版工作的意义所在。图书所载的知识和信息是否具有文化积累和传播价值，在很大程度上取决于图书选题策划的创造性。图书策划人对选题策划思路的创意，能赋予图书产品以新的价值内涵，实现出版资源最大化的升值。

《读库》是一种综合性人文社科读物，取"大型阅读仓库"之意，一般每两月推出一期。丛书侧重对当今社会影响很大的文化事件、人物做深入报道，回忆和挖掘文化热点，对文艺类图书、影视剧作品、流行音乐等进行趣味性分析和探究，为读者提供珍贵罕见的文字标本和趣味盎然的阅读快感。《读库》能稳步前行。创意是它取胜的不二法宝。

2. 创新的基本思路

图书选题策划的创新有两种思路：一是以编辑为主导，先形成选题构想，再根据此构想去物色相应的作者。当今图书市场一个很重要的特征，就是图书的写作已不再是作者个人的事情，而是在相当程度上要靠图书策划人的"运作"，最好的选题要找到最合适的作者，在图书策划人策划意图与作者创造潜能的互动中，进一步完善策划人的策划思路。二是以作者为主导，充分发现、发掘、使用作者资源，整合较有社会影响力和市场号召力的作者队伍，根据图书策划人掌握的作者资源状况，有针对性地设计富有新意的选题，将作者队伍引入选题策划，努力将学者们的书斋著述转化为大众的公共话题，进而引起更多的社会关注，吸引更多的读者。

3. 创新从打造概念开始

图书选题策划的创新，还体现在"概念"的引进与运用。在商业社会的市场化运作中，概念是一面旗帜，是一种看不见摸不着的无形资产，代表着一种市场凝聚力和号召力。在产品供过于求的买方市场条件下，通过有效的灌输，在消费者心中"植入"产品的概念，成了产品畅销的先导。近年来，不少出版社利用"概念"与时俱进的规律，以打造"概念"为突破口，引领图书消费时尚，引导读者的阅读口味和视野，将图书特色演绎成广大读者所接受的"概念"，在推出图书的同时，精心"制造"出相应的消费概念，在读者头脑中形成相对"意识造型"，使读者在对消费概念认同、内化的过程中，从"要我买"变成"我要买"，产生购买欲望，引发购买行为，同时也使出版社走上了品牌发展之路。

例如，《哈佛女孩刘亦婷》的策划就很好地打造了"素质教育"的概念，因而取得了较大成功。

三、整体原则

图书选题策划是一项非常细致的工作，这个过程有许多方面，包括读者需求情况、同类出版物情况、选题特色、作者人选、印装设计、读者定位、市场预测、效益预算、宣传推广、信息反馈等方面。读者在消费时，不仅看好图书的内容，同时还十分重视外在形式，对装帧设计的精美程度、对图书的品相提出更高的要求，这反映了读者欣赏水平的提高。图书选题策划应整体化、精细化，这是把选题策划延伸为出版策划，把选题策划当作一个系统工程来做，如研究目标读者的特点；书的版式怎样安排才能使读者乐于接受和有助于体现书的内涵；封面以怎样的风格和形式出现才既美观又切中书的主题；采用什么样的纸张印刷才能够与书本身的社会与经济价值相吻合；什么时间上市对书的销售有利，等等。图书策划人甚至可以对用什么内文纸、纸的克数、开本的大小、书的定价，甚至印刷厂的选择等等提出合理的建议。图书策划人应与营销策划部专职人员保持良好的沟通，及时准确地提供宣传资料，包括新书消息、书介书评、成书的电子版等等，协助他们通过各种渠道宣传，通过媒体调动读者，使图书与读者实现最大程度的对接，从而提高新书的市场销量及读者的关注度。

四、品牌化原则

个性化出版，品牌化经营。个性化与品牌建设是紧密相连的，但个性化的图书不一定是品牌书，品牌书则一定是个性化的。特色鲜明的品牌图书是出版社的生命线。实践证明，20%的品牌图书会给出版社带来80%的效益。据"开卷"数据显示，在图书零售市场当中，畅销书一直是重要的影响力量，书业的80—20法则也非常显著，在2015年动销的136万种图书中，监控销量排名前5%图书码样贡献率达到64.43%，而这些品牌书之所以能在市场产生如此之大的功效，则是因为成功的选题策划。

"优质+特色"形成了出版社的品牌，而品牌也显示了出版社的实力和形象。图书品牌是事关出版发展的生死攸关的大问题，二者相辅相成、互动共进。优秀的图书品牌是出版发展的强力"杠杆"，它能够建立起出版社良好的声望和信誉，又反过来促进品牌图书的创立。优秀的品牌图书是出版社的立社之本，没有好的品牌图书，出版品牌只能是空中楼阁。三联书店的学术专著、上海辞书社的辞书、外语教学与研究出版社的外语教学类读物等，之所以在人们的脑海里根深蒂固，正是这些出版社长期以来坚持不懈地进行品牌建设的结果。重视形象建设，以优秀的图书品牌占领市场，已成为有远见的出版人自觉的市场策略和较为成熟的市场行为。而在这种市场策略和市场行为中，优秀的图书品牌无疑起着强力"杠杆"的作用，推动着出版业的良性发展。可见，在竞争日益激烈的出版业中，品牌才是商战中最有力的武器。

图书策划人是作者和读者之间的桥梁，是两者之间的组织者。因此，图书策划人要不断开发新思路，运用职业敏感和创新思维，进行深入、细致的市场调查，随时发现生活中的亮点和热点，对读者的需求心中有数，准确定位读者对象和选题特色，捕捉到图书市场的空白点，就能策划出品牌图书，使之在同类书中脱颖而出，夺人眼球。

五、效益最大原则

图书策划的中心原则就是图书的整体效益最大。这主要体现在选题策划时应处理好以下两方面的关系：

一是，社会效益和经济效益的关系。坚持社会效益第一，实现社会效益和经济效益的有机结合，是大家所熟知的原则。但应该注意的是：第一，选题策划并不是只就面向大众的畅销书而言的，学术著作类图书也需要策划，它是这类书实现两个效益有机结合的重要措施。不重视学术著作的策划是目前选题策划中的盲点。第二，效益最大是就两个效益总体而言的，应该全面地去看。例如，出版优秀的学术著作，从经济上看可能是赔钱的，但由此带来的出版社在学术界影响的扩大、无形资产的增值却是难以计量的。

二是，长远利益和眼前利益的关系。按照选题可能产生效益时间的长短，出版社的选题可分为三类：长远和眼前都有效益的选题；长远有效益而眼前无效益的选题；长远无效益而眼前有效益的选题。第一类情况是选题策划应追求的最高境界，然而，由于市场竞争激烈，这类选题不可能很多。目前出版社大量的是后两类选题，这两类选题应该有机结合。忽视眼前利益，出版社的经营会发生困难；忽视长远利益，只顾眼前利益，则出版社只能疲于奔命，很难做强做大，因此，也就很难进入良性循环。少数出版社急功近利，对资助型或包销型选题热情高，对有长远效益的选题不重视，希望本本书马上都赚钱，这是对选题策划效益最大原则的误解。

六、动态性原则

动态性原则也称适时性原则，即要用发展的观点来把握选题诸要素及其相互之间的联系方式。当今世界科学技术迅猛发展，社会日新月异，人民的生活需求不断改变，选题要素及其关系也不断变化，选题策划时应把握这种变化。一方面，要对这种变化进行前瞻性研究，捕捉变化的信息，超前进行选题策划；另一方面，对正在实施的选题和已经成功策划成品牌的图书，要根据变化的信息进行调整，以适应新的环境。市场的变化，时代的更替，都可能使已有的品牌难以持久。而求新、求变是图书的生命，只有求新、求变，不断提升品牌，以品牌带产品，以产品促品牌，才能保持图书品牌的后劲与活力，适应千变万化的市场。图书品牌作为一种文化现象，不可能置身于市场之外，它必须不断地自我完善、自我更新，以求脱胎换骨。必要时还要敢于舍弃，自我否定，以新的品牌、新的特色永葆青春与活力。如商务印书馆的《牛津高阶英语双解词典》目前已修订了8次，不断补充了新的信息与内容，使读者常看常新，适应了读者的新需求，保持了品牌图书的生命力。实践证明，求新、求变才有魅力，求新、求变才有力量，求新、求变才能发展。

总之，图书选题策划是一个发现和构思的完整过程，有其丰富的内涵。是图书组稿、编辑加工、设计、印制、宣传、发行各个环节策划的总和，贯穿书稿编辑全过程。图书策划人选题策划时要有市场适应性判断，考虑读者需要，没有市场需求或者同类书已经饱和的选题就不必采用。不仅要研究选题的价值，还应考虑方方面面，包括书的制作成本、定价、印数、出版时机、营销方案、效益性判断等情况，只有对选题作全面系统的策划，才能使选题的最佳效益得以实现，才能把图书品牌真正树立起来。

由此可见，选题策划在图书运作中是尤为重要的，一个富有创意的选题所产生的社会效益和经济效益，往往胜过众多的平庸图书。图书策划人的图书选题策划能力是出版社安身立命之本，也是出版社可持续发展的源泉。

第二节 选题策划的关键因素

选题策划是整个出版流程的龙头，关系到出版企业的效益和对社会责任的担当，如何保证策划选题有个性、能落实、有效果，图书策划人应该努力把握好以下几个关键因素。

一、职业化的策划意识

在图书的出版过程中，选题策划的优劣紧紧系于图书策划人敏感的职业意识，即是否能敏锐地捕捉"最好的话题"。这首先要求图书策划人要随时关注各类媒体信息，把握社会热点。可以说图书策划是一个"很潮"的工作，图书策划人必须要具备与时俱进的精神。随着全媒体时代的到来，报纸、期刊、电视、广播、网络媒体等媒体信息相互交融，纷繁复杂的大量资讯充斥于我们生活的方方面面，这又对策划者"市场嗅觉"提出了更高的要求，即如何从海量的信息中，敏锐地挑选出受读者欢迎的话题和内容，这就要求图书策划人不断提高自身整合信息的能力，用最快的速度判断其是否具有市场价值。当然，单单懂得关注与抓住时事热点，并不能确保有好选题的产生，一个好的创意还源自高度职业化的思考习惯，面对生活中的点滴及社会新动向，还要善于从图书创意角度对其进行创造性思考，以构思好选题。2010～2011年宝开公司推出游戏《植物大战僵尸》，风靡世界各路玩家，几乎成了一大时尚娱乐项目。时任中国少年新闻出版总社社长李学谦敏锐地觉察到，这一游戏的内容衍生图书行业将能延续其影响力，于是，该社积极与宝开公司沟通合作开发同名图书产品，充分利用玩家对《植物大战僵尸》这款游戏的喜爱的心理，将游戏与图书内容巧妙结合。这一创意带来《植物大战僵尸》系列图书在2012年创造了8个月销售500万册的惊人业绩。① 这让我们看到选题策划所需的跨界思考的能力及敏锐的编辑意识的重要性。

二、选题策划的前瞻性

从选题策划到图书出版，需要经过一个相对较长的时间。出版市场竞争发展至今日，图书策划人已不能等待着事件或话题成为社会热点后，再进行策划出版，有些社会热点往往持续的时间并不会很长，在你"费尽周折"地将图书运作出版后，读者或受众也许早已不再关注这一话题了，又何谈去掏钱买下过气的图书呢？所以好的图书策划人还需具有这样的眼里——在社会普遍关注一件事之前就发现和关注它的苗头。

《谁动了我的奶酪》书影

---

① 本刊编辑部：《图书热销500万册的逻辑——〈植物大战僵尸〉系列图书策划、营销大解密》，载《出版广角》，2012（11）。

正如畅销书《谁动了我的奶酪》的作者斯宾塞·约翰逊所说："我聆听、观察、注意社会正在发生什么事，从中确定新作品的主题。一股新潮流、新趋势在发展的早期我就加以掌握，等到写书时，恰好这股潮流发展到高峰，这部书也就最切合当时整体社会的需要。"① 图书策划人亦应深谙此理。当然，我们不可能具备未卜先知的能力，但前瞻性却是可以在工作中逐渐培养的，一个潮流趋势的形成不可能是一蹴而就的，必然会有伴随着一个量变的过程，而所谓前瞻性就是要求策划人处处留心社会与文化生活发展中的细节，进而抓住社会潮流的发展方向，并善于分析一个时期读者或受众的生活中所发生的潜在转变及其心理需求的变化，动态把握受众可能产生的需求，进而逐步谋划选题策划工作，并伺机等待一个事件"引燃"市场，适时推出所策划的图书，抢占市场。

三、周密的市场调查

市场往往存在太多的不确定因素，很多时候尽管图书策划人看中了某一选题，并且认为其具有很好的开发价值，但是最终读者买不买账并不由策划人说了算，因此，在进行选题策划时，就必须事先做好翔实的市场调查，充分了解市场，了解受众需求变化。以2007年至2011年由中国友谊、时代文艺、上海文化陆续出版发行《盗墓笔记》来说，起初它风行于网络，累积了不少读者人气，但基于网络小说传播的快速与广泛性，在很多读者都已阅读过的情况下，再出版图书是否有利可图？当时中国友谊出版社做了充分的读者

《盗墓笔记》书影

---

① 布赖恩·希尔（Brian Hill），迪伊·鲍尔（Dee Power）著，陈希林译：《打造畅销书》，中国人民大学出版社，2006年版。

意愿调查，调查结果显示很多读者还是较为期待纸质图书的出版。在这一市场调查的基础上，中国友谊出版社决定印刷出版该书，最终果然取得了良好的市场效益。

图书读者群体庞大，不同的人有着不同的阅读需求，一本图书不可能符合所有读者的口味。试图策划一本所有人都乐意购买的图书是极为不现实的。生产适销对路的产品是企业经营的不二法则，图书出版亦是如此。周密的市场调查有助于图书策划人更好地把握读者需求，进行明确的受众市场定位，及时调整选题内容，这对于制定一个正确的选题策划来说是至关重要的。

四、以特色策划为策略

所谓特色策划，即在策划中要努力做好选题的差异化打造。一个社会热点出现后，往往有很多出版同行都发现了其潜在的选题价值，其结果往往出现众多围绕同一个话题的竞争图书产品共同争夺读者的眼球。如此一拥而上或盲目"跟风"的结果可想而知。因此，必须避免选题同质化，图书策划人应审时度势，注意多角度地对热点进行充分挖掘，将读者群细分，并设计一组各具特点的差异化选题，面向不同细分读者群体的需求。2012年，央视播出纪录片《舌尖上的中国》，一度广受大众关注，也引发了众多图书出版企业对类似题材图书的竞相开发，其中东方出版社就另辟蹊径，主打地域特色牌，出版了《舌尖上的中国：民间经典福建菜》《舌尖上的中国：民间经典湖南菜》《舌尖上的中国：民间经典广东菜》《舌尖上的中国：民间经典山东菜》等系列图书，不仅抓住了热点，同时成功设计出面向不同地方菜爱好者群体的差异化选题，且成功抢占了地方市场。

当然，在当前图书市场竞争极为激烈的今天，图书策划人也没有必要为求异而特意避免热点选题的策划。我们正处在信息传播极为迅捷发达的时代，图书策划与出版已很难找到从未被开发的领域进行开发，即便能找到，那么很有可能该领域选题已难以获得当代读者的青睐，出版价值和市场意义并不大。因此，更多的时候，选题策划可以走优化、补充或后来居上的路子。一般来说，抢占先机出版的图书，有时难免会因为过于讲求出版速度而多多少少存在不足，这样也就给后来者留下出版机会：不仅可以借势，更重要的是可以充分了解该类书的市场反应和读者反馈，再结合自身优势，开发出选题和内容更为完善或具有补充性的图书，以后发优势最大限度地抢夺市场空白。早在20世纪初商务印书馆与中华书局的竞争就很好的反应了这一点，如商务印书馆出版《辞源》后，中华书局在借鉴其编纂策划思路的基础上，寻找其不足并另辟蹊径推出另一部大型汉语词典《辞海》，在我国辞典出版史上树立了新的标杆。

五、重视选题背后故事的利用

所谓选题背后的故事，即与选题及图书有关的逸闻轶事，包括选题产生的背景故事、作者的生活经历、选题内容写作的一些典故等等。古往今来，人们对于逸闻轶事普遍容易产生好奇心理，因此，抓住这一心理特征，充分利用"故事"在图书出版发行的早期形成较高的关注度，毋庸置疑能为图书的销售提前奠定良好的市场基础，起到事半功倍的效果。有亮点的背景故事往往能给图书的销售起到意想不到的宣传效果，例如《生命的留言》的作者陆幼青与病魔抗争的故事、J. K. 罗琳作为单身妈妈的曲折经历，无疑都能引发读者的浓厚兴趣，也会成为读者买书的强烈驱动力。"故事"在一定程度上也能降低图书出版成本。因为近年来在图书营销环节中，出版社常常需要耗费大量的人力、物力用于宣传，却未必能够产生很好的市场效应。而选题背后的"故事"，常由于其独特性，非常容易打动读者，往往能为该选题增色，并间接成为最高效的营销工具，能为图书取得好的销售成绩添加了重要砝码。

第三节 选题策划的一般程序

选题策划的一般程序为：确定选题目标、采集与加工选题信息、产生选题创意、策划初拟选题、选题论证、选题决策、形成选题计划、上报审批选题、选题实施等步骤。概括起来，选题策划的过程可以划分为：调研与创意、论证与决策、审批与实施三个阶段。

本节从出版社的角度探讨选题策划的基本程序，即把出版社作为选题策划的主体来进行论述。当然，出版社的选题策划建立在各个编辑室的选题策划的基础之上，因此，它自然包含了策划人的选题策划。

一、调研与创意：选题策划的前期工作

（一）确定选题目标

确定目标是整个选题策划过程的起点。没有一个明确的目标，选题策划就没有存在的意义。确定目标本身是一种策划。在确定目标之前，选题策划人首先必须知道自己在当前或将来一定时期内究竟关注什么问题，基于对此问题的关注，最希望获得什么东西。

（二）采集与加工选题信息

采集和加工选题信息是选题策划最初、最基础的一环，选题策划要以充足准确的信息为依据。书业资讯、出版政策、新闻热点，那怕作者不经意的一句话、电视栏目中的一个小广告都有可能催生出一个图书选题。看上去不相关联、并不起眼的一些信息对出版人来说都有可能极具价值，策划人要广泛搜集、科学分析这些信息，并理出明确思路，为图书选题策划做好充足准备。

1. 市场调查的基本内容

市场调查可从以下几个方面着手：
（1）书稿是为哪类读者设计的？也就是确定目标读者；
（2）目标读者在什么地方？
（3）走访目标读者，与他们交谈，了解他们的阅读需要；
（4）走访不同的书店，了解这类选题的主要购买者构成以及购买趋向；
（5）了解目标读者平均收入状况，研究他们对图书的心理目标价位；

（6）与市场营销人员和销售人员保持密切的关系，认真听取他们的建议；

（7）了解其他出版社同类产品的出版情况和销售情况，与同类图书比较，找到同类图书的市场空隙，确定自己的图书在同类图书中的竞争优势；

（8）根据市场倾向、读者群偏好等因素，了解目标读者喜好什么样的开本、结构、封面及整体装帧风格；

（9）了解图书的最佳上市时间及营销策略等。

2. 各类销售数据应该怎么看

获取销售数据是市场调研的重要方法之一，研究分析各类图书排行榜可以高效便捷地获取市场信息。选题策划人如何获取有用数据、怎样利用这些数据呢？

图书选题策划人一定要有定期去综合书城、专业书店、超市卖场等调研的习惯，哪怕街边的盗版书摊也反映了当前到底"火"的是哪类书。

从书店内读者口中获取信息。关注书店内的读者，观察某一类图书的读者细分状况，如年龄结构、消费潜力、职业状况、文化程度、阅读喜好等，这些零散读者信息的日积月累，对提升选题策划人的判断力大有好处。

从书店销售人员那里获取信息。与店员沟通并建立联系，可以了解哪类图书畅销、读者情况、上架等各种信息。

关注各类图书的信息。进书店可以获得大量的一手图书信息，如所关注图书的产品动向、同类图书的内容特点、版式开本设计等。这种直观信息会自然而然地烙在心里，成为选题策划的有用素材。

收集数据，应该注意三个方面的内容：

（1）注意选择中长期图书销售数据进行取样，不能只根据一个月或者几周的短期图书销售排行就得出哪类书畅销、哪类书滞销的结论，因为一时鹊起可能最终归于沉寂，对一类细分市场的分析尤应以较长时间的销售数据为依据。

（2）取样时选择一类书整体的销售状况，而不仅是靠排行榜上单本或几本书来判断该细分类型的销售情况，避免"只见树木不见森林"。

（3）有些上榜书的销售数据里隐含出版商的博弈成分，可能是出版单位回购等营销活动产生的结果，多参考一些销售数据，这样可以剔除榜单中的虚假成分，以便准确了解图书市场的变化。

3. 重视国家政策导向，跟踪大众关注热点

近年来，国家实施"文化走出去""全民阅读"战略，另外配合国庆、建党、抗战胜利等重要的事件节点，也都成就了许多好书。可见政策层面足以影响整个出版业的局面。选题策划人要时时关注报刊和其他媒体，以了解影响图书销售市场的这些外部因素，包括国家推行的某项重大政策对市场购买力产生的影响、读者阅读热点的转移、消费观念的变换、社会时尚引起的读者购买动机等。

如今网络、微博、微信等都是在第一时间获得政府政策信息的信源，同时也都不失为选题策划人获取社会热点的好渠道。

4. 专注个人选题产品线的整体规划和图书定位

选题策划禁忌"散、乱、杂"的局面，这一点无论是出版社还是选题策划人都要引起重视。策划人应对自己未来发展有清晰的定位，制定中长期的选题规划，而个人产品线的整体设计应紧密围绕本社的出版定位。

（三）产生选题创意，策划初拟选题

选题创意来源于对选题信息的掌握，来源于对图书市场和读者的调查，来源于对时代脉搏和文化流行趋势的把握。

在提炼选题信息的基础上，选题策划人产生选题创意，然后对构成选题的基本要素进行构思，最后草拟出选题策划方案。需要指出的是，从选题创意到选题策划方案的形成，是进一步调查、思考的过程。

不言而喻，这一程序的工作由策划人分散进行。它基本上是策划者的个人行为，个人策划的选题可否纳入出版社的出书计划之中，需要经过进一步的论证来决策。

二、论证与决策：选题策划的中期工作

图书策划人个人策划的选题，只有通过选题论证与选题决策，才能纳入出版社的选题计划之中。

（一）选题论证的内涵

所谓选题论证，就是通过集思广益，对所有的初拟选题进行选择和优化。选题论证的内容有两项：一是选择，即筛选哪些初拟选题适合出版，从而保留；二是优化，即对保留下来的选题做进一步的完善。那么，如何选择和优化呢？

1. 取舍选题的标准

就选题本身来说，要判断其优劣高下，应掌握以下标准：

一是引导性。鲁迅说过："文艺是引导国民精神前进的灯火。"其实，岂止是文艺，所有的文化产品，都应该对人类具有精神上的引导作用。一个好的选题，无论是基本立意，还是主要内容，都应该让人明确感受到引导性：政治上的教诲，思想上的启发，道德上的熏陶，科学上的启迪。

二是针对性。人类的文化生产和社会的精神需求，是有着内在联系的。出版物属于大众传播产品，更应该具有现实的针对性，或者服从于学习和研究，或者服务于工作和生活，不能无的放矢。选题策划中始终贯穿着调查研究工作，就是为了提高选题的针对性的。某些选题读者对象模糊不清，究其原因，往往和缺乏针对性有关。

三是突破性。这是作者的追求，也是策划人的追求。学科建设中的"第一次完成"，理论探讨中的"第一次提出"，艺术创造中的"第一次尝试"，科学研究中的"第一次发现"……都是"突破性"的具体表现。它们既是作者的个人成果，又是社会文化发展的重要标志。

四是创造性。图书策划工作是一项特殊的精神劳动，集原创性和再创性于一身。原稿审读加工主要表现为再创性，选题构思设计则主要表现为原创性。一个好的选题，无论是内容的选择，还是文本的

设计，都应该体现出图书策划人独到的眼光。1915年，商务印书馆推出《辞源》，这是我国第一部大型新式汉语工具书，出版以后大受欢迎。十几年后，中华书局又推出第一部百科型的大型汉语工具书《辞海》，在工具书出版史上树立了新的里程碑。20世纪后期，皇皇十二卷《汉语大词典》问世，广收古今语词，成为汉语工具书的一个新的高峰。这三部工具书都是编辑智慧创造的产物。它们同为语词工具书，但相互辉映，各有千秋。

五是前瞻性。从选题到作品，有一个写作周期；从原稿到图书，有一个出版周期；图书出版以后，还有一个重印再版问题。当前市场竞争激烈的表现之一，便是新陈代谢的节奏加快，出版物很容易失掉时效，成为明日黄花。这就要求图书策划人具有前瞻的眼光。图书策划人在策划选题时，要能预见市场的发展和变化，并作为写作要求传达给作者，以保证未来出版物具有较为持久的市场生命力。

2. 选题优化

所谓优化，是指对各个编辑室提交的选题做进一步的完善，是对选题的个体优化。整体优化的目的是为了使选题计划能够产生系统效应。

图书策划人策划的选题通过初审立项以后，选题策划工作并没有结束，还有一个不断修订和优化的问题。所谓修订和优化，一方面进一步提高和加强选题的清晰度和可操作性；另一方面是根据图书市场的变化，适时调整选题。

除此以外，图书策划人在整个实施过程中，还要努力提高选题的价值和意义。上海文艺出版社为适应古典戏剧研究者的需要，确定了一套名为《中国古典戏剧选》的选题。后来广泛听取文学界、戏剧界和美学界的意见，定名为《中国十大古典喜剧》《中国十大古典悲剧》和《中国十大古典悲喜剧》，出书以后广受好评。这套书不仅达到了原来的出书目的，还通过调整编选思路，增强了经典性和学术性。这正是选题优化的结果。

（二）开展多方面的论证

选题论证是保证选题质量的关键环节。选题论证是通过对选题策划质量的评估来确定其是否可以组织实施的一项工作，对于保证选题质量具有重要意义。选题不仅要经策划人个人论证，还要通过一定的程序交由集体论证。出版单位一般都有专门的选题论证机构，建立规范的选题论证制度，这一机构会定期对策划人报送的选题进行审议。"论证要坚持民主和集中相结合的原则。在选题论证会上，人人平等，各抒己见，科学分析，有理有据，力争取得一致意见。在意见不一致的情况下，由社长或总编辑决定是否列入选题计划。选题若要优选、优化，在论证时就要多加阻力，在通过后则要多加助力。"① "阻力"有助于大家从不同角度作正反两方面的深入思考，可以有效地抵制水平不高的选题的出现；"助力"则加快好选题转化为书稿的步伐。在论证阶段还是要考量社会和经济利益以及实施的可操作性等。

作为出版单位，对选题的论证主要从三个方面进行：

一是价值判断。今天的选题就是明天的图书。对选题的论证，应该坚持出版物的审稿标准，不能降格以求。原稿审读可以从现实出发，选题论证则应从理想出发，因为原稿是已经完成的精神产品，不能不考虑作者的现实情况，选题则还处在设计阶段，有改造和提升的空间。因为选题提供的是基本框架和写作要求，在论证时只能从题材的现实意义、作者的写作实力以及内容可能达到的高度出发，从原则上评估未来出版物可能产生的社会影响。

二是市场判断。出版要强化营销，必须从选题做起。图书策划人既要有文化意识，又要有市场意识。首先，要从市场出发捕捉选题，在进行出版物的成本核算和核定市场价格时，要充分考虑市场因素。其次，选题论证既要判断该选题的市场号召力，又要考察同类书的出版情况，分析选题的市场空间，还要审核、修订图书策划人关于选题的经济预算。总之，要通过判断使选题更贴近市场。

三是可行性判断。在选题论证时，要以高度负责的态度，审查选题是否存在无法实施的因素。比如，选题是否超出了出版专业分工范围？作者的写作能力是否和选题要求明显不适应？选题的高额投资，本单位的财力、物力能否承受？选题的特殊专业要求，编校力

---

① 李苓：《编辑出版实务与技能》，四川大学出版社，2008年版，第30—34页。

量能否胜任？等等。在出版工作中，无论是个人还是单位，都应量力而行，不能明知不可为而为之。

（三）选题决策的含义及意义

选题决策与选题论证有联系，但有所区别。联系在于，两者都是判断和选择的行为，即都需要对选题的价值做出判断，以取舍选题。但是，"决策"一词的本质含义是"拍板""决定"。所谓选题决策，就是出版社的社长或总编辑在选题论证的基础上对选题的把关、定夺和进一步优化，选题决策的直接目的是为了制定科学的选题计划。

1. 选题计划的作用

经过论证通过的单个选题，根据一定的目标加以选择、组合后，便成了选题计划。它是出版单位的"施工蓝图"。好的选题计划肯定是特色鲜明的。选题计划的特色主要通过重点选题反映出来。重点选题，代表着出版社的出书方向和出书水平，是形成自己的风格，扩大自己的影响，树立自己形象的"名牌产品""拳头产品"。图书市场屡次证明，特色鲜明是出版社在竞争中立于不败之地的不二法宝。取什么选题，舍什么选题，必须紧紧围绕特色做文章。有了选题计划，出版单位可以有序安排生产任务，合理地组织编校力量，有效地协调各部门的关系，从而能够保证工作效率和产品质量。

2. 选题计划的种类

根据计划时间的长短，选题计划可分为长期计划、年度计划和短期计划三种。

长期计划通常都在三年以上，较多的是与国民经济计划同步的五年计划，也有长达十年、二十年，甚至三十年的，如上海辞书出版社曾在1979年制定"三十年辞书选题计划"。长期计划一般比较概括，有些选题只有一个意向，留有较大的调整空间。

年度计划是出版单位一年的生产计划，和长期计划相比，年度计划具体，明确，操作性强。在年度计划中，绝大多数选题都要列出名称、作者、字数、责任编辑、发稿时间等等，并附必要的说明文字。年度计划须按规定报请上级主管部门批准。

短期计划多为月度计划或季度计划。这是出版单位为安排本单位工作而制订的。

3. 选题计划的原则

选题计划是出版单位的重要文件，它的质量高低，关系到出版单位的出书水平和社会形象。制订选题计划，应遵循以下原则：

一是个性原则。个性是通过选择形成的。一个成熟的出版单位，不能"拾到篮里都是菜"，而必须根据自己的分工范围、出书传统和文化追求，选择能够体现自己个性的选题组合成为计划。选题能否成立是一回事，能否列进计划是另一回事。凡是和出版个性不相符的，订计划者要懂得"忍痛割爱"。

二是整体性原则。计划是不能随意拼凑的。好的选题计划，应该重点突出，结构合理，相互呼应。重点书和一般书，学术著作和非学术著作，在计划中要按照上级的规定，做出合理的安排，避免畸轻畸重的情况发生。

三是留有余地原则。计划要有严肃性，一旦列进计划，就该采取必要的措施，保证计划能顺利完成！计划又要有灵活性，不能形而上学，只认计划不看变化。为此，计划必须留有必要的空间。事实证明，富有弹性的计划，更能适应市场经济环境。

三、审批与实施：选题策划的后期工作

1. 上报审批选题

全社的选题计划定稿终于形成后，还须上报上级行政主管机关（各省、直辖市、自治区的新闻出版广电局），待其审批通过之后，才成为出版社正式的选题计划，方能付诸实施。

某些"重大选题"，不但要上报上级主管部门或所在地党委宣传部门审核，还要报国家新闻出版广电总局备案。否则，不能出版发行。根据原新闻出版署1997年10月10日颁布的《图书、期刊、音量制品、电子出版物重大选题备案办法》的规定，这样的重大选

题有 15 种。

需要注意的是，《图书、期刊、音像制品、电子出版物重大选题备案办法》中的"备案"原来叫"专项申报"，后来改为"备案"。但精神未变，还是要审批，还是要等上级主管部门批准了，出版社才能实施选题，此"备案"并非意味着让上级主管部门知道、存档就行了。

2. 实施选题

出版社上报的选题计划和"重大选题"得到审批通过之后，就可以正式付诸实施了。

在实施选题的时候，应特别注意图书策划是全程策划，图书出版是系统工程。选题的策划者、决策者应积极介入选题的具体运作之中，不断检查、及时总结、督促，将选题策划方案、选题计划落到实处。防止方案、计划在实施过程中变形、走样，确保策划的顺利、保质实现。

在实施选题策划方案和选题计划的时候，可以根据具体情况的变化，适当地做出调整与修订。尤其是一些大型的丛书与系列书选题，在实施过程中对具体选题做些调整是完全必要的。图书市场是动态的，决策可不能是静态的。

需要强调的是，对方案、计划的调整与修订只能是局部的。另外，调整方案、修订计划时，也要按制订方案、计划的程序来执行，不能轻率行事。

四、选题策划常见问题与陷阱

1. 将选题策划"简单化"

很多编辑在谈到选题策划时，往往认为那无非就是一个好的点子，或者说好的创意，其成功与否就在于想人之未想、做人之未做之事。其实，一个好的选题，从其立意，到市场调查，再到最后的立项，绝非"一蹴而就"。这中间凝聚了太多的"背后力量"，包括对读者的了解，对出版动向的把握，对市场前景的分析。"想得到",仅仅是选题策划的开始;"做得到",进而通过细致、扎实地工作将选题变得具有可操作性,其中包括对作者的选择、市场的饱和度调查分析、成本的控制、图书品种的延展性等方方面面的可行性调查。缺少任何一项,都有可能造成日后的"不理想"。所以说,选题策划绝不是"一念之间",其中包含着策划人辛勤的汗水和泪水。

初次尝试图书选题策划的编辑,往往寄希望于填补图书选题策划的空白——也就是希望自己策划的选题是独一无二,超越古今的。这种"理想主义"的想法,既不现实,又略显幼稚。

2. 忽略选题的"延伸化"

策划人在图书策划的初期,经常局限于特定领域的特定读者,缺少发散性思维。在目前各种"项目"图书(如省市基金支持项目、国家积极支持项目、主题出版项目等)、"工程"图书(如"农家书屋""金版工程""全民阅读"等等)出版频率越来越密集的情况下,选题的组合开发、深度开发,便越发显得重要。

当前,一些图书的策划出版,经常会挂靠某一个项目,以期通过项目解决图书出版的部分资金、发行等问题。这部分图书的策划出版,是为了配合一些政策,同时还承担着出版者应该肩负的责任义务,从而服务更多的基层读者,比如"农家书屋"、各级各类政府资金资助项目。这部分图书的出版,虽然有资金和政策的支持,但目前取得更多的还是社会效益。

针对这种情况,策划人在图书策划的初期,就应该更多地去深入思考,这类图书如何才能找准最佳的出版方向。项目带给我们的不仅仅是资金,更是出版资源,如何开发好这些资源、利用好这些资源才是选题策划者应该深入思考的问题。笔者以为,这类图书的出版,更像我们常说的"借鸡生蛋",项目是"鸡",取得更多的"蛋"才是我们的最终目标。说白了,就是依靠项目的资金,将图书的生产成本填平,也就是通常说的保本。之后,再通过市场的营销,进一步扩大战果,从而达到出版的最终目的——获益。

3. 盲目跟风

据权威数据显示，目前，畅销书占中国内地图书总量的7%，创造的利润则占整个图书市场利润的70%。由于广大读者像追赶时尚一样购买图书，在利益的驱动下，跟风出版就在所难免。

一本"奶酪"的畅销，就会有成堆变质的"奶酪"端上餐桌；一本内容为"小故事大道理"的书畅销，几乎所有出版人好像没有"小故事"就无法说话；你有《正说清朝十二帝》，我就来个《正说明朝十二臣》；有《新作文》，就有了《好作文》。不一而足。跟风出版如果仅仅体现在选题内容上的跟风，尚无可厚非，许多非常智慧的跟风出版物大卖特卖也并不稀奇。让人感到遗憾的是，一些投机出版商常常在选题内容跟风的同时，还对已经上市的畅销图书的封面创意、版式设计和图书名称甚至作者名字进行全面模仿。目前，市场上绝大部分跟风书都只是在外在形式上对市场上大行其道的畅销书进行拙劣地模仿，常常是"金玉其外，败絮其中"。

跟风出版是出版界的一个毒瘤，一股浊流，长此以往，它将严重破坏出版生态。跟风出版看似可以减少产品开发的成本，降低图书的市场风险，但其本质，对图书出版业来说，尤其是对成长中的图书策划人来讲，无疑是一场灾难。

4. 自以为是

在图书选题策划的领域，存在两种"自以为是"的人，一种是"躲进小屋成一统"，自命清高，以个人专业和个人阅读嗜好为标准，无视市场走向和需求，在这种背景下"策划"出来的图书选题，市场往往不认可、读者不买账，赔本的可能性最大，此类策划人以精英知识分子居多；另一种人是天天都在市场上"泡"着，对市场热点了如指掌，对大众需求如数家珍，然而，他们做出来的书总是没有良好的市场效果，为什么？究其原因，主要是他们只知道市场上在流行什么，并没有深入研究它们为什么流行？更不知道市场的"潜在需求"到底是什么？当此类策划人苦心推出他们精心炮制的自以为会大卖的图书品种时，市场的热点已经转移，而接下来要流行的他们又无从知晓。

5. 迷信名人

多年来，名人出书（泛指作家、学者之外的演艺界、体育界和商界名人出书）成了重要的出版资源，在某一个时期几乎成了书业"票房"的保证。中国改革开放以来，第一本真正意义上名人出的书，应该是影后刘晓庆的《从电影明星到亿万富姐》，尽管此书给人的感觉是图片比文字漂亮，但并不影响购买者趋之若鹜。随后，从赵忠祥的《岁月随想》到崔永元的《不过如此》，从潘石屹的《永远不做大多数》到《马云创造：颠覆传统的草根创业传奇》等等。

近年来，名人出版渐冷，但以名人为主角的图书变得炙热，自2006年第一本"马云书"《马云创造：颠覆传统的草根创业传奇》诞生以来，有关马云的图书一直是出版界的热点，出版业第三方数据机构"开卷数据"显示，"马云书"至今已出版170多种，打着马云的旗号，如"马云推荐""马云作序"类的图书更是多不胜数，粗略统计，当当网上就有3200种。2006年至今，连续8年，每个月至少有一本"马云书"出版。而在这么大量的"马云书"中，仅有《穿布鞋的马云》一书虽然不是马云亲笔所写，但确是马云审稿并授权的。其他很多书的作者甚至都没有采访过马云，但就能写出"马云书"来。究其原因，有以下三方面：一是，随着国民整体文化素质的提高，在个性张扬的时代人们对名人的崇拜感和好奇心日趋理性；二是，名人书太多太滥，许多名人自身经历不吸引人，缺乏对生活的深刻认识，文字水平差，可读性差，而且很多名人出的书都是请"枪手"代笔的；三是，盗版书泛滥成灾。

第四章 选题策划方法与策略

选题策划，是一种个人的智能行为，带有一定的个人色彩，应该说其方法也是因人而异的，没有一个定式。但是，图书选题策划也有其共性的东西，本章向读者介绍选题策划的一般方法与策略。

第一节 选题策划一般方法

图书选题策划的一般方法可概括为以下五种。

一、市场调研分析法

市场分析往往是市场调研后，对有关数据、基本印象的再思考。到卖场考察要带着目的，根据自己对某个种类图书的调研需求展开。比如你想知道最近一段时间什么小说书卖得比较好，就可以去市场上走访一遭。看到的是什么？除了一系列眼花缭乱的这类图书文本之外，还要注意：第一，书店里该类图书的排名；第二，站在这类图书周围的读者们的状态，体验他们的心理，观察他们对哪类的小说更感兴趣；第三，可以和有关工作人员聊上几句，以普通读者的口气讨教。回家之后，你需要及时地记录、回忆在书店的情况，通过比较、分析，得出哪些类别图书正受读者的喜欢，它们的名字是什么，名字中有哪些敏感的、重要的关键词值得注意。

接下来的工作是，思考这些书为什么受到读者的喜欢。一般的原因不过那么几点：作者正当红，拥有强烈的市场号召力；扣紧了时代发展的热点，与时代的某些现象、事件息息相关；出版商营销力度大，等等。

这些情况一旦在头脑中有了基本的印记，对自己正在谋划的选题就具有了极大的借鉴价值，其价值在于：有哪些热词是值得"拿来"的？有哪些关键词是该适度回避的？

如笔者2011年策划出版至今仍在销售的《给力，你的大学》一书正是借用了当年大热的"给力"一词。

《给力，你的大学》封面

有这样一个事实是：出版社、投资商们对过于创新的选题往往比较谨慎，因此总是有意无意地希望和市场上的热点产品有一点关联，并有一定的迁移式创新。那么，只要内容上并不差，有较大的出版价值，这种书的成功出版往往就不再是什么大问题。

二、资源整合提炼法

对于图书选题策划来说，其可以挖掘的资源很多，有些已经形成选题雏形，如社会科学研究成果；有些仅是指向，如一些文化工程项目；还有策划人人脉中可转化或利用的信息。所有这些都需要策划人及时整合和挖掘。

开始做选题，最大的烦恼不是别的，往往是贪多求全的心理占优，因此导致一个选题想表达太多的内容。其实，这在方向上、方法上就已经是错误的。

换一种说法，做选题需要的是减法思维，而不是加法思维。

如果你纯粹想做加法，一定会陷入紊乱，导致最终的选题啰里啰唆，缺乏清晰的定位。

唯有通过做减法的方法，才能得出简洁有力的诉求点，找到一个最能表达这本书的点，才是关键！其他的都是外围的、补充性的，都是必要但可置换的，唯有核心诉求点，是无法被置换的。一旦置换，影响的就是销量。

概念也是如此，我们可以在内容中呈现概念的多元化，但在核心诉求上一定要让读者明白：本书最核心的概念和价值是什么。

一旦有了基本的方向，形成了基本的选题思路，剩下的就是对书名、传播要点的反复思考，直到难以寻到更好的为止。

三、读者心理体验法

有些时候，一个好选题的诞生并不是来自市场调研，即便你找了100位读者去聊天，也可能收获不大。因为读者甚至不知道自己阅读诉求的要点是什么。尤其是当你泛泛地问：你觉得这样的书好吗？他往往会说好。但实际情况可能不是那么回事了，因为一旦书出来、搁到市场上，是多种因素在影响读者的购买，既有图书自身的因素，也有这本书的左邻右舍。你的产品形象有问题，可能不会引起读者的兴趣；周围的同类产品也在和你的产品时刻发生着竞争。

笔者想说的是：纯粹依靠读者挖需求，有时候并不靠谱。这就意味着：体验读者的心理，挖掘一些潜在的需求，才是选题策划人的真功夫。同时要关注社会热点。

四、社会热点转化法

把社会热点转化为图书选题，一般都会获得成功，关键是要果断、高效，不能优柔寡断。关注热点，是策划市场化图书，尤其是畅销书的基本要求。例如，在国家进入新的发展阶段，"社会主义核心价值观""中国梦""传统文化""丝绸之路"的热点话题不断出现，而每一个话题，都蕴涵着大量的文化资讯和历史价值。挖掘并梳理其中的文化资源，对于策划新的既有社会价值又有经济效益的图书选题，都是十分难得的机遇。

在利用和挖掘社会热点进行图书选题策划中，一定要注意分析和研究这些问题的本质含义，是昙花一现的随机事件，还是某个特定阶段人们普遍关注的社会问题。选题策划人要注意把握那些影响社会发展进程甚至方向的热点问题，深入分析，提出顺应社会发展或对社会发展有促进作用的选题，以争取在获得一定社会效益的前提下，使得经济效益最大化。

《丝绸之路档案——西出长安望葱岭》书影

五、同类图书研判法

这是最常规、最有效的选题策划方法。在网络发达的今天，我们可以轻易得到选题策划的二手资料。我们知道，图书的品类意识是策划人必须明晰的。就是要明白你策划的书属于哪个种类，然后仔细研究该类图书的策划思路，最好参考当前一到三个月内的有关数据。通过研究，很容易梳理出热销图书的策划思路，越熟悉越好。

很多优秀的选题，都是在比较中诞生的，是在比较中成长和成熟的。之所以这么做，目的并不在跟风，如果你的选题和主流图书的选题相差较远，虽有助于说明你的新意，却也可能因此失掉品类意识，就像一个人失掉了他的身份一样。特别要注意的是：如果你的图书不是第一个被读者认可，不是该类图书的领航者，你就很难有创造标准的空间。因为，大部分图书的销售都是以它周围的同类产品做尺度来衡量的。

说来也很简单，如果你走进书店，随便拿起一本书，从封底条码上面都可以看到一个信息"建议上架"，这实际上就是图书策划人给自己图书的分类，书店一般是以此为依据摆放图书的，读者也是按此信息来寻找自己所要购买的图书。如果策划人员不能对自己策划的图书给出准确的分类，这种图书要想在市场上取得好的业绩是很难的。

第二节 选题策划基本策略

选题策划方法是要学习的，但选题策划的策略更应引起策划人的重视。策划本无定法，只有思路，遵循策略、积极探索是策划人的王道。

一、资源策略

1. 整合并扩展自己的资源

策划的功夫在出版之外。文字编辑能力是一个编辑必需的基本素质，需要多年的沉淀和积累。但是，想要做一个合格的图书策划人，做出市场真正认可的图书，还需要整合并扩展自己的资源。这些资源不是依靠文字编辑能力就能获得的。除了出版社能够提供的资源之外，更多的还得依靠出版之外的功夫去获取和积累。这些资源有哪些呢？

（1）社会资源。

可以有意识地建立同学圈子、老师圈子、亲戚圈子和朋友圈子，再通过这些圈子去扩展更广泛的圈子，不断地丰富自己的社会资源。有时一个意想不到的关系会为你带来一个甚至一套优秀的选题。当你通过这个资源成功出版图书后，关系会越来越牢固，资源也会越来越多。

（2）作者资源。

有了好的作者队伍，图书策划工作就会轻松许多。作者资源是出版社之间竞争的重要战场。优秀作者的一部作品可以抵得上10部普通作者的作品。平常在互联网、报纸、杂志等媒体上多留心，主动去认识和拜访一些知名作者。有时，图书策划工作室也算是一类好的作者资源。只要能做到双赢，与之合作也是一个不错的选择。

（3）渠道资源。

渠道资源包括图书的销售渠道和信息获取渠道。建立一个良好的销售渠道（如系统销售渠道），不仅可以使图书的销售免除后顾之忧，还能及时反馈更多的信息。渠道资源是需要图书策划人精心维护。

（4）自身功底。

功底是指市场敏感力和社会交际能力。对图书策划人来说，文字编辑水平不可能一朝一夕就提高，但市场的敏感力和社会交际能力是可以迅速培养起来的。平时多注意锻炼这两个能力，对于图书的选题策划将有很大的帮助。

2. 对优秀资源进行二次开发

选题策划不能只着力于求异求新，对很多已有的优秀资源进行二次开发，同样可以获得好的选题。优秀资源可以纵向找，也可以横向找。纵向找就是在本社找。几年前的图书滞销了，并不见得是书的内容有问题，也不见得是作者不好。根据当前的市场情况，可以考虑对这些书重新进行开发，要么"新瓶装旧酒"，要么"旧瓶装新酒"。横向找就是瞄准其他出版社的好资源，挖掘出新意进行再次开发。

市场总有长久畅销的内容，比如中医类、育儿类和财富类等图书选题，其内容十年内不可能发生巨大的变化，最多只是作者的名气、内容的写法以及图书的形式有区别而已。这些市场上不变的内容，也是不少畅销书的发源地。在这些方面挖掘下去，坚持几年，必有所成。

3. 借助人气平台去开发选题

牛顿曾经说："我取得了成就，是因为我站在了巨人的肩膀上而已。"选题策划也要站在"巨人"的肩膀上去开发选题。这个

"巨人"是什么呢？一是名人，二是知名平台（高流量平台）。寻找知名的作者，想方设法打动他，出版的图书就会有很高的知名度；与知名的媒体平台（如互联网、电视台）、大型论坛等合作策划选题，出版的图书也具有很高的起点。像"百家讲坛""天天饮食"等系列图书都属于这种类型。

4. 拓展信息渠道

挖掘选题时，平时就要主动关心报纸、电视、杂志等媒体，还可以到互联网上去寻找。多方面寻找信息渠道的同时，还需要正确使用这些渠道。例如，做市场调查应该首选省级图书批销中心（也就是省店）。因为省级图书批销中心的图书品种通常在10万种左右，购书的人通常是下级批销中心或基层书店的业务人员，针对的读者面是本省更广泛的地区，赢利模式是先追求基本销量，再求多品种。从面向的人群来说，省级图书批销中心更广泛。再者，那里人少一些，可以与店员充分交流，效率会更高一些。但从寻找封面参考的角度来说，购书中心则由于品种多而更合适一些。

二、执行策略

1. 尽量制订好丛书选题的规划

在图书市场上，丛书的传播优势超过单本图书。丛书的出版有两种方式：一种是单本开发，连续探路；一种是看准市场集中一次性推出整套丛书。这两种方式各有利弊，前者能够不断预热市场，但出版周期过长，容易被跟风；后者可以很快造成市场轰动，但后期持续的热度不够。

不管哪种方式出版丛书，都要注意四点：

（1）组建团队合作开发，靠单干是不行的；

（2）丛书策划选题一定要事先储备深厚的作者资源；

（3）丛书出版的间隔时间不能太长，否则会出现前一本已经滞销，后面的却还没有出版的尴尬局面；

（4）选题及内容要不易被跟风。

2. 注意出版过程的"头部理论"

策划出版一本图书，在选题策划阶段下的功夫越多，图书出版后的回报将越多；编辑稿件前，在分析市场、了解竞争对手、与作者沟通方面下的功夫越多，图书的市场价值将越高。这就是出版过程的"头部理论"。撰写选题策划案要着重笔墨写好营销策划案。营销策划案的内容比选题策划案要多得多，因为它包含了后期营销的执行内容和效果判断。养成这种习惯对图书策划人市场感觉的培养极其有帮助。图书策划人要重视文字的编辑和加工上，更应多花一些时间在策划上。

3. 充分挖掘作者的资源

不要忽视作者的能量。许多策划人在出版图书后，就去挖掘新的作者，没有做到"人尽其才"。要想方设法从单个作者身上挖出多个选题或成套选题，或者从这个作者身上挖出其他的作者来。过程看似很简单，可用心去做的人却很少。一般情况下，一个优秀的作者，几乎每一个选题都能挖出一串儿新选题，并且带来多个作者的资源。所以，不要老是抱怨找不到作者，不要轻易浪费自己的作者资源。

徐伊丽是我在著名作家贾平凹书房结识的优秀作者，她不仅成就了我策划的"档案系列"图书，在多年的交往中还为我推荐了多个作者，帮助我完成了多个选题。

三、竞争策略

1. 紧抓市场热点

策划选题要紧抓市场热点。既然做不了市场的领头者，那就做快乐的跟随者。他山之石，可以攻玉，人无我有几乎是不可能做到的，能做到人"热"（点）我也"热"（点），"人好"（卖）我也"好"（卖）就不错了。跟随市场的热点走，是选题策划的捷径。2001年《登上健康快车》引爆了健康类图书的销售，至今健康类图书一直是市场的热点。抓住图书市场的热点，就像在牛市中抓住主流上升板块一样，用股民的话来说，那是一看就懂"傻瓜行情"。

紧抓市场热点的另一层意思是紧紧跟随社会和经济的热点。炒股要顺势，做图书同样要顺势，这样才能起到事半功倍的效果。

2. 优先抓住金字塔底部人群

策划选题时，确定目标读者一定要优先抓住金字塔底部人群，抓好了底部人群，再往上发展高端类的人群。金字塔底部的人群是最广泛的人群。图书策划人策划选题时，目标对象要尽可能地大，然后再考虑高端人群，实行精细化品牌战略。优先抓住金字塔底部人群并不是说就不进行市场细分了，也并不是说要求一本书涵盖所有的人群，而是指在市场细分的情况下，选择人群最多的市场部分。也许人群最多的市场部分竞争更为激烈，但正因为人数众多，需求也更旺盛，也更好"浑水摸鱼"。

四、借鉴策略

图书最终要到市场进行检验。如果在策划阶段就能借鉴营销经验，对选题策划将有很大的帮助。下面的营销经验值得借鉴：

（1）个人的阅读喜好不等于市场需求；
（2）选题的策划方向要与本社的出版方向相结合；
（3）市场是公平的，策划的顺序要从读者需求倒推到选题策划；

（4）市场的空白并不代表需求，潜在的需求也并不代表购买力，许多图书策划人会犯这个错误，常常把市场的需求与购买力等同起来；

（5）关注"长尾"。"长尾"通常指的是"非市场热点"的方面，笔者觉得应该还有一层含义，即市场热点的细分；

（6）有时，炒作也可以做好一个选题，换句话说，畅销书是"炒"出来的。

五、发展策略

1. 追求团队合作，在分享中获得快乐

一个人的力量终究是渺小的，对于图书策划人而可言，追求团队合作是一个明智的选择。图书出版有自身的规律，像出版周期较长的书或者丛书，依靠一个人的力量显然是不行的。应集合众人的智慧和力量，完成选题策划和出版过程，在分享中获得快乐。

2. 与作者同成长

图书策划人最大的收获就是与作者同成长。与作者同成长的过程，是学习的过程，也是伴随作者体验成功的过程，因为作者的成功有你的因素。在力所能及的情况下，尽量多挖掘一些未成名的作者，通过出版让作者的事业更上一层楼，会让你觉得更加激动人心。雪中送炭永远比锦上添花更暖人心。世界上最快乐的事情就是帮助别人。

笔者有两位作者，一位是做特教的，另一位是做新媒体的。做特教的作者出书前，对于孤独症孩子

《当爱遇上孤独》书影

的康复训练付出了太多，有丰富的实践和康复训练经验积累，被笔者发现后作为重点作者，多次进行交流和选题探讨，如今该作者不但出版了以自己经历为基础的"励志+职场"图书——《当爱遇上孤独》，而且被推举为全国性专业委员会的副主任委员、"感动人物"等，结果使她名气大增。后续，我们还将继续合作陆续出版孤独症孩子康复训练系列教材和理论读物。

做新媒体的作者，算得上业界的风云人物，同时又是个分析天才。他以前的学术成果和影响力主要在学术论文和实战演讲，缺少理论专著，一个偶然的机会笔者结识了他，花了大量精力与作者够沟通并策划出版了《网络文化概论》《拒绝负联网》等。结果他的知名度大增，事业更上一层。

《网络文化概论》书影

与作者同成长的过程，绝对是另一种不同的享受。需要指出的是，挖掘年轻作者，期待与作者同成长，是要花费策划人更多的精力和时间的，还需要更多的市场眼光和知识面。

第三节 大数据时代的图书选题策划

在大数据时代，选题策划不仅需要创新性思维、策划意识和基本能力，更需要数字化技术和手段的辅助来应对挑战，尤其是在科学技术高度发展的今天。

一、数字时代呼唤选题手段创新

人类社会已经迈入"互联网+"时代，出版人无法不重视数字时代带来的冲击和新的需求。网络用户需求朝着娱乐化、移动化和便捷化的趋势发展，若仍完全按部就班地遵循传统图书选题的方法和套路，很难在激烈的竞争中存活下来，加上出版企业已经历转企改制的"洗礼"，失去了过去稳定丰厚的"体制支持"，必须依靠敏锐的行业嗅觉、先进的技术手段以及蓬勃的创新精神才能再次焕发新的生机活力。

在信息量暴增的时代，信息超载成为摆在所有出版人眼前的现实，是故步自封，在数据洪流中迷失自我，还是在数据海洋中大浪淘沙，通过运用各种先进的数据分析工具和技术，经由数据搜集、挖掘、聚类、分析及预测手段，找到真正有价值的信息，并用以辅助选题策划，来获得最大化数据附加值，将会导致截然不同的结局。

随着微博、微信等自媒体平台的迅速崛起和成熟化，结合自媒体时代日新月异的技术手段，创新性地加以运用，补充完善传统图书选题策划，增强图书选题的有效性、创新性、时代性，才能有利于出版社更加准确地定位目标群体、推送优质读物，构建出版社、作者和读者三者之间的信息反馈联动机制。

二、选题技术手段创新

1. 信源增加，方法快捷

新技术环境下，策划选题的信源来自以下几个渠道：策划人自身的知识库、传统媒体（报刊、广播、电视台等）、网络媒体（门户网站及中央级、地方级官方媒体等）、新媒体（包含微信、博客、微博、论坛及BBS等）。在其中搜索符合主流价值观、有利于实现社会和经济双重价值的信息，为潜在选题的挖掘打下基础。此步骤需要运用专业的数据挖掘和舆情分析软件来挖掘自媒体平台信息（可以以微博为代表），通过构建出版社、出版从业人员、读者、作者、行业领袖数据库（包含博主身份信息、标签信息、粉丝数量、博文数以及所有博文文本量等基础数据），来打通图书选题数据的源头。

其中，新媒体技术已有应用，以目前自媒体研究比较成熟的武汉大学互联网科学研究中心研发的软件为例：进行新闻扫描和词频统计可以用到 ROST NewsAnalysis Tools，进行网页信息采集可以用到 ROST DetailMiner 等。同时，在新媒体研究领域，还有多款软件，如研究微博的独到技术、微博引爆点、知微等。新技术的应用使得搜集和加工信息的方法更加快捷。

2. 选题论证更加科学

新技术环境下，运用信息挖掘及舆情分析相关技术来确定题目、作者和读者以及进行选题论证更加科学。

一方面，利用词频分析软件处理网络媒体和新媒体中目标博文的文本信息，得到关键词列表，剔除冗余或者无意义词语之后，按照词频的高低进行排序，考核排行靠前的词，可以辅助构造具有创新性的潜在选题。

另一方面，网络环境下，可以很容易获得信息、作者（知名及草根）的身份认证信息、作者作品信息数据库（著作有哪些、评价如何、销售情况等公共信息和作者行事作风、个人爱好等私人信息），可以进行聚类分析。同时，通过获取微博中同类和异类作者的互动关系网络图，来辅助制定出目标作者名单。

再有就是，利用大数据，选题策划人可基于读者基本信息，如对身份认证、标签进行聚类分析，之后针对不同类型读者的文本信息分别予以分析，借助关键词表和语义网络图，了解关键词及词组和不同读者的对应关系，来最终辅助明晰目标读者，进而能够关怀到读者的最终阅读体验及精神层面上各种需求。

三、新技术手段及大数据在选题策划中的使用

1. ROST NAT→ROST NewsAnalysis Tools 的使用

程序运行：程序下载到本地电脑后解压文件，依次点击文件 ROST NAT→ROST NewsAnalysis Tools.exe

（1）查看新闻：鼠标可直接单击输出文件文本框打开.txt 文档进行浏览，或选择摘要文件、链接文件、域名文件浏览。

（2）词性识别与词性统计：对文本文件里的词进行词性判断，

如名词、动词等；以及统计文本文件里词语出现的频率。

（3）社会网络与语义网络分析：过滤无意义词组，统计文本文件中的词出现最多次数，分析每行文字中相关联的词组，用网状形式展现出他们之间的关系。

（4）统计图：根据采集到新闻，按时间段统计这段时间新闻条数，统计图功能只限百度网页、百度新闻、奇虎论坛使用，其他网站论坛在搜索时无时间显示，故不能统计。

（5）新闻汇总数据：根据所输关键词，自动统计网页相关结果数。

（6）数据库操作：查询所搜到的新闻，删除无用新闻并导出。

2. ROST DetailMiner 使用方法

（1）检查。

解压文件→运行 ROSTCM6.exe→点击左上"功能性分析"→"相似性分析"→"打开"→"浏览论文文档"（最好先将 word 另存为文本文档，否则旧版转换格式时可能会报错，论文、文献、翻译最好分成单独文档来检测）→"格式自动转换"→"检测"→等待几分钟→在"结果查看"里查看与其他文献的相关度，在"结果分析"中查看总的分析。

注意每天检测字数有一定的限制，超出了会封 IP，封了的话，请先断开宽带再联网后使用，如果还是不行，再断开宽带再联网直到你的公网 IP 变了为止。

（2）结果查看项。

使用方法：

结果查看里将文章分块与其他相关文献对比。

相关度：即待值越大证明抄袭成分越大。

字数：指对文章分的块即待测文档摘要的字数。

待测文档摘要、相关文献摘要，不言而喻。

相关文献出处：双击这里的链接，如果是网页，则在结果查看项右边的浏览器项打开网页，如果是文档则会下载该文档。

引文：是否是引文。

状态：有相关文献出处链接则状态为 1（老版本用正常表示），

否则为0。

（3）结果分析项。

使用方法：

检测文章的有效内容总长度约为7641字（包含内部空格及格式符号）。

与现有的某些文献相关性（包含内部空格及格式符号）。

利用新技术来辅助进行图书选题策划，有助于出版社适应大数据时代、提高图书选题策划的效率和质量、减少编辑工作量等，然而缺点也显而易见，如：技术手段尚不成熟、容易出现误差、相关人才的匮缺等。然而，因为传统的图书选题策划方法已经不能适应新时代的新要求，基于技术手段创新的选题策划一定程度上能够推动出版社创新思维、加强行业竞争力、实现经营模式和战术转变。当然，将新技术应用到选题策划中，需要企业引进新型人才，构建基于真实需求的技术创新体系，这有着不小难度和挑战。

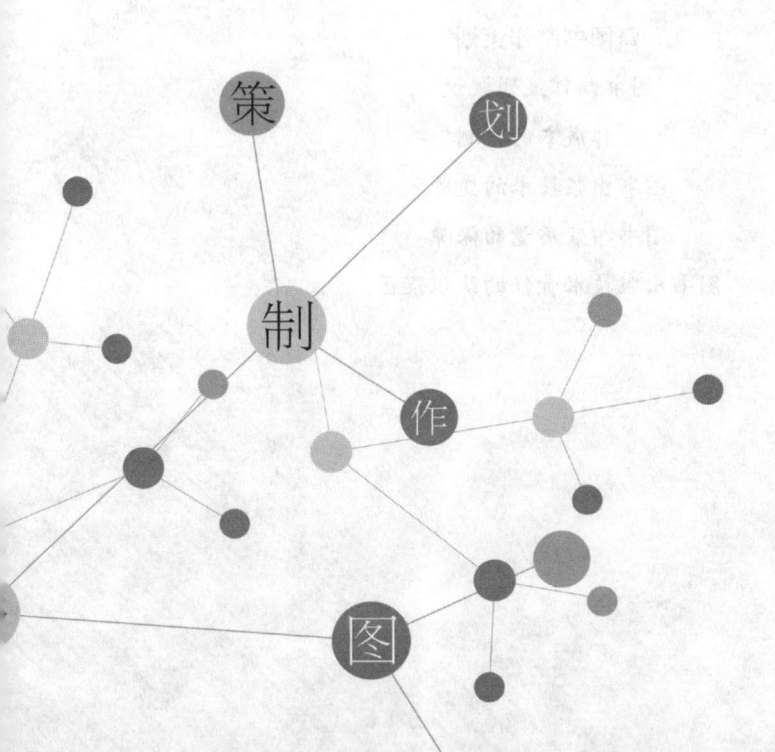

图书制作策划

中编
图书制作策划

◎**图书编辑策划**
编辑策划概说
书名策划
内容提要与目录的策划

◎**图书设计策划**
图书装帧设计概说
图书封面设计
图书版式设计
图书设计中策划人的作用

◎**图书制作策划**
图书制作策划概说
制作成本的控制
图书出版技术的变革
图书印装质量的保障
图书出版技术责任的认识误区

第五章 图书编辑策划

出版是一个流程，图书策划人工作的基本内容分为三个阶段：选题规划与设计阶段，文字加工与审校阶段，书稿成书与推介阶段。图书策划人要在图书出版全流程工作中发挥能动作用，对图书的策划设计、宏观构思和微观控制都是不可缺少的。本章所要讨论的就是对图书外观及内容的呈现方式策划问题，即图书的编辑策划问题。

第一节 编辑策划概说

这里所说的"编辑"可等同于传统出版流程中的文案编辑，但与其相比，可能包含了更多的职能。

一、书稿审读

对于图书出版而言，审读书稿决定了作品的命运，也影响作者的发展前途，有助于编辑业务能力提高和书稿质量保证，关系重大。三级审稿制度是国家规定并长期实行的出版审稿制度。"三审制"于出版管理而言是一种制度，于审读书稿而言是一种审稿方法。书稿审读的主要目的是通过对书稿的初审、复审和终审（简称"三审"），判断书稿是否符合出版要求，论述是否有理有据，逻辑是否清晰，内容是否科学合理，图表是否完备，引文是否准确，书写是否规范等等，通过"三审"加工处理，使书稿尽量符合策划及出版要求。

1. 书稿初审的目的与要求

书稿初审是指责任编辑（编审、副编审、编辑、助理编辑均可担任责任编辑，但必须取得责任编辑任职资格）对书稿进行的审读。

书稿初审是对书稿进行全面检查，做出评价，提出处理意见。初审是编辑工作的基础性工作，担任初审的责任编辑的水平高低和认真态度，对提高图书质量和出书效率极为关键。初审是"三审制"的基础，必须认真把关，逐字逐句审读书稿。初审要对书稿的政治倾向、思想品位、学术或艺术价值、结构体例、文字水平等方面进行全面细致地审查，对全书的优缺点要做出实事求是地评价，同时对书稿的经济效益、社会效益方面的出版价值做出评估。初审人员要严格按照编辑规范对书稿进行编辑加工，并写出比较中肯的审读意见。

2. 书稿复审的目的与要求

复审是编辑室主任（副主任）或由出版社领导委托的编审、副编审进行的审读。复审是在全面了解书稿内容的基础上，从更高的角度审核初审的审读意见是否中肯，对书稿的内容和形式再度把关，对原则性的问题和初审未能解决的问题表明自己的看法、提出处理意见，如果初审不符合要求，应退回责任编辑重新审读加工。

3. 书稿终审的目的与要求

终审是社长或总编辑或者社领导委托的编审、副编审进行的审读。终审的主要任务是根据具体情况，或者审读全稿，或者根据初审、复审提出的问题有目的地抽审部分内容，并在此基础上审查初审、复审意见，对书稿的质量和形式，从全社和全局的角度考虑是否适宜出版，提出书稿是否采用的决定性意见。终审既要解决初审、复审提出的问题，又要发现初审、复审未能发现的问题，要进行全面的、最后的把关，是编辑审读工作中的关键环节之一。所谓提出书稿采用与否的决定性意见，包括这样三种情况：一是由社领导委托编审、副编审终审，但是未授予他们以签发权的书稿；二是按照国家出版管理规定，其采用决定权在有关上级主管单位而不在出版社的书稿；三是出版社没有把握决定是否可以采用，而须请有关领导单位或专家审定的书稿。

需要特别说明的是，一般情况下，初审、复审和终审不可交叉进行（包括人员和时间等）。

二、装帧编辑

装帧编辑是指一部书稿在印刷之前，对书的形态、用料和制作等方面所进行的艺术和工艺设计。其内容包括开本、封面、护封、书脊、版式、环衬、扉页、插图、插页、封底、版权页、书函在内的开本设计、封面设计、版面设计以及装订形式、使用材料确定等。封面设计一般由文字和画面两部分有机构成。书籍的装订形式与排式有关。中国内地大多是横排书，采用的装订形式有精装本、平装本、单行本、合订本、普及本、缩印本、袖珍本、特藏本、豪华本等。此外，还有飘口、圆角、包角、检标、毛边等装式，书脊有圆脊和方脊之别。

书籍的装帧设计不能仅凭发稿单上策划人的几句贫乏空洞的设计要求，去做所谓吸引人眼球的同质化的封面。不去和著作者、编辑、印制者交流，深刻理解书稿内涵，并注入情感，永远只能停留在为书做装饰的低层次，根本提不出书籍编辑设计的创想和建议。

书籍设计的概念不能只停留在书籍的封面、版式层面的设计思维方式和手段。书籍设计与装帧的最大区别是设计者是用视觉语言对信息进行结构性设计，使文本得以更好传达的创意点和执行力，甚至成为书籍文本的第二创作者。这在过去，出版社的美术编辑，似乎是非分之想。但我们应该用与时代需求的信息载体不断视觉化的传递特征，来提升自己设计工作的主动意识和工作范畴，书籍设计师要拥有这样的责任心和职业素质。

对于书籍设计中所包含的编辑设计、编排设计、装帧设计三个层次的运作，不可一视同仁。应视不同的体裁、功能、成本、受众等各种因素来决定设计决策。

对一本书稿全方面提出编辑设计的思路，并对全书的视觉化阅读架构进行全方位的设计思想的介入，是书籍设计的范畴。当今中国需要这样的书籍设计师，这需要出版人、图书策划人、印艺者、销售者、读者等所有参与书籍创造的人都应该具有的共识。

中国历史上存在悠久的书籍设计艺术和丰厚的书卷文化。书籍设计也不是今天才提出，在过去全国书籍大展评奖项目中就设立有封面设计、版式设计、书籍整体设计、插图等分类奖项，其中"书籍整体设计"早已被大家认同。不同的倒是前者的设计尚且还停留在平面的艺术审美的层次上，后者则介入了对文本信息进行时间与空间陈述的视觉传达设计理念，是为书籍的阅读提供更清晰，更有效，更美好的服务。书籍设计概念只是"装帧设计"的延展，提出书籍设计概念的真正目的就是要完善阅读。

中国的书籍设计艺术要进步，不仅要继承好优秀的传统的书卷文化，还要以符合时代要求进行创造性的工作，去拓展中国的书籍装帧艺术。21世纪的数码时代改变了人们接收信息的传统习惯，人们接收视屏信息甚至成为的一种生活状态，如何让书籍这一传统纸媒能一代一代传承下去，我们当然要改变一成不变的设计思路，不能停留在为书做装潢打扮的工作层面。

三、文字编辑

书稿的文字编辑环节是图书内容质量的关键环节，一般要经过"一编三校一核红一通读"等严格的流程。

20世纪50年代初期，出版社对书稿主要进行加工整理。加工，由编辑担任；整理，另有专人担任。加工，主要是对书稿的内容作增删、润饰、改动；整理，是对书稿行文规范上的技术处理，统一和核对。到20世纪60年代初期，加工整理逐渐由责任编辑兼任，一并处理，统称"编辑加工"。这种由责任编辑统一对书稿进行编辑加工的制度，一直延续至今。改革开放后，有的出版社又设技术编辑，负责对书稿作技术处理。

（一）编辑的主要工作与要求

编辑（也称文字编辑或案头编辑）工作是出版工作的中心环节，编辑人员的水平决定了一个出版物的水平。一个合格的图书策划人员，要负责选题策划、作者选择、稿件组织、政治把关、书稿审读、协助出版和协助发行等各项工作，对书稿进行思想政治把关、文化学术评判、编辑规范润色和出版流程控制等各环节。

编辑加工属于科学性加工，是一种侧重于书稿结构与科学性方面的加工，属于高层次的加工。书稿的结构与科学性，关系到书稿能否成立和有无价值的带有根本性的问题，保证书稿不出现重大错误。科学性加工，就是使书稿在内容安排，或篇、章、节的层次安排等总体结构上更具逻辑性。

书稿的科学性，哲学、社会科学和自然科学类图书，主要是概念、定义、原理等是否正确；文学类图书，主要是看基本政治倾向是否正确；书稿中涉及的重要历史事实是否准确。科学性加工就是发现和改正这方面的错误。

科学性加工，还要对书稿内容叙述上的芜杂加以删削，对欠周密、有遗漏的加以补充；对提法上有违反宗教政策、民族政策，以及涉及对外关系的内容加以删削和处理；对涉及国家机密的内容加以删削或处理；对专业性很强的书稿，要作专业上的鉴别，发现和纠正错误之处。

科学性加工涉及书稿的内容，所以，责任人一般要同作者商量后再作改动，切忌过度编辑，更不能擅自修改。所以编辑人员在书稿编辑加工过程中，要根据不同类型书稿的特性，有针对性、有侧重点地进行编辑加工。

1. 科学技术类图书的编辑加工要求

科学技术类图书范围广阔，包括基础理论、学术专著、应用技术、科技工具书等。特点是讲究系统性与逻辑性，注重实用性和针对性，遵守规范性与统一性，具有技术性与知识性，追求先进性与创新性。这类图书的作者往往是相关领域的专业技术人员、学者、专家，而书稿的内容和读者群往往具有专门受众。针对这类图书，责任编辑在编辑加工书稿时，要注意书稿中的概念、定义的准确性，内容要符合科学性，与当前学术发展水平相一致，书中的专业术语、技术标准等应符合相关的规范；同时要注意书稿要逻辑清晰，机构合理，层次分明，体例统一，文、图、表要对应一致。

另外，一些专业特色很强的专业出版社出版的图书大多属于专业类图书，要求编辑人员除了要掌握编辑业务知识，还要懂得相关领域的基础知识，对该领域基本名词术语、概念要熟悉，对常用的物理量、符号单位要熟悉。这样在编辑加工书稿时才能帮助作者发现问题，提高书稿的学术质量。

2. 社会科学类图书的编辑加工要求

社会科学类图书一般具有强烈的意识形态色彩，与社会现实联系紧密，具有软科学特性，强调理论性与实用性。针对这类图书，责任编辑在编辑加工书稿时，要坚持正确的政治方向，宣传正确的立场和观点；正确理解创新的含义，讲究学风与学术规范；书稿内容要逻辑严密，层次分明，体例一致，尽量不涉及没有经过实证检验的理论和方法；所用案例必须和所论述的内容相对应，优先选用真实案例。

3. 文学类图书的编辑加工要求

文学类图书是以各种文学形式形象地反映生活，表达作者对人生、社会的认识和情感，以唤起读者对美的感悟，给人以艺术享受。这类作品源于生活而又经过虚构，不拘泥于真人真事。文学类图书丰富多样，百花齐放，百家争鸣。针对这类图书，责任编辑在编辑加工书稿时，要注意书稿必须正确表达党的路线、方针、政策，可以百花齐放，百家争鸣，但不能有错误的政治问题，要弘扬主旋律，用中国表达，宣传中国精神。这类书稿不要用"教条"来规范作者的写作风格，要保持作者的语言风格。

4. 科学普及类图书的编辑加工要求

科学普及类图书内容广泛，任何领域的技能和知识都可以用科普书的形式来表现。这类图书形式多样，既可以用文字为主，也可以以漫画、插图为主，体裁可以各式各样。针对这类图书，责任编辑在编辑加工书稿时，要注意尽量使书的内容浅显易懂，使读者容易理解，突出可读性。但不能掺杂反科学、伪科学内容。

此外，还有工具类图书、少儿类图书、翻译类图书、教育类图书等，编辑人员在编辑加工过程中都要针对不同类型的图书，进行不同侧重点的编辑，这样才能保证既尊重作者的作品，又体现出编辑对书稿的整理和完善。

（二）"三校"的主要工作与要求

校对，古代称之为"校勘"或"校雠"，是出版编辑过程里的一个必须工序，主要工作是按照原稿去审查订正排印或缮写的错误。

校对是编辑工作的继续和补充。其主要工作包括：

（1）根据原稿，核对并清除校样上的差错；

（2）改正在政治思想上和科学性上遗留的不准确的提法和词句；

（3）清除语法修辞上遗留的差错和毛病；

（4）清除错别字；

（5）解决和消除任何疑点。

一般意义上的书稿"三校"工作，实际上是对书稿的文字加工和技术加工。

1. 文字加工

文字加工是一种侧重于语法方面的加工，属于中等层次的加工，也是占用时间最多的编辑加工。

文字加工，不同类型的书稿有不同的要求，但主要是对文句不通、句子歧义和标点符号使用不当等进行加工处理。

书稿内容，原则上是"文责自负"。但由于作者语言文字水平的高低，或者作者笔误，或者电脑打印稿的差错等原因，书稿中文字上的问题是不可避免。编辑有责任对书稿文字上的差错进行纠正或改正。

编辑在对书稿进行文字加工方面，有两种状况要尽量避免：一种状况是，对原稿中文字上的问题没有发现，也就没有进行加工处理；另一种状况是，随意修改原稿，有的改对了，有的改错了，对改错的，反而造成作者不满。

2. 技术性加工

技术性加工是一种较简单的重复性加工，属于低层次的加工。这是最基础的编辑加工，琐碎繁杂，很容易发生疏漏。技术性加工是编辑特有的技术，往往不被重视，而恰恰最会影响书稿质量。

技术性加工的内容是：统一、核查、批注。

统一——主要是体例的统一，即编写格式统一（包括篇、章、节的层次序号和标题形式），还有插图、表格、公式、计量单位、数字、注释和参考文献等格式的统一，以及名词和代号的统一。

核查——包括引文、辅文、错别字以及插图中的文字。核对书稿内的经典著作和其他重要引文，不使一个字、一个标点有错失。根据材料来源，核对人名、地名、年代、数字、日期、史实，以及外文、译文，并改正错误。核查书稿辅文是否齐全，如有缺漏，予以补齐。对于丛书、系列书、汇编书等多卷、多册的书稿，核查前后不一等问题。责任编辑往往对书稿中插图（包括地图、设计图、图照等）的文字容易疏忽，但是这里却最容易出现差错。

批注——是责任编辑对排版提出的要求。原稿中经常会有不合规范的字、字体、字号，不合规范的标点符号，容易混淆的外文大小写、字体等，责任编辑必须做出批注。

技术性加工，除了统一、核查、批注之外，还包括版面缩行、转页、图表处理等工作。

3. 校对程序

一校（作者、责任编辑各校一次）：侧重对原稿校对，力求校样与原稿的一致，纠正版式错误，对有疑问处做出标示。校后通读一遍。要求作者不能对原稿做大的改动。

二校（责任编辑、执行编辑各校一次）：校对时要确定一校校出错误已改正，纠正版式错误，并对文稿中的疑问予以处理，填补遗缺，统一体例。

三校（执行编辑校一次）：校对时要确定二校校出错误已改正，对校样进行综合检查，清理差错，确定版面格式。

点校即所谓核红，是对三校校出的错误予以核对，并对文章、版式作最后通校，确保清样无差错。

通读是编辑加工的最后一个环节，是责任编辑甩开原稿和三校样，对清样进行的阅读，寻找差错。在读样后，进行总体扫描，检查有无错字、漏字、表格与插图是否合乎规范，字体、字号使用是否正确等。

4. 校对的一般要求

（1）编辑负责校对、印刷工作的组织和实施，及时送取稿件和校样，做好与印刷厂（排版公司）的业务联系。

（2）校对以原稿为准，一般不得在校样上随意增补、删减，若发现原稿错误及编辑处理的疏漏和失误应做出标示，由编辑对原稿、校样予以处理。若作者提出修改时，要尽量不做大的改动。

（3）准确使用校对符号，消灭错字，补齐遗漏，纠正版式错误，严格执行三校加点校制度。

（4）校对以对校、折校为主，根据实际情况，部分稿件由作者校对一次，校后由编辑对格式、质量复校一次。

四、印刷装订工艺设计

印刷装订工作一般采取委托加工的方式进行，但是印装工艺设计还是由出版社提出的，因此，图书策划人在进行图书整体策划时，根据图书题材的需要，应该把工艺设计考虑在前面，而不是作为最后的补充。印装工艺设计的范围主要是指图书成型过程中的装订形式和后期工艺制作的方式，这是让读者通过视觉和手感得以体验的最重要的环节。

当提到图书装帧设计中的工艺时，往往想到的是烫金、烫银、腹膜、UV、起鼓（机凸）、镂空等常见工艺，当这些工艺成为一种普遍的形式时，发现这些效果已成为一种视觉疲劳，也就是说没有了感觉。于是，这些工艺就失去了应有的价值，还增加了成本。有时"裸工艺"——就是不要任何的后期工艺，倒显得更朴实了，回归了图书的真实价值。在社会生活节奏飞快的今天，视觉的感受要比触觉更为容易接受。图书装帧设计，过度包装一直是大家反感的事情，不恰当的工艺则往往成为过度包装的罪魁祸首。因此工艺不是越多越好，也不是越复杂越好，更不是越高级越好，设计的少而精和巧妙才是最好。

作为图书策划人，在图书印装工艺设计方面，要做好以下几个方面的功课：

1. 对图书的用料材质、装订形式和后期工艺要有比较熟悉的了解

纸张是图书传统出版的关键载体，纸张的选择会直接影响图书的品质和阅读感受。什么样的图书选用什么样的纸张，会有一些习惯，所以要注意观察和体验，总结一些规律，随时可用。比如：文学类图书，大家习惯用轻型纸，这是考虑到它的方便携带与阅读；图片资料书，大家习惯用铜版纸或纯质纸，这是考虑到图片色彩的还原质感和保存性等。另外，对于图书封面以及外包装的纸材选用上，更是可选择性很广。但是，也不一定要对所有种类纸材的性能进行全面的了解，那样是很机械的，从环保和节约的角度讲，熟悉几款常用的纸材足够了。如果遇到特殊而又有挑战性的图书项目时，再进行独创性的探索，可以进行新的艺术体验。图书策划人应该鼓励设计师多做简约设计的同时，注重为出版人进行成本控制的设计。

2. 装订形式是图书立体化的关键环节，它的作用主要是固定、成型、保存等

图书装订主要有线装（沿用古代技法，多为手工，适用于仿古籍类图书）、锁线装（分为锁线平装和锁线精装两种，适用于比较厚重和经常翻阅的图书）、胶装（现代机器化生产的产物，是书叶折叠后在订口处直接涂胶的一种方法，它经济实用，方便快捷，适用于轻型平装书）等形式。在图书的装订形式上，古代的方法有很多种，比如卷轴装、经折装、旋风装、蝴蝶装、包背装等。除了一些特殊图书的出版采用一些古老的方法以外，现在大多图书已经不再采用了。现在的图书装帧设计在装订形式上有一些新的突破，主要是适合时代和个性化的需要，比如把锁线的订口外露。其实在古代的线装书籍中，锁线外露是一种常态，体现了一种东方特有的文化气息。而今天的锁线外露则体现的是一种内在肌理的透视，如同手表内芯复杂机械结构的透明，或厨房间操作过程的公开展示，这都是强调要把内在看不到的东西进行外在展示的一种姿态，让读者在品味图文

信息的同时，也能感受到图书本身的质感和个性。

3. 图书策划人对图书印装工艺的预期效果应该有所预判

图书装帧的后期工艺有非常多的方法，图书策划人最好的办法就是多搜集一些实际资料和案例，了解各种工艺的效果，在进行图书设计的同时，对将要采用的工艺效果有个预期，做好判断。对于没有使用过的工艺，最好找些样本来作为参考，或者先进行实验，再来决定是否采用。这两种方法的选择，要看设计项目的需要，但务必要考虑成本的因素。有的图书策划人或设计师有时会有"不惜代价"的时候，为了把图书制作的特别高档，可以说是不惜成本，作为文化产业的图书出版，我们不赞成这种作法。当我们遇到重点图书设计项目的时候，即要考虑设计效果的高端品质，又要考虑成本的控制，为出版人和读者节约不必要的费用支出。

需要特别强调的是，图书策划人不要把工艺真的看作是后期的一些工序，一定要在设计之初进行预期的构思，将图书印装工艺巧妙且有价值地融入创意设计之中。

此外，书稿加工设计资料下厂之前，图书策划人一定要做好如下具体工作：

（1）审核排版公司依据装帧设计方案设计的图书外观、内容是否符合要求；

（2）设计尺寸与策划方案是否一致。如成品尺寸与书稿清样、封面打样是否配套；

（3）外观设计工艺与打样、文件是否相符；

（4）菲林质量及套印工艺尺寸是否合适。

第二节　书名策划

出版既是内容创意也是营销流通，既要提供出版者对内容的理解、读者对内容的第一认识，更要提供出版者出版这本书、读者阅读这本书的理由。书名包含的两个要素，即创作导向和营销导向。在实际中，大多数出版人往往注重创作导向，而忽略营销导向。

一、书名的作用

一本书能否畅销，书名非常关键。好的书名不仅能推动书的销售，甚至能将滞销书变为畅销书。日本出版者井狩男春在其所著的《这书要卖100万！畅销书经验法则100招》中就指出：不能成为畅销书的失败原因大多出在书名，不少图书仅凭书名就能成为畅销书。中国著名图书策划人闫超也说："书名八成定生死。"

出版既是内容创意也是营销流通，所以书名须兼顾了创作导向和营销导向，而书名也是这两种特质的结合，既要提供出版者对内容的理解、读者对内容的第一认识，更要提供出版者出版这本书、读者阅读这本书的理由。

书名对图书来说至关重要。每做每一本书，资深图书策划人最先考虑的是如何把这本图书的阅读价值在最短的时间内传递出去。因此，为了增加图书的卖点，他们会花大量的心思放在书名的策划上。书名是整个图书策划的重要部分，因为对读者来说，就像想起一个人的大名一样，书名是一个最直接、最简单、最有效的认知方式，书名会透露书的内容，激活读者的想象，唤起读者的阅读欲望，建立读者对书的预期，当然就会引发购买行为。

具体来说，书名的作用有以下四个方面：

一是向读者显示书的内容；

二是引领读者与诱惑读者；

三是使读者获得情感的愉悦，从而产生美感。如《何以笙箫默》的生动，《你让满山开花我就来》的拟人化，《京华烟云》的意境，《先前的风气》的悬念，都给人一种美的感受。

四是促进销售。

在今天，书名成为读者决定是否购买图书的重要因素之一，这在畅销书的购买行为中表现得尤为突出。图书策划人、出版人应该重新认识书名的作用，应该加大对书名的策划力度。

二、书名策划的基本方法

书名策划的方法、要求很多，诸如书名与内容相符合，概括提炼图书内容；书名具体化，提供画面感，引发人联想；语言上平仄对称等。基本方法可归纳为以下几个方面：

1. 简略，有蕴含

中国四大名著的书名都是内容的一个非常准确的反应，它不存在着花巧，有着一种朴质。当然，现在的书名不一定要起得跟四大名著一样了。

2. 文字明白通晓

文字力求明白通晓，少用生僻字和难懂、难发音的字。文字越常见，使用频率越高，越容易传播和起到广告的效能。心理学研究表明：人们更喜欢容易发音、流畅度高的名字和词组。同样，押韵的语句，也更有说服力。

3. 有文学韵味

有文学韵味，产生想象的张力值得赏读。好的书名应该给读者以美的享受，应该讲究艺术性，富有感染力，给读者更大想象的空间和回味的余地。

4. 突出卖点

突出卖点，反映社会需求和时代的新变化，反映社会或读者心态。诸如，"不生病的智慧""细节决定成败"，都是抓住了该书卖点的范例。读者所追求的就是能读到与众不同的书。不但反映新人、新事、新题材能填补空白的图书，是读者追求的创新书。即使一些写旧人、旧事、旧题材的图书只要换个角度、换种表现形式，照样能出新面貌，照样能获读者的青睐。

从图书排行榜的长期观察发现，畅销书的书名不仅要"抓眼"，更要"抓心"。

三、好书名的特点

书名的本质是为了降低描述和传播成本，所以，书名需要具体化，引发人联想，提供画面感。在语言上，平仄对称，不用生僻字、难懂、难发音的字。同样，押韵的语句，也更有说服力，即所谓的朗朗上口。

书名是如此重要，好书名的依据是什么呢？好书名包含两个要素：一是出版者对内容的理解、读者对内容的认识；二是出版者出版这本书、读者阅读这本书的理由。

也有专家指出，好的书名有以下几个因素：最好有动词，最好有悬念，最好有现场感，最好"会说话"，最好会利用品牌寄生原理为书名服务。如《鬼吹灯》，有动词；《邮差只按三次铃》，有悬念；这两个书名同时也有现场感。《我们台湾这些年》，书名就"会说话"。《藏地密码》《我们台湾这些年》，同时也是品牌寄生。《藏地密码》是寄生在西藏这个大品牌上；《我们台湾这些年》，则寄生在台湾这个大品牌上。

我们以为好书名可以归纳为"6句话，14个字"，即：

新鲜。让读者耳目一新，绝对不让读者产生似曾相识之感；

概括。用很凝练的语言点出全书内容或主题；

艺术。给人深刻印象；

时代感。充满时代的气息；

个性。让人难以忘怀；

亲和力。使读者产生进一步了解的冲动。

四、书名策划法则

不同性质、不同类型、面向不同读者的书，取书名的方法当然不同，但其普遍遵守的原则还是有的。朱胜龙先生认为，策划书名应从五个方面下手：一是吸引读者的注意力；二是激发读者的想象力；三是增强亲和力；四是打造时尚用语；五是走出书名的误区。①

书名应尽量使用通俗、态度积极、贴近人心的词语。

笔者早年所策划编写的《从零开始学电脑》，对于电脑普及时代的读者来说可谓充满期待，因而该书出版后获得很好的市场效果也就不难理解。

笔者策划的针对小学中年级学生的《零起步学作文》读本，同样受到广泛认可。

在书名中适当地加入数字，能给人以直观的感受，对书的销售往往有

《从零开始学电脑》书影

利。井狩春男通过研究发现，数字要比较合适，会让读者感觉物有所值而且有信心读完，太少可能让读者感觉此书内容太少，不划算；如果太多，又会让读者产生过重的心理负担，感觉这本书可能内容太多自己没有时间读完。如《88个暖人心房的故事》《小生意，挣大钱：66个成功案例》《99条人生准则》《英语900句》《电脑使用300个怎么办？》等，都是很好的书名。

利用读者的好奇心，在书名中加入刺激性词语，能起到好的效果。文学巨著《钢铁是怎样炼成的》，除了其中将革命战士喻为钢铁的隐喻以吸引人外，还在于"怎样"二字设置了悬念，促成了读者的寻思。还有不少操作性很强的指导性用书，也采用了"怎样"二字，如《怎样进行完美营销》《怎样做成第一笔生意》等。读者往往是有好奇心的，采用"……的真相""调查"等词语就能迎合读者这一方面的需求。

我们知道，写作有三种人称——第一、第二、第三人称，至于图书名，则有四种取名法：三个人称和无人称。其中最让人感到亲切和有"近在眼前"感觉的是第一和第二人称。有许多文学作品因

---

① 朱胜龙：《现代图书编辑学概论》，苏州大学出版社，2013年6月版，第163—166页。

为成功地使用了第一人称而让人难以忘怀。

怎么才能为书取好名字呢？说起来，取书名和家长给孩子取名道理相同，也和思想观念有关。给孩子取名字，各地的讲究不一，但总的原则是通过名字寄托父辈对晚辈的美好祝愿和期望，同时，还想让孩子的名字具有品位、个性。

好书名的产生不外乎两种情况，要么是灵机一动，进出一个好的书名；要么是苦心孤诣，仔细推敲后才获得，可谓为求一书名，捻断数根须。

社会上现在还有专门取名的公司，他们的一些研究成果和做法可以借鉴。

约翰·威特利在《决定图书成败的关键——书名》中有一些简便方法，一共7条，其中有4条可以借鉴：

（1）下次你在超市排队等候或逛一个喜欢的书店时，扫一眼杂志的封面，记住一些引起你注意的题目，有时你替换一两个字或词就可得到十分适合你书中主题的题目；

（2）列出你的书中能帮助读者解决的三个最大的问题，你就增加了三个可能的书名或章节题目；

（3）浏览一下其他图书的书名和章节名，从别处借用一些词或词组，反复品味题目，直到你找到了喜欢的和别人都喜欢的字眼；

（4）最成功的图书是那些回答了读者问题的图书，如书里有什么适合读者的东西？或者为什么读者要关注它？人们喜欢那些可以激励、教育、平静、启迪人和给人幽默、娱乐感的图书。选择一个可以回答读者这两个问题的书名。

第三节 内容提要与目录的策划

图书的内容提要与目录对于理性购书的读者来说更为重要，图书策划人一定要认真对待，在对图书内容提要与目录的策划方面多下功夫。

一、内容提要的策划

内容提要与目录是影响读者是否阅读与购买的不可忽视的因素。内容提要是书籍的心灵之窗——"眼睛"。[①]

1. 内容提要的作用

内容提要的作用有两个：

（1）概述内容，即告诉读者这是一本什么内容的书；

（2）宣传促销，即刺激读者的阅读与购买欲。前一种作用人所共知，而后一种作用未受到普遍重视。

2. 内容提要的编写

内容提要可由作者自己写，也可由图书策划人写，最理想的是先由作者写初稿，再由图书策划人修改。写作的基本要求是：短小精悍（不超过300字），鲜活生动（特别是文学作品）。具体内容除了介绍图书，还可以发表对书的评论，展示书的影响力（如销售发行状况、获奖情况等），甚至可以反映创作或图书策划人的策划背景。仅是概述内容，写作难度不大，但同时兼顾广告作用，写作要求就高得多。换言之，具有一箭双雕作用的内容提要难写。

茅盾文学奖获奖作品、陈忠实的《白鹿原》（人民文学出版社1993年6月版）出版二十多年来，长销不衰，该书的"内容说明"如下：

这是一部渭河平原五十年变迁的英雄史诗，一轴中国农村斑斓多彩、触目惊心的长幅画卷。

主人公六娶六丧，神秘的序曲预示着不祥。两个家族两代子孙，为争夺白鹿原的统治代代争斗不已，上演了一幕幕惊心动魄的话剧：巧取风水地，恶施美人计，孝子为匪，亲翁杀媳，兄弟相煎，情人反目……大革命、日寇入侵、三年内战，白鹿原翻云覆雨，王旗变幻，家仇国恨交错缠结，冤冤相报代代不已……古老的土地在新生的阵痛中战栗。

[①] 彭路路：《内容提要——书籍的心灵之窗》，载《出版发行研究》，2002(10)。

厚重深邃的思想内容，复杂多变的人物性格，跌宕曲折的故事情节，绚丽多彩的风土人情，形成作品鲜明的艺术特色和令人震撼的真实感，是近年来不可多得的长篇力作。

原书长达50万字，可内容提要只有270字，相当精练，又非常优美。而由中国少年儿童出版社1961年12月出版的由叶至善先生主持编写的长篇童话《小布头奇遇记》其内容提要，仿效作者孙幼军的笔调，鲜活有趣，富有亲切感，是一个别开生面的内容提要：

这本书讲些什么？

有一个小朋友，名字叫苹苹。苹苹得到了一个小布娃娃，名字叫小布头。

小布娃娃干吗要叫"小布头"呢？

这……你看了就知道啦！

小布头想做一个勇敢的孩子。有一回，他从酱油瓶上跳下来……

干吗要从酱油瓶上跳下来呢？

这……你看了也会知道的。

小布头从酱油瓶上跳下来，碰翻了苹苹的饭碗，把饭粒儿撒了一地。苹苹可生气啦，她批评小布头不爱惜粮食。小布头也生气啦，他不接受苹苹的批评，从苹苹那儿逃了出来。

以后，小布头遇到了许多奇奇怪怪的事儿，认识了许多新朋友，听他们讲了许多很有意思的故事。这些事儿，这些故事，书上都写得清清楚楚，明明白白。

你快自己看吧！

小布头后来怎样了呢？

后来，小布头懂得了为什么要爱惜粮食的道理。他变成了一个真正勇敢的小布娃娃。当然喽，他又回到了苹苹身边。

事实上，内容提要的写作风格要根据目标读者的心理需要与作者的写作风格来定。

3. 内容提要的摆放位置

内容提要的位置通常放在勒口（前勒口或后勒口），但也有放在封面或封底的。

内容提要放在封底的，现在渐渐多起来了。放在封底的内容提要往往是摘录书中的精彩话语，并与广告宣传语有机结合起来。优秀畅销书《西出长安望葱岭》（陕西师范大学出版社2014出版）的封底上面有两段文字：

　　踏上丝绸之路，是每一位旅行爱好者勇敢和心智的选择，迟早去享用人类这一笔恒定而丰沛的财富与资源，都是很美好的事情。在当今时代，延续并改变我们的生存状态和心境，少不了得依赖着它。

　　权且把本书当作一份导游草图，一份有关自然、地理、人文、历史和现实的思考清单，最好当成陪你上路的一个朋友。

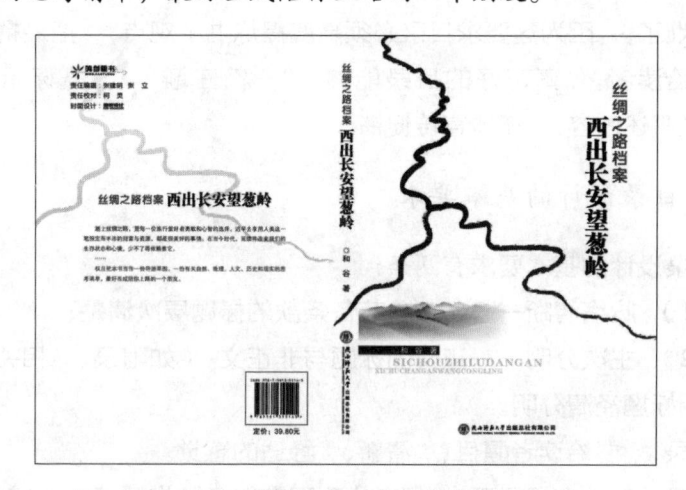

《丝绸之路档案——西出长安望葱岭》封面样张

　　这两段文字主要起广告宣传作用。

　　内容提要是一本书不可缺少的组成部分，也是图书营销不可或缺的重要资料，无论是实体店的销售推介，还是网店的商品展示，内容提要都显得十分必要，要让人看了之后产生抵挡不住的购书欲望。遗憾的是，很多图书策划人忽视它，甚至干脆取消了它，这是不应该的，也是对自己策划图书的生命不负责任的作法。作为一个成熟的图书策划人，一定要重视并精心策划图书的内容提要。

二、目录的策划

　　目录好比一个人的简历，一本书到底有些什么内容，值不值得阅读或购买，读者在很大程度上靠目录来判断。目录绝对不能没有

（长篇小说除外）。

1. 目录的功能

目录的功能有两个：

一是标示书的内容结构，让读者一目了然，这是目录的基本功能；

二是激发读者的阅读与购买欲，这是目录的重要功能。

做到前一点不难，把各章各节标题列上去就行了；进一步做到后一点就难了，因为这要求目录必须高度提炼书中观点，把最精彩的内容展现给读者。真正好的目录能够"一箭三雕"：既标示章节结构，又概述内容，还能宣传促销。

2. 目录设计的基本要求

目录设计的基本要求有两条：

（1）脉络清晰——各章各节各条款的标题层次清楚；

（2）主次分明——正文的标题与非正文（如附录、相关链接之类）的标题泾渭分明。

目录，要给读者醒目、清新、舒适的感觉。

目录一般放在目录页，但考虑到现在很多制作精美的图书，为了防止在流通过程中对图书造成损伤，很多进行了塑封，如果书店舍不得拆封包装，读者就不方便翻阅图书，这种情况下，从目录页中选择主要的标题（章题）或重要的标题（节题）放在封面或封底，就可以在第一时间吸引住读者的眼球。

3. 图书目录设计

关于图书目录的设计有专门的书籍作研究，网上也有很多这样的素材，图书策划人可以根据策划选题的内容需求，认真分析，在设计自己图书的目录时参考选择。

图书的编辑策划的主要任务是对图书各种表现元素提出自己的设计思想和建议，但不应该包揽专门设计人员所做的工作，必须关注和参与并提出自己的整体考虑。从图书出版的最终目的出发把控图书设计、制作各个环节，必须成为图书策划人的基本工作。

第六章 图书设计策划

　　书籍装帧艺术是一个包括封底、书脊、环衬、扉页、版式设计在内的多侧面、多层次、多因素，立体而又动态的系统工程。书籍装帧艺术创作的核心是设计，而设计的核心是创意。

　　装帧设计工作是一项艺术性、技术性和经济性相结合的综合设计工作。装帧艺术既是艺术，又不是纯艺术，它的艺术性从属于书籍的功能性，在图书编辑出版工作中处于特殊的地位。它同其他形式的艺术活动一样，从审美的角度出发，凭借具有潜在表现力的艺术语言，通过艰苦的艺术创造，达到最佳的审美艺术效果。

　　图书策划人要准确地把握图书的整体设计风格、了解书的内容、目标读者、市场定位、销售渠道等，抓住设计本质，建立市场意识，考虑到什么样的读者需要什么样的书，把读者与作者紧紧联系起来，注意节约成本，利于读者使用。

第一节　图书装帧设计概说

　　好的图书装帧设计，可以直接切入书的主题，使读者在瞥见的一瞬就会产生心灵的震撼，进入到书中的境界之中，与作者共同去感受书中的语言和情感魅力。

一、关于图书装帧

　　"装帧"一词最早出现在1928年丰子恺等人为上海《新女性》

杂志写的文章中。20世纪60年代，邱陵撰写的《书籍装帧艺术简史》问世，标志着这个词正式运用于书籍设计中。最早，书籍的封底多是空白，人们对于"装帧"的理解局限于封面设计。之后，它包含了书脊、封底、勒口、环衬等设计的内容，而且还包括了对内文的版式设计、纸张选择和印刷工艺。

书籍是三维空间。《书籍装帧艺术》的作者邓中和说，书籍"由表及里、层层深入、渐入佳境，要求设计者把精美的封面、勒口、内封、环衬、扉页、每页正文直至封底，依次在动态中展现在人们眼前。仅有一张好封面远远不能算是一本精美的书籍。"

书还有其他感觉。比如用特种纸做封面，封面就具有了不同的纹路，在触摸时有手感，甚至还有香味。所以日本书籍装帧艺术家杉浦康平提出了书籍的"五感"，即重量感、触摸感、气味感、声音感、视觉感。

图书装帧设计塑造的是图书的"体"和"貌"，这种塑造既是立体的，也是平面的——立体由许多平面组成，不仅从外表上能看到封面、封底和书脊三个面，而且从外入内，随着读者视觉的流动，每一页都是平面的，而所有这些平面都要进行装帧设计，给人以美的感受。

"世界最美的书"的评选代表了当今世界图书装帧设计界的最高荣誉，评判标准主要有四点：

（1）形式与内容的统一，文字图像之间的和谐；

（2）书籍的物化之美，对质感与印制水平的高标准；

（3）原创性，鼓励想象力与个性；

（4）注重历史的积累，体现文化传承。

一本书就是一个故事，图书装帧就是对故事的整体概述，它可以说是这本书的精髓所在。良好的装帧设计可以在第一时间拉近读者和图书之间的距离，让读者充分感受整本（套）书的魅力，激发读者的探索心理。设计策划人员要想更好地体现图书的文化气息，就要充分利用可能的元素对其进行展现，让人们在文字和图画中感受到书籍所要带给他们的信息，最终实现图书的阅读价值。也可以说，图书装帧设计就是在作者和读者之间架起的那道桥梁。

二、图书装帧设计的目的和要求

图书装帧设计，不能只停留在政治（政论）图书庄重大方、文艺图书形式多样、儿童图书追求天真活泼等，要进一步深入到图书的内容之中，达到在创作中对书稿理解尺度与艺术表现尺度把握的充分和谐性。图书装帧设计的最终目的是以丰富的表现手法、表现内容，使视觉思维的直观认识（视觉生理）与视觉思维的推理认识（视觉心理）获得高度统一，以满足人们对于知识、想象、审美的多方面要求。

图书装帧设计追求的效果是：一方面，图书装帧要注意视觉冲击力和视觉强度，这是装帧的广告性；另一方面，图书作为文化产品，它的外观必须有文化特征，即文化的品位，否则很难称之为文化产品。比如，消费类图书内文用纸可考虑轻型纸，图文书则要选择期刊

《草木之间》书影

专用纸、铜版纸或纯质纸，教材可选用 70~80 克双胶纸。另外，一般图书的封面可选用 200~250 克的铜版纸，文艺、文学类图书封面则应考虑选用特种纸，显得更具艺术品位。

图书装帧设计的基本原则是：有效而恰当地反映书籍的内容、特色和著译者的意图；符合读者不同年龄、职业、性别的需要，还要考虑大多数人的审美欣赏习惯，并体现不同的民族风格和时代特征；符合当代的技术和购买能力。

三、图书装帧设计的一般内容

图书装帧设计的元素相对较多，如文字、图形、形态、色彩等的组合都能够实现对图书装帧设计的表现。其中文字主要包含图书的整体内容，但是最主要的还是书名、作者、出版社名称等，这些都

是展现在封皮上的内容， 在设计时有着比较重要的作用。 除此之外， 隐藏在设计中的要素还包括图形， 尤其是在封面上， 需要通过图形（图片） 和文字， 再辅以相应的色彩， 从中更好地表达出图书的内涵。 这些图案可以是抽象的， 也可以是写实的， 同样也可以是表意的， 从而提高读者对图书的理解， 给读者以心理共鸣， 引起读者的兴趣。

常见纸张开切及图书和杂志开本幅面尺寸一览表

纸张开切

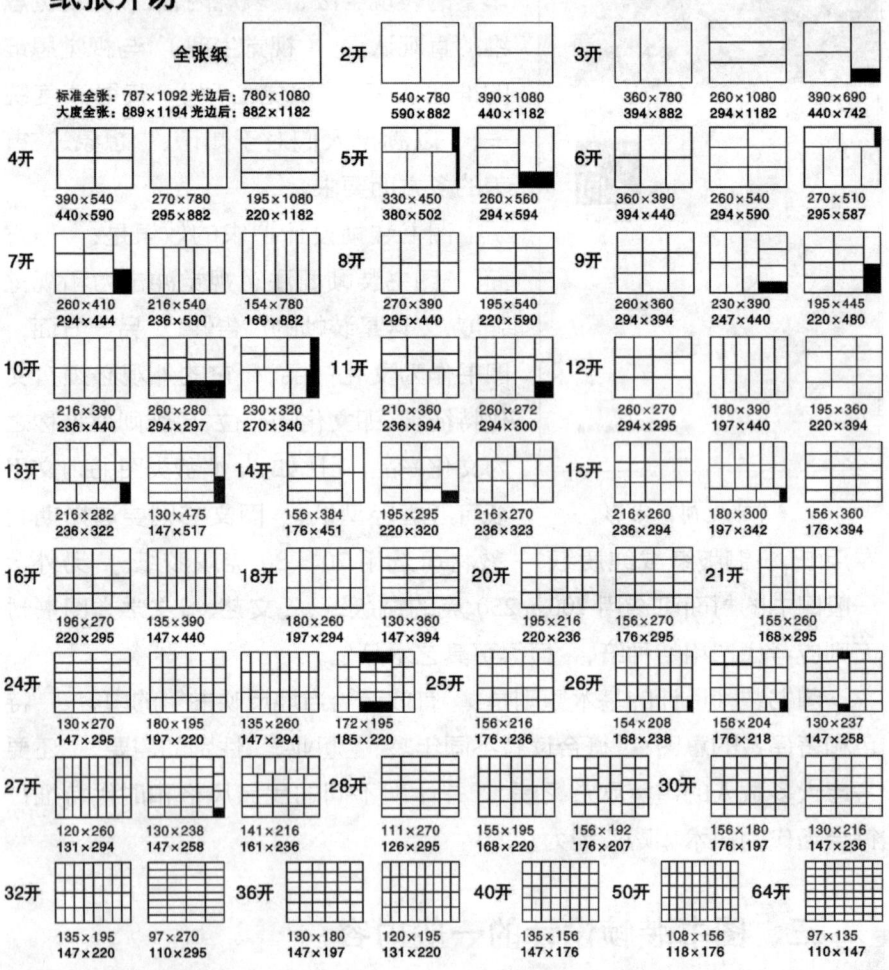

	全张纸	2开	3开
标准全张:	787×1092 光边后:	780×1080	540×780 390×1080	360×780 260×1080 390×690
大度全张:	889×1194 光边后:	882×1182	590×882 440×1182	394×882 294×1182 440×742

4开		5开	6开
390×540	270×780 195×1080	330×450 260×560	360×390 260×540 270×510
440×590	295×882 220×1182	380×502 294×594	394×440 294×590 295×587

7开		8开	9开
260×410 216×540 154×780	270×390 195×540	260×360 230×390 195×445
294×444 236×590 168×882	295×440 220×590	294×394 247×440 220×480

10开		11开	12开
216×390 260×280 230×320	210×360 260×272	260×270 180×390 195×360
236×440 294×297 270×340	236×394 294×300	294×295 197×440 220×394

13开		14开	15开
216×282 130×475 156×384	195×295 216×270	216×260 180×300 156×360
236×322 147×517 176×451	220×320 236×323	236×294 197×342 176×394

16开	18开	20开	21开
196×270 135×390 180×260	130×360 195×216 156×270	155×260
220×295 147×440 197×294	197×394 220×236 176×295	168×295

24开		25开 26开	
130×270 180×195 135×260	172×195 156×216 154×208	156×204 130×237
147×295 197×220 147×294	185×220 176×236 168×238	176×218 147×258

27开	28开	30开	
120×260 130×238 141×216	111×270 155×195 156×192	156×180 130×216
131×294 147×258 161×236	126×295 168×220 176×207	176×197 147×236

32开	36开	40开 50开	64开
135×195 97×270 130×180	120×195 135×156 108×156	97×135
147×220 110×295 147×197	131×220 147×176 118×176	110×147

图书开本（净）

16开: 188×266　　18开: 168×252　　20开: 184×209　　24开: 168×183
32开: 130×184　　36开: 126×172　　64开: 92×126　　长32开:（787×960×1/32）=113×184
大16开:（889×1194×1/16）=210×285　　　大32开:（850×1168×1/32）=140×203　　（单位: 毫米）

1. 开本设计

关于书籍的开本设计，又叫开型设计，是以一定规格的整张印刷纸张，采用不同的分割方式所形成的书籍成品尺寸规格，并以一张纸所分割的数量为开本命名，比如大 32 开、小 32 开等。不同的开本形成不同的个性。比如经典著作、学术著作一般采用 16 开或者大 32 开本，给人以端庄的心理感受。散文则往往采用小一些或者窄一些的异型开本，显得清秀。

开本设计一般有四个方面的要素：

一是根据书籍内容的性质选择开本；

二是根据书稿的容量选择开本；

三是根据书籍的用途选择开本，如旅游手册要选择小一些的；

四是根据阅读对象选择开本，儿童读物字数少，可选择小一些的开本。

另外还要考虑纸张的充分利用，以减少浪费。

2. 书衣设计

书衣，俗称封面，它包括了封一、书脊、勒口、封四等内容，是书籍装帧设计的重点。本书将在本章第四节专门论述。

3. 环衬设计

环衬，是指在书籍的封面与书心之间，位于扉页的前面，有一张对折双连的两页纸，作为衬页，人们称之为"环衬"，是"连环衬页"的简称。在封面之后、扉页之前的称之为"前环衬"，在书心之后、封底之前的称之为"后环衬。"将单环扉页用同类纸张印刷，称为"环扉。"

更多的情况下，环衬是起美化和装饰效果的，一般用与正文纸张颜色、质地不同的特种纸张制作，比较讲究的设计会考虑环衬与扉页、封面的整体效果，也会专门设计环衬的构图，这要根据图书的整体设计需求确定。

需要说明的是，如果只是为了印装需要在扉页与封面之间增加空白页，而且与内文纸张完全相同，则不应该算作环衬，而应该作为内文页码计算。

有环衬的图书，要在图书附属信息区以"插页"的内容标示出来。前后均有环衬的，插页数量要增加两个，只有前衬的，插页数量要增加1个。

4. 扉页设计

扉页，也叫门页，指封面或者环衬页后的那一页。扉页的背面是版权信息和图书附属信息（这是相当多的出版社的要求），当然扉页的背面也可以是空白页，那样会造成浪费，如果真如此，建议可以放置图书"内容简介"或"阅读指南"。

5. 目录的设计

目录的设计，包括版式和内容两方面，要根据书的内容、风格

《遥远的白房子》目录样张

来确定。《遥远的白房子》的目录就做了如下设计：第一部分是"小说：遥远的白房子"，第二部分是"散文：重返白房子"，第三部分是"随笔：难以释怀的白房子"。目录非常简洁和有感染力，单看目录就足以感觉到整本书的内容。

6. 正文

正文就是书的内容，在版式设计上要注意文字的疏密，文字与插图，文字、插图与空白的关系。

版式设计，是指书籍正文的全部格式设计。一般而言，除封面、环衬和扉页之外，前言也包括在其中。

每个版式中，文字和图形所占的总面积被称为版心，版心之外上面空间叫作天头，下面叫地脚，左右称为内口、外口。中国传统的版式天头大于地脚，是为了让人做"眉批"之用。西式版式是从视觉角度考虑，上边口相当于两个下边口，外边口相当于两个内口，左右两面的版心相异，但展开的版心都向心集中，相互关联，有整体紧凑感。目前国内的出版物版心基本居中，上边口比下边口、外边口比内边口略宽，但有的前言和正文第一页留出大量空白。正文版式中大面积的空白与文字的对比，能使人产生赏心悦目的感觉。

版心的确定，要考虑装订形式，锁线订、骑马订与平订的书，其里边的宽窄也应有所区别，不能同样对待。版心的大小根据书籍的类型定：画册、影集为了扩大图画效果，宜取大版心，乃至出血处理（画面四周不留空间）；字典、辞典、资料参考书，仅供查阅用，加上字数和图例多，并且不宜过厚，故扩大版心缩小边口；相反诗歌、经典则应取大边口小版心为佳；图文并茂的书，图可根据构图需要大于文字部分，甚至可以跨页排列和出血处理，并使展开的两面取得呼应和均衡，让版面更加生动活泼，给人的视线带来舒展感。

7. 插图

插图是从属于书籍整体设计的组成部分，是书籍内容的视觉化表现。好的插图是文字与绘画的完美结合，图文并茂是对文字作品的再创造。插图也有着相对独立的欣赏价值。

摄影插图逼真，很受欢迎，但印刷成本高，而且有的插图受条件限制，通过摄影难以达到，如科幻作品，这时必须靠美术设计师创作或电脑设计。在某些方面手绘作品更具有艺术性，表现形式有水墨画、白描、油画、素描、版画（木刻、石版画、铜版画、丝网）以及水粉、水彩、漫画等。

各个国家的插图都有自己风格，即使同一国家、同一类文学作品，也会因为各个插图画家的艺术修养、对原著的理解不同，采用不同的角度、不同的内容、不同的画面形式来表现。而作为一个插图画家，面对着不同内容题材的书籍，要认真研究思索，找到恰当的手法去表现，而不是千篇一律地去对待。

8. 页码和书眉

表示页数的数字叫作页码，表示书名或章节的文字叫作书眉。利用书心外的空间，用小字在天头、地脚或书口处设计，给读者在翻页时带来方便。同时，好的设计也会给画面带来美观。书眉的设计也很丰富，特别在综合性的杂志、书籍和词典等工具书中应用广泛。有的正面写书名，反面写章节名，有的运用几何形的点、线、面配合文字设计，但需要与版面设计协调。

四、图书装帧设计的基本手段

1. 以材为主

在图书装帧设计中，材料是最基本的元素之一，设计策划人员需要充分利用好材料元素，更好地展现图书内容，吸引读者的兴趣。选择书籍材料较为严格，不同的材料会给读者带来不同的视觉、听觉、嗅觉、触觉和心理感受，进而会影响读者对图书的整体感觉。因此，设计人员在对图书进行装帧设计时，需要从书籍的材料入手，既要符合书中内容的要求，又能够引起读者的共鸣。图书装帧设计要符合图书风格，提升图书的整体设计质量，体现图书的文化品位，这样可以更好地满足读者需求，营造更好的阅读氛围。

例如，在策划《高建群手稿珍藏》装帧设计用材时，设计人员考虑到"手稿"和"珍藏"的效果，内容用纸选用了"仿宣纸"，涵套包装选择"绸缎"布面，显得贵气、高雅。

2. 以形为主

图书装帧设计策划中，设计策划人员需要对其内外在形式进行对比分析，结合书籍内容，从外形上提高图书艺术魅力，增强读者的阅读欲望。图书装帧设计的"形"主要包括造型、图样、版式。作为图书外在形式的表现之一，它不需要过多的装饰，但是却要体现该图书和其他图书之间的区别。例如，在设计文学类图书封面时，就可以加强其笔墨韵味，带有更多的文卷气息。又比如，在制作儿童图书时，则要多强调可爱、活泼的特性。除此之外，在图书字体的设计上也可以根据读者不同年龄需求来进行，按照人群阅读需求，最终达到设计的目标，保证图书装帧设计的质量和水平。

在中国传统的图书装帧中，主要是通过审美性的创作，追求一种形式美和功能美，最终达到图书装帧设计的要求。比如，在平装书中，它有图书装帧的相关元素，文字排版要符合人们的阅读习惯，通过文字艺术形式来展现书中文化魅力。又比如精装书，它既有平装

《高建群手稿珍藏》书影（上：样书；下：外包装）

的装饰，又通过函套提升庄重感，而特装书以及其他特殊造型等形式同样也展现出"以形造境"的设计理念，它们不仅在形态上展现自身的艺术魅力，还通过形态增强其意境，做到"形""神"具备，呈现出中国独特的书卷艺术气息。

3. 以文为主

图书装帧设计效果会对图书的销售产生较大影响。设计策划人员要掌握更多的设计理念和技巧，从而保证装帧设计的质量和水平。"以文造境"就是指在创造意境的过程中充分应用文字艺术，从而引起读者与作者的共鸣。中国汉字作为世界上最古老的文字之一，自身就存在相应的艺术形式，它能够很好地和图画结合，创作出不同的意境。这种形式是一种抽象的，但是内涵却非常丰富的艺术形式。设计人员在对图书装帧设计时，可以充分发挥我国文字的魅力，将情感孕育在文字字体之中，表达出不同的信息和艺术含义。在图书装帧创作过程中，设计人员可以将文字用更加贴近图书内容的形式展现出来，增加图书的文学气息和艺术气息，增强书籍的生命力，不断满足读者对图书装帧设计的需求。

第二节 图书封面设计

一、图书封面与封面设计

封面也称书皮、封皮、书面，中国古代叫书衣。封面有广义和狭义两种解释。广义的封面指包括封面、封底、书脊、勒口等部分在内的整体外部包装；狭义的解释是专指图书正面的部分。

好的封面设计，要具备几个要素：一是大方醒目；二是风格独特；三是创意新颖；四是蕴意深远。这就需要在用色、构思、布局、用字和想象力方面下功夫。好的封面就是一幅美术作品，单独欣赏都可以给人以审美的愉悦。

在设计封面时应处理好几个关系：用色的浓烈与淡泊、布局的均衡与失衡、表现书中内容的具象与抽象等。有新意的封面往往不同寻常、别出心裁，甚至怪异的东西有时还会产生惊人的美丽！

二、图书封面设计一般要求

封面设计的艺术技巧主要为立意、构图、色彩三大要素。三者之间不是孤立存在的，不能机械地、单一地去理解，应当看到它们的内在联系。立意、构图、色彩在封面设计中的体现，是互相穿插、互相交替、互相影响、互为作用的，应浑然一体、熔为一炉。全面地掌握封面设计的形式法则，可以克服盲目性，提高鉴赏能力和设计水平，但不能把它作为生搬硬套的公式。"文有法，而无定法""有法之极，归之无法"，只有领略了法的真谛，才能驾驭它、改造它，才能不受法则的束缚，才能有敢于探索和创新的精神。

实践经验告诉我们，好的图书封面要具备以下四条标准，至少要具备四条中之一条。

《误入藕花塘》书影

1. 要有新创意

图书封面设计亦难亦易，一般化的设计比较容易实现，但要让人说这个封面设计不错甚至赞不绝口，那就不容易了。好的设计，可以使读者通过阅读封面，感受到画面背后的东西，确切地说，是触摸到图书的灵魂和真谛。

做到有新的创意，必须突破窠臼。大家都用的流行套路是不能遵循的，要么是在别人没有走过的地方踩出一条路，要么是采用逆向思维的方法，当大家都为了使封面醒目而采用浓墨重彩时，故意采用高调的办法，这不失为一条创新的捷径。

2. 要有冲击力

这里所说的冲击力，主要是指对于视觉的冲击力。在当今普遍采用计算机设计图书封面的情况下，这一点从技术上不难做到，更为优越的是可以把书名或图画设计成立体的。冲击力不一定要采用大色块和浓色块，只要其立体画面能给读者造成视觉上的震撼就行。当然，这类图书封面主要适于那些大气磅礴、主题重要和能给人以深刻启迪的图书。

采取黑白反差的封面可以突出图书主题，其主要特点是大气、醒目、强烈、简洁。

至于那些生活类图书和有一些小情趣的图书不必考虑封面的冲击力。

3. 要有独特性

独特、奇异，就是与众人迥异的构思和风格。

由于时代的变化，人们的审美观在变，每种图书的内容各异，所以还有源源不断的创新的余地和机会。重要的是，要有大胆的设想、大胆的构思，胆子大了，就有可能产生奇异的灵感火花。独特的图书封面设计与其他的封面截然不同，展示的是设计者的一种突发奇想。这种封面放到书摊上，会被读者一眼认出来。

4. 要有表现力

封面设计不同于作画，不属于独立创作，或者说没有独立的价值。它是依附于图书内容的，是为图书内容服务的。就像人的一张脸面，为的是表现人的内在气质和喜乐情绪，是人的外在形式中最能表现人的思想感情的器官，远胜于人的肢体语言。类似于人的思想和脸面，封面好不好，不仅要同其他风格类似的封面来比较，更要看是否充分表现了图书的内容。封面设计再漂亮、再动人，如果游离于图书内容，只能是南辕北辙。所以说，只有最能充分表现图书内容的封面才是最好的。

三、图书封面设计基本思路

设计一本书的封面是不易的，设计一套好的图书封面更难。作为一个设计策划人员要考虑很多问题，从构思到构图，再到设计成型，期间反复修改到定稿，无异于一次艺术创作的全过程。与其他绘画设计不同的是，封面设计所受限制颇多，但因每本书内容的不同，构图、风格各异，所以还是有很大的创作空间。

（一）封面设计关键因素

现代封面设计，要注意把握五个要素：文字、材料、图案、色彩、工艺。图书策划人并非专业美编，本书仅就图书设计中的书名、构图、色调和提示语等主要方面加以阐释。

1. 书名

在封面上，书名应是最主要的内容，没有哪本书不把书名作为最重要的事项来安排的。事实是，当我们有意识地把目光集中在封面的书名上时，就会发现封面中的书名一旦被视觉抽取，书名周围的一切在视觉中都会变得模糊不清。

书名的位置，应该是与读者心灵碰撞得最激烈的区域。书名的字体不同，也会给读者不同的心理感受。在《1+1＝王：整合赢天下》图书的封面设计中，策划人突出了"1+1＝王"的主标题，使它占据了一定的版面，并且用红色渲染、做机凸UV处理，这种策划创意，让读者过目不忘。

书名要突出、醒目，让人一目了然；但书名在整个封面中也不是越大越好，笔画也不是越粗越好。书名要和整个画面相协调，字的大小和笔画的粗细反映的是不同的风格。

《1+1＝王：取势 整合赢天下》书影

字体犹如人的性格，有活泼的，有严肃的，有冷峻的，柔美的，有平实的，有奇崛的，有潇洒的，有拘束的，等等。使用不同的字体，会使封面显示出不同的风格特征。

另外需要说明的是，封面上如果用到书名的汉语拼音，还要注意符合国家相关标准的要求，即：全部大写，词组之间要留空字等。

2. 构图

构图设计讲究删繁就简，计白当黑，象外之象和字体布局。

（1）删繁就简。这点尤为重要。封面设计的构图要"先做加法，后做减法"，最后落笔应当简约、鲜明、准确、生动。

（2）计白当黑。中国画的构图很讲究"计白当黑""宁空勿实""疏能走马，密不透风"。这对我们研究封面的构图来说，非常有益。封面设计的构图基本上由两大部分组成，即实体形象和空白部分。空白是封面构图中不可缺少的，就像繁杂的建筑群中间要有一块广场、草坪一样。

（3）象外之象。封面艺术的魅力和感染力，有时恰恰要到形式语言的外面去寻找，这种"笔不到意到"的艺术效果所体现出来的特有意境，能打破封面构图的有限空间，使人感到咫尺千里、意象无穷的艺术境界；无形中似有形，无色中似有色，无声中似有声。

采用象征、寓意、比喻、隐喻等艺术手法都能使封面设计的构图超越自身，象外之象，画外之意，尽而有之。

（4）字体布局。封面构图与其他造型艺术形式的一个特殊区别，就是必须包含文字，其书名、作者名、社名都要有合理的布局。书籍封面的构图同中国画的构图形式，在图与字的关系上颇有相似之处，都是由于图与字的完美组合相得益彰。一幅完美的封面构图，文字与图像总是互为作用、和谐一致、情真意切、准确无误，使文字在构图中的位置达到只有此地绝无二处的境地，令人移动不得。同时，要根据书籍的内容与构图的需要来选择字体，无论是美术字或书法字，都须与封面构图的格调一致，相得益彰。

3. 色调

封面设计是装饰性的艺术，这种艺术形式本身，决定了它的色彩的装饰性。即使使用绘画性的色彩手段,也必须进入装饰。

封面设计的色彩,是体现书籍主题、表达情感、创造意境、激发读者审美联想的重要因素。研究与探讨封面色彩的目的,就是要使其与立意、构图协调一致地去创造感人的艺术形象。

封面艺术的审美价值,除了种种美学因素之外,色彩的视觉刺激和情感诱发,也具有独特的审美功能;一块绿色就能激起人们对春天的向往,而蓝色又能把人们带入天空与大海的境界。色彩的情感表现所具有的这种主观体验形式和外在表现形式,正是客观对人们自身关系的主观反映。

封面色彩的设计要体现符合性、装饰性、简约性和象征性。

(1)符合性。封面的色彩必须符合书籍的特性,"随类赋彩",即什么种类的书籍赋予什么样的色彩,这是封面色彩艺术的基本规律。封面色彩具有从属性质,它除了受到书籍内容的制约外,还受到立意、构图、形象等形式因素的制约。一般来讲,理论书籍封面的色彩要庄重而不呆板;小说书籍封面的色彩要含蓄而不晦涩;儿童读物封面的色彩要活泼而不轻佻;青年读物封面的色彩要明快而不飘浮等。

(2)装饰性。封面设计的色彩,主要是装饰性的,而不是绘画性的,即使运用绘画性的色彩手段,也不能离开装饰性的需要。

装饰性的色彩特征是简练、概括、含蓄、夸张。它既不是自然的再现,也不是随意的涂抹,而是通过色彩的个性变化,创造出富有魅力的结构形态,给读者以视觉上的层次美感。

(3)简约性。封面设计的色彩必须紧随时代的大潮,以最简约、凝练的色彩结构达到最美的色彩效果,"惜墨如金",使其一色多能,一色多用,用之不尽,变之无穷。

(4)象征性。封面色彩采用象征手法,能启迪读者的艺术想象。就色相来说,红色象征着炽热的激情,黄色象征着明亮和光辉,蓝色象征着天空和海洋,绿色象征着春天等。

封面设计的色彩,是在特定的条件下,要求作者只能在一个固定空间里做颜色的选择,去进行各种各样的"形色统一"。这种从属性中去发挥创造性的色彩规律,有着自己独特的艺术个性,封面作者只有深刻地认识到这一点,才能去使用它、创造它。

4. 提示语

过去的图书封面基本没有提示语，只在勒口有一个内容提要。现代出版越来越重视提示语的写作，因为提示语实际上是一种广告语。一本书如果有了精彩的提示语，就会引起读者的注意，告诉了他更多关于本书的内容，从而增加了购买此书的可能性。提示语一般安排在书的封底，但也有一些图书把十分精当的提示语放在封面中心位置，只要注意不使封面杂乱也是可以的。

提示语不同于内容提要，它更接近于广告词，所以在写作时一定要简短而生动，要有很强的概括力，又要有令人警醒的效果。确需反复揣摩，力求最佳。

《音乐家赵季平》的封底用了一句"才情性情亲情情满人生，作品艺品人品品型大众"来点题，突出了"三生有型"的主题。

（二）书脊设计

书脊，又称封脊，指封面与封底联结部位的地方。书籍的内文页形成一定厚度，经过装订后，便在书籍的订口部位形成了书脊。"书脊"是一个很容易被策划人和设计师忽略的地方。但是殊不知这个宽不过几十毫米，长约二三百毫米的方寸之间，却是图书在销售中十分重要的一个元素。

图书在书店最普遍的陈列形式是放在书架上的书脊展示。书脊的空间很少，却是在书店最多机会，最多时间展示给读者的一面，所以书脊可以说是图书的一张名片。在这张名片上如何最直接地让读者辨认，才是最大目的。书脊这个细节才是能看出策划人和设计师真正功夫的地方。

在书脊如此狭小的空间内，有书名、作者、出版社，还要有社标或品牌标识。在有限的空间内要显示太多的内容，自然会产生这样那样的问题。每个读者走过书架大都是一瞥而过，最多也就是停留几秒钟的时间。

先说文字，书脊上的文字包含了书名、作者、出版社。基本都在20个字上下，个别书名长的能到30～40字。如何能让读者一眼看清？一要用宋体、楷书等便于识读的字体；二要用加粗的字体；三要字体和底色有强烈的对比。读者是不会用时间去仔细辨认的，读者书脊内容宜简单直接。

"作家评论"丛书书影

在规划图书的封面设计方案时，大家往往会忽略书脊位置的效果。一些整体来看不错的色彩图形元素，在折成书脊后，效果则很不好。在图书封面设计时，一定要把打样后的封面折起套在书上来审视书脊的效果。书脊部分宁可单调也比让人眼花缭乱的要好。

设计图书品牌标示时，一定要多加考虑放置在书脊时效果。

陕西师范大学出版社出版的系列书"作家评论"，其书脊设计很有特点。

（三）封底设计

封底，又叫封四或底封，是书的最后一页，它与封面相连，除印有统一书号和定价、条形码外，在20世纪70年代，我国出版的图书封底大部分是没有设计的空白。现在图书装帧设计已经非常重视对封底的设计了，图书封底已经是图书策划人十分重视的图书宣传"阵地"。实践证明，封底的宣传效果比封二、封三都好。

封底是一个十分有用的空间，除责任人、装帧设计者、条形码、定价等标识性信息（这些往往也是规定内容）之外，其他诸如图书的内容简介、著作者的简介、封面要素的重复、营销宣传信息等均可以作为设计内容。如常见的广告宣传语、专家推荐意见、读者反馈意见等，对于图书导购都是非常有用的信息。

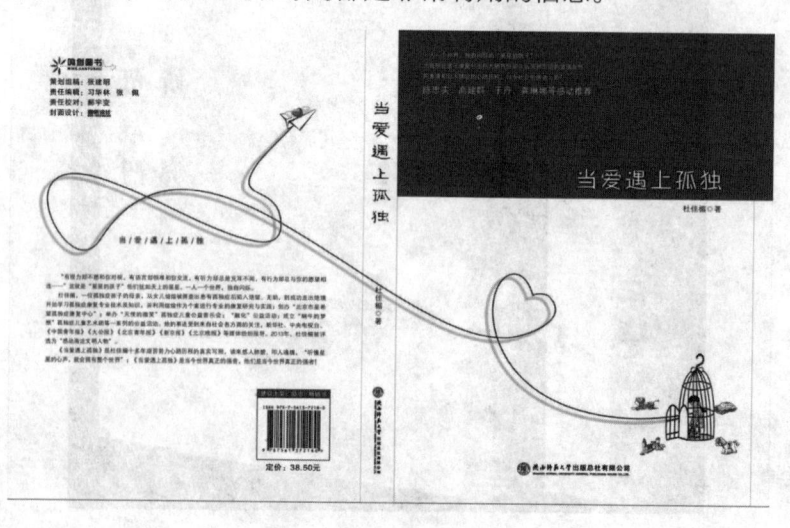

《当爱遇上孤独》封面样张

（四）勒口设计

勒口，也叫书舌。书籍勒口是平装书的封面前口边大于书芯前口边宽约 80～100mm，再将封面沿书芯前口切边向里折齐的一种装帧形式。

勒口，一是好看；二是封面不容易破损；三是一般在上面印上作者的照片和简介。

当前，常见的勒口设计方式是以放置"图书内容简介"和"作者介绍"为多，也有安排丛书策划方面信息、营销宣传联系信息、公众账号、微博、微信、QQ 号等内容的。

《罗布泊档案》的勒口设计

勒口作为书籍的重要组成部分，它并不是单纯地用来辅助和美化书籍封面。图书策划人和设计师同样需要深入地了解书籍的创作意图、风格和特色，感受书籍内容的情感与内涵，通过准确地拿捏把握书籍编写的意图，才能真正实现对其量身定做。

因此，在图书装帧设计中勒口不仅将书籍的封面、书脊、封底连贯起来，使书籍具有一个整体的视觉主线，还对书籍封面的主题内容与书籍整体设计的发展空间发挥重要的作用，使书籍恰到好处地从局部向整体发展，让人们对书籍的印象从原有的封面延伸至整本书。这种通过勒口贯穿书籍主线的设计既充满独特个性又富于变化，更重要的是促使读者不再忽视这块宝贵的方寸之地。

第三节　图书版式设计

策划设计人员应懂得用版面语言传情达意，在处理版面时注意合理运用包括各级标题层次、图文编排、色彩运用、装饰线条图案和艺术留白等在内的版面语言，为更好地表达图书内容服务。

一、版式风格

1. 古典版式设计

自五百多年前，德国人谷腾堡确定欧洲书籍艺术以来，至今处于主要地位的仍是古典版式设计。这是一种以订口为轴心，左右页对称的形式。内文版式有严格的限定，字距、行距有统一的尺寸标准，天头、地脚、内外白边均按照一定的比例关系组成一个保护性的框子。文字油墨深浅和嵌入版心内图片的黑白关系都有严格的对应标准。

《42 行圣经》版式
（设计 谷腾堡 德国）

古抄本的版式设计

2. 网格版式设计

网格设计产生于20世纪初，完善于20世纪50年代的瑞士。其风格特点是运用数学的比例关系，通过严格的计算把版心划分为无数统一尺寸的网格，也就是把版心的高和宽分为一栏、二栏、三栏以及更多的栏，由此规定了一定的标准尺寸，然后运用这个标准尺寸的控制，安排文字和图片，使版面取得有节奏的组合，产生优美的韵律关系，未印刷部分成为被印刷部分的背景。

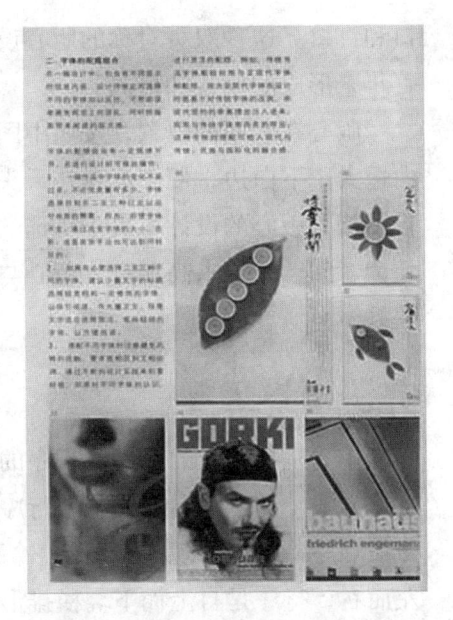

网格版式

3. 自由版式设计

自由版式的雏形源于未来主义运动，大部分未来主义平面作品都是由未来主义的艺术家或者诗人创作，他们主张作品的语言不受任何限制而随意组合，版面及版面的内容都应该无拘无束，自由编排。自由版式设计的特点主要是利用文学作基本材料组成视觉结构，强调韵律和视觉效果。

自由版式设计同样必须遵循设计规律，同时又可以产生绘画般的效果。根据版面的需要，某些文字能够融入画面而不考虑它的可读性，同时为了不削弱主题，重要的是按照不同的书籍内容赋予它合适的外观。

二、图书版式设计的基本程序

1. 版心

版心也称版口，指书籍翻开后两页成对的双页上容纳图文信息的面积。版心的四周留有一定的空白，上面叫作上白边，下面叫作下白边，靠近书口和订口的空白叫外白边和内白边。也依次称为天头、地脚、书口和订口。这种双页对称的版心设计我们称为古典版式设计，是书籍千百年来形成的模式和格局。

版心在版面的位置，按照中国直排书籍的传统方式是偏下方的，上白边大于下白边，便于读者在天头加注眉批。而现代书籍绝大部分是横排书籍，版心的设计取决于所选的书籍开本，要从书籍的性质出发，方便读者阅读，寻求高和宽、版心与边框、天地头和内外白边之间的比例关系。

2. 排式

排式是指正文的字序和行序的排列方式。我国传统的书籍大都采用直排方式，即字序自上而下，行序自右而左。这种形式是和汉字书写的习惯顺序一致的。现在出版的书籍，绝大多数采用横排。横排的字序自左而右，行序是自上而下。横排形式适宜于人类眼睛的生理结构，便于阅读。

字行的长度，也有一定的限制，一般在 80～105mm 之间。有较宽插图或表格的书籍，要求较宽的版心时，最好排成双栏或多栏。

排式样品

3. 确定字体

字体是书籍设计的最基本因素，它的目标是使文稿能够阅读，字形在阅读时往往不被注意，但它的美感不仅随着视线在字里行间里移

图书策划通论(宋体)
图书策划通论(仿宋)
图书策划通论(楷体)
图书策划通论(隶书)
图书策划通论(粗宋)
图书策划通论(长美黑)
图书策划通论(细等线)
图书策划通论(小标宋)
图书策划通论(粗圆)
图书策划通论(细圆)
图书策划通论(超粗黑)
图书策划通论(魏碑)
图书策划通论(大标宋)
图书策划通论(琥珀体)
图书策划通论(综艺简体)

同一字号的不同字体

动，还会产生直接的心理反应。因此，当版式的基本格式定下来以后，就必须确定字体和字号。常用设计字体有宋体、仿宋体、楷体、黑体、圆体、隶书、魏碑体、综艺体等。

宋体的特征是字形方正，结构严谨，笔画横细竖粗，在印刷字体中历史最长，用来排印书版，整齐均匀，阅读效果好，是一般书籍最常用的主要字体。

仿宋体是仿照宋版书的字体。其特征是字形略长，笔画粗细匀称，结构优美，适合排印诗集和短文，或用于序、跋、注释、图片说明和小标题等。由于它的笔画较细，阅读时间长了容易损耗目力，效果不如宋体，因此不宜排印长篇的书籍。

楷体的间架结构和运笔方法与手写楷书完全一致，由于笔画和间架不够整齐和规范，只适合排小学低年级的课本和儿童读物，一般的书不用它排正文，仅用于短文和分级的标题。

黑体的形态和宋体相反，横竖笔画粗细一致，虽不如宋体活泼，却因为结构紧密、庄重有力，常用于标题和重点文句。由于其色调过重，不宜排印正文。由黑体演变而来的圆黑体，具有笔画粗细一致的特征，只是把方头方角改成了圆头圆角，在结构上比黑体更显得饱满充实，各个字号都有相应的粗细之分，其细体也适用于排印某些出版物。

也有一些字体电脑字库里是没有的，需要直接借助电脑软件创制，还有些字体需要靠手绘创制出基本字形后，再通过扫描仪扫描在电脑软件中加工。

每本书不一定限用一种字体，但原则上以一种字体为主，他种字体为辅。在同一版面上通常只用二至三种字体，过多了就会使读者视觉感到杂乱，妨碍视力集中。

书籍正文用字的大小直接影响到版心的容字量。在字数不变时，字号的大小和页数的多少成正比。一些篇幅很多的廉价书或字典等工具书不允许出的很大很厚，可用较小的字体。相反，一些篇幅较少的书，如诗集等可用大一些的字体。一般书籍排印所使用的字体，9～11P的字体对成年人连续阅读最为适宜。8P字体使眼睛过早疲劳；但若用12P或更大的字号，按正常阅读距离，在一定视点下，能见到的字又较少了。

大量阅读小于 9P 字体会损伤眼睛，应避免用小号字排印长的文稿。儿童读物须用 36P 字体。小学生随着年龄的增长，课本所用字体逐渐由 16P 到 14P 或 12P。老年人的视力比较差，为了保护眼睛，也应使用较大的字体。

4. 字距和行距

字距指文字行中字与字之间的空白距离，行距指两行文字之间的空白距离。一般图书的字距大都为所用正文字的五分之一宽度，行距大都为所用正文字的二分之一高度，即占半个字空位。但无论何种书，行距要大于字距。

5. 确定版面率

版面率是指文字内容在版心中所占的比率。版面中文字内容多则版面率高，反之则低。从一定角度上讲，版面率反映着设计对象在价格方面的定位。在现实的设计过程中，要求设计者认真地对设计对象的内容、成本，以及开本的大小、设计风格等诸多因素进行全面考虑，从而最后确定设计稿的版面率。

6. 确定文字和插图的位置

版面的设计取决于所选的书籍开本，要从书籍的性质出发，寻求高与宽、版心与边框、天地头和内外白边之间的比例关系。还要从整体上考虑分配至各版面的文字和插图的比量。

三、版式设计的其他因素

版面设计中，除确定版面率，确定规范字体、字号的大小、字距及行距外，还会涉及下面几个因素。

1. 重点标志

正文中，一个名词、人名或地名；一个句子或一段文字等可以用各种方法加以突出使之醒目，引起读者注意。在外文中，排装正文的斜体是最有效和最美观的突出重点的方法。在中文中，一般用黑体、宋黑体、楷体、仿宋体及其他字体，以示区别于正文。

2. 段落区分

一般书籍的正文段落区分采用缩格的方法。每一段文字的起行留空，一般都占两个字的位置，也就是缩两格，但多栏排的书籍，每行字数不是很多时，起行也有只空一格的。

段落起行的处理是为了方便阅读，也有一些书从书籍的性质和内容出发，采用首写字加大、换色、变形等方法来处理。

3. 页码

页码用于计算书籍的页数，可以使整本书的前后次序不致混乱，是读者查检目录和作品布局所必不可少的。

多数图书的页码位置都放在版心的下面靠近书口的地方，与版心距离为一个正文字的高度。有将页码放在版心下面正中间的，也有放在上面、外侧的。排有页标题的书籍，页码可与页标题合排在一起。

也有一些图书，某页面为满版插图时，或在原定标页码部位被出血插图所占用时，应将页码改为暗码，即不注页码，但占相应页码数。还有一些图书，正文则从"3、5、7"等页码数开始，而前面扉页、序言页等并没排页码，这类未标页码的前几页码被称之为空页码（或暗码），也占相应页码数。但是，同类内容（如序、目录等）单独排列，总页码超过两页（含）的，必须独立编排页码。

页码字可与正文字同样大小，也可大于或小于正文字，有些图书页码还衬以装饰纹样、色块。页码的装饰和布局必须统一在整个版面的设计中，夸大它的重要性是不必要的。

4. 页眉（页标题）

页眉指设在书籍天头上比正文字略小的章节名或书名（一般情况下，双码页眉为书名，单码页眉为章节名）。页码往往排在页眉同一行的外侧，页眉下有时还加一条长直线，这条线被称为书眉线。页眉的文字可排在居中，也可排在两旁，通常放在版心的上面，也有放在地脚和切口处。

正文样张

5. 标题

书籍中的标题有繁有简，一般文学作品仅有章题；而学术性的著作则常常分部分篇，篇下面再分章、节、小节和其他小标题等，层次十分复杂。

为了在版面上准确表现各级标题之间的主次性，除了对各级标题的字号、字体予以变化外，版面空间的大小，装饰纹样的繁简，色彩的变换等都是可考虑的因素。重要篇章的标题必要时可从新的一页开始，排成占全页的篇章页。

标题的位置一般在版心三分之一到六分之一的上方。也有追求特殊效果把标题放在版心的下半部。应避免标题放在版心的最下边（俗称背题），尤其在单页码上，更要注意使标题不脱离正文。

副标题在正标题的下面，通常用比正标题小一些的另一种字体。

6. 插图

插图是书籍艺术中的一个重要部分，是对书籍内容的补充，要求其形式在书页版面上与文字相互协调，形成统一效果。插图可增强图书的趣味性，也可再现文字语言所表达的视觉形象，帮助读者理解内容。

（1）插图的类别。

书籍的插图大致分为文艺性插图和科技性插图。

文艺性插图，选择书中有典型意义的人物和场面，用形象描绘出来。这类插图不仅可以增加阅读的兴趣，并且能够以艺术的形象加强作品的感染力，给读者留下更深刻的印象。

科技性插图，插图大多用于科技读物及史地书籍，是为了帮助读者理解书的内容，以补充文字难于表达的部分。在表现手法上应力求清楚准确，能够说明问题。

（2）插图的配置。

插图的位置可以和文字在同一页也可以在文字对页或正文的后面，分别称为文间插图、单页插图和集合插图。

在双页上，插图与文字有各种组合形式：整页的、半页的、通栏的、双页的、出血的等。

整页的插图通常与版心的大小一致；半页的插图，它的宽度应与版心一致，高度可不同。

书籍插图的表现手法非常多，有手绘插图、木刻插图、铜刻插图、石印插图等。在设计风格上要和文字的形态、书籍的体裁相吻合，共同构成书籍的整体风格。

四、图书版式设计的基本原则

版式设计涉及的知识包括视觉艺术、审美习惯、阅读习惯。对于这样一个庞大的知识体系，很多经验不足者会无从下手。一般而言，图书版式设计有兼容性、适度性、宜读性、美观性四大原则。

1. 兼容性

在图书版式设计中，首要解决的问题是图书设计内容的兼容性，主要表现在两个方面：一方面是设计风格与图书内容的兼容性，即不同类型的图书在版式设计上要相应地遵循一定风格。例如，儿童图书在版式设计上要充分考虑儿童自身的性格特点，形式上活泼可爱，色彩上艳丽引人，开本也不拘于常规，还要考虑儿童阅读的接受能力和想象力的开发。另一方面是图书设计元素之间的兼容性，版面的均衡美是整个版面各版式构成元素之间关系的对立统一，利用各种反向力使版面达到互相呼应和协调的效果，让读者有一个愉快的视线落点。例如，图片安置对版面的平衡有举足轻重的作用，安置不当便会使整个版面失去平衡，当一个版面有两幅图时，按对角线排列可使整版上下左右保持平衡；若两图左右并排，则适宜中排，让图上下的文字尽量对称，否则会破坏平衡；三四幅图簇拥在一起，其空间距离不一，上下左右参差不齐，图旁串文长且多变，则是失败之举，使版面失去平衡的秩序感。因此，在版式设计中，均衡的形式结构主要是掌握重心呼应和合理自然的布局。均衡不是绝对的，版面上的动势和变化同样重要，这样才有味道，应该在此前提下求得平衡。

2. 适度性

图书版式设计作为图书出版的一个重要环节，必须充分考虑图书的市场成本和市场接受度，这就决定了图书版式设计方面需要遵循的第二个原则，即适度性原则。首先，从经济方面考量，图书出版的目的是要获得经济收益。如果产生过高的制作成本，不仅会导致出版社无法维持再生产，而且读者也会因为书价过高而放弃购买，最终会影响图书的销售效益和市场推广。因此，充分重视图书的成本核算，降低成本，提高质量，是解决这个矛盾的一个重要途径。恰当地设计版式是降低成本切实可行的办法。例如，选择合适的纸张材料；选择合适的图书开本；调整正文的排列格式，编排紧凑，配置适当，空白少。其次，在风格方面，版式设计在思想、政治格调方面都要符合国家相关法律政策的要求，有利于社会主义精神文明建设。

另外，字体、字号的大小也要根据读者群、内容、用途的不同灵活设置，这样才能与文字内容相得益彰。宋体端庄秀丽，笔画深浅适中，阅读舒适，用于正文和标题很适合；仿宋体秀丽挺拔，多用于简短的文字或说明性文字；黑体笔画粗重有力，透露出肃穆庄重的阳刚之美；楷体温润清爽，体现出阴柔之美。版式设计者应根据文字内容、用途以及读者对象选择相应的字体。

3. 宜读性

版式设计的目的是运用精心设计的版式，使图书思想内容更易于被读者理解和把握。因此，版式在进行开本、标题、插图、表格、辅文等方面设计时，都要以读者的阅读感受作为评价依据。

图书整体版式设计要合理，正确处理图文搭配、版心设计、字行间距等方面对阅读的影响，要以第一阅读者的姿态感受图书版式设计产生的不适之处。例如，目前电脑字库里的字体十分丰富，字的形态多样，字面着墨的轻重各有不同，可选择的范围很大，但不同字体都有其适用的范围，这是版式设计应掌握的原则。了解不同字体对版面轻重的影响，讲究印刷版面墨色轻重的视觉效果，能有效地提高图书版面的印刷品质。同时，人类的视野范围是有限的。科学家们发现，人类最佳阅读视野为8～10cm，所以图书图文的科学搭配对读者的阅读来说十分重要。通常平面上半部的图文，可以引起人们心理上的一种轻松、飘逸和自由自在的想象，越是向上看，这种感觉越强烈；平面下半部图文给人的感觉则完全相反，压抑、束缚、受限制，同时也会有实在、沉稳的感觉。类似的区别也存在于左、右两部分，图文偏向切口一侧可以感觉舒展和轻松，偏向钉口，则可能产生相反的效果，这也许是受到阅读时人眼从左到右移动这一自然条件反射的影响。平面上这种阅读感受的区别还告诉我们，图文偏向内侧，可以造成一种向心感，偏向两侧，则会形成一种离心的倾向感。设计时，应当合理地留出空白，使版面通透、开朗、跳跃、清新，给人以鲜亮、明快的美感，在视觉上给予读者轻快愉悦的感受。

4. 美观性

图书的美观性决定读者对图书的第一印象。

图书版式设计作为图书美观性的一个重要手段，在很大程度上决定了图书走向市场后的受众影响力和受欢迎程度。例如，在开本设计的尺寸方面，图书一般都是几何矩形图形，"黄金分割"是普遍认为最美的比例形式，而德国标准比例则是以正方形的对角线作为长边，以正方形的一边作为短边的矩形。这两种比例不但适合书籍的开本，也可作为图书版心插图、字组、色块的参考，市场上流行的开本大多都接近这两个比例。但是，人们对美的认识和要求是不断发展变化的。目前，正方形版面越来越多地被人们利用，它给人的感觉是朴素、客观，多被采用于竖和横的图片数量大致相等的图书画册。

一般来讲，1∶1.31的形式有着可靠、坚固、扎实的感觉；1∶1.5为最标准的比例形式；1∶2的比例则能表现出高雅、大方的风格。同时，在图书材质设计方面，尤其是精装的图书，在前后都要加上环衬，甚至在前环衬后面还要加上一两张空白页，这不仅有保护书的作用，而且也建立了一个空间过渡，在视觉上给人以明朗舒适感，使读者获得阅读前的宁静。大题目另起留下的题前空白可使阅读产生停顿和节奏感，给视觉一个缓解和过渡，可以减缓视力疲劳，使读者心理上得到暂时的平衡。

目前多数图书忽视了扉页和环衬的设计，一方面没有充分利用各种可能的地方进行版式设计，另一方面使封面到正文的过渡显得跳跃和突然，没有达到美学上和谐的要求。此外，对称也是实现美观性的一个重要设计原则，尤其是版面构图复杂、插图较多的书稿，用对称的手法处理效果更佳，或在一个版面内上下、左右、对角对称，或单、双、跨版面平行对称，或对角对称等。

兼容性、适度性、宜读性、美观性作为图书出版的基本原则，在具体实践过程中还应当结合行业经验和实际需要，不断深化业务知识、关注行业前沿。随着科学技术的进步，电脑的普及，各种软件的不断更新，图书版面设计将会产生更加深刻的变化。

第四节 图书设计中策划人的作用

好的图书设计必须从书的内在精神出发，形式要服从内容。要做好一本书的设计，首先就要了解这本书的内容和作者，抓住这本书的核心内容、特色以及读者对象，只有这样才能将书的"神"通过有形的设计方案表达给读者，使一本书达到神形兼备的内外统一。

一、图书策划人的设计策划作用

专业设计人员大多数时候只能看到一个书名或者简单的内容提要，只能根据这些提示性的信息来进行设计。

图书策划人员在进行策划时，首先要了解图书所反映的实质，并通过自己的阅读、理解，加深对所要装帧对象的认知，从而针对内容、性质、特点和读者对象做出正确的判断。通常情况下，图书策划人需要对图书的形态拟出方案，确定开本的尺寸大小、是否精装、用纸及印刷等问题。而设计策划人员的工作就是在既定的开本、材料和印刷工艺条件下，调动自己的设计才能，使艺术上的美学追求与图书"文化形态"的内蕴相呼应。

图书策划人应及时、准确地将书的主要功能、核心内容、写作风格及目标读者群等关键信息告知设计人员，并告知自己策划这本书的初衷。设计人员根据读者的层次、年龄、阅读习惯来制定版式设计的大致基调，并根据书的内容、功能分出设计的主次，对于一些方便阅读的功能性设计要素可以添加，对于一些装饰性的设计要素，在不影响阅读舒适度的前提下可酌情添加。

图书策划人还应向专业设计人员提出自己的设想和建议，因为专业设计人员对图书内容的了解不会超过图书策划人。只有把握了图书内容的基调，专业设计人员才有可能用构思、色彩去表现内容。对于图书策划人来说，不能对封面提出独到设想的，不能算是称职的策划人。图书策划人不仅要"编书",而且要"做书"。所谓"做书",就是策划人不但要策划选题,而且要策划书籍形态。图书策划人需要具备对书籍的装帧进行策划的才能——提出装帧的创意。

如果策划人能将对每一本书的所思所想与设计人员充分沟通,并和设计人员一起对设计方案进行不断完善和改进,充分发挥策划、指导作用,一定会使每本书的外在与内容更加相符和契合,更能充分地体现自身魅力和特色,也使读者从中获得宝贵知识财富的同时,得到便捷、愉悦、舒适的阅读享受。

二、图书策划人的设计策划素质

图书策划人与专业设计人员身处两个不同的专业领域,工作重点不同,图书策划人不可能代替装帧设计者或专业设计人员工作。但如果图书策划人一点不懂图书装帧知识,就很难与专业设计人员者沟通交流,对专业设计人员提供选择的方案,常因缺乏鉴赏能力而看不出创意高下,结果会弃优选差。

图书策划人应具备装帧设计方面的基本素养,掌握图书装帧设计的基本理论及相关知识,懂得装帧设计的概念,了解确定开本以及挑选内页、封面所用装帧材料的方法和原则,懂得图书的装订样式及图书的制作、印刷工艺,并能根据书稿内容确定图书装帧的档次,在保证装帧效果的前提下,讲求成本核算,力求花钱少而效果好。同时,策划人还要具备一定的艺术修养和审美能力。策划人要在选题策划阶段就初步形成装帧设计的思路,并随着对选题内涵的理解和思考的深入而不断完善。图书策划人审阅装帧设计方案,最重要的是要把握好装帧设计方案的总体方向,确定整体格调,而对于设计的细部和枝节,则不必处处关心。

图书策划人审阅装帧设计样稿时,难免会与专业设计人员意见不一致而产生矛盾。譬如,图书策划人对颜色、图案等枝节问题提出的一些修改意见,专业设计人员往往难以接受,甚至图书策划人提出要删去或改动的部分,专业设计人员往往认为是整个设计中的精华部分。在这种情况下,图书策划人首先要反省自己的意见提得是否在行,还要注意自己提问题的方式方法,要善于与专业设计人员沟通交流，既要明确表达自己的观点，也要善于表达自己的观点，在具体表达形式和方法等方面尽量尊重专业设计人员。如果图书策划人对图书装帧设计艺术比较熟悉，就容易领会和理解设计意图，提出切中要害的修改建议。专业设计人员如果具有较高的文化底蕴和学识修养，就能更好地理解图书内容，领会设计思想，提出的设计方案就会与图书策划人对装帧设计的想法更接近。

图书装帧艺术同样要靠装帧材料、印刷工艺来创造图书的美。图书的用纸越来越考究，印制愈加精美，常采用一些特殊的材料与考究的工艺。但是新材料、新工艺的使用常与降低图书成本相矛盾。策划人在审阅装帧设计方案时，要为图书装帧的档次定位，对材料与工艺的选择，要与图书市场定位一致。在与图书定位相对应的范围内，选择最适宜的材料，采用最先进的印刷工艺，从而做出最富吸引力的好书。

第七章　图书制作策划

本章所述图书制作专指图书的印刷、包装等方面的工作。一般来说，图书的印刷、包装属于印装厂的工作，与图书策划人的关系已经不是很大，但这毕竟是图书生命周期十分重要的环节，从图书策划人的责任来说，这个环节必须给予关注。

第一节　图书制作策划概说

作为图书策划人，重视图书制作的策划、关注图书制作过程是责任使然，责无旁贷。

一、图书制作需要策划

图书选题策划得以落实，制作是关键的一步。

制作是对前期策划的实施，如何完美地呈现前期策划的思想，锦上添花，需要在选题变成真正的出版物之前做认真细致的工作。

出版物是内容和形式高度统一的整体，好的内容需要好的形式来彰显。图书品质的彰显涉及材质、制作工艺、加工设备以及印制各环节技术人才的支持。

材料选择既要考虑装帧效果，还要考虑成本和生产技术。对于一般的消费类图书，内文用纸可以考虑书写纸、环保纸等，只要满足阅读需求就可以，没有长期保存（收藏）的必要；相反，对于既有阅读需求，又有长期保存要求的出版物，就需要考虑纸张的厚度、品质等，这些因素的体现需要策划。

对图书品质的要求，除了内容质量之外，印装质量也是一个十分重要的因素。影响印装质量的因素除了设备、材料质量之外，印装企业的技术力量也是一个不可忽视的因素。这些因素需要策划人了然于心。

图书能否获得预期效益，与产品的上市时机关系密切。承制企业能否保质、保量地如期生产出图书，同样需要图书策划人未雨绸缪。

图书制作策划一般包括材质选择、成本控制、印装企业选择等环节。

制作需要策划，必须策划，这是图书策划不可或缺的环节。

二、制作策划在图书出版中的作用

世间任何事物的存在都有形式和内容两个部分。不同的内容需要由不同的形式来反映，而特定的形式又反映了不一样的内容，形式与内容是相互依存的关系。虽然内容决定一切，但形式是其存在的方式，不能想象没有形式的内容的存在。此外，按照辩证法的理论，矛盾双方在一定条件下可以互相转化。有时形式的重要性是决定性的，成语里有"以貌取人""人不可貌相、海水不可斗量""买椟还珠""人靠衣裳马靠鞍""女为悦己者容"等，都从不同方面和角度说明了形式的重要意义。

1. 内容与形式同样重要

就图书而言，图书的内容质量具有决定意义，读者到书店买书，看中的是图书的内容，希望从中吸收有益的东西，很少有读者仅仅是冲着图书的形式或者精美的包装去购书。然而，强调图书内容的重要，不等于形式可有可无。图书的形式同样重要，而且日益重要。之所以这样说，原因有二：一是图书市场竞争的结果；二是电脑技术的发达与普及，使得图书形式新潮而完美，许多图书的形式漂亮得让我们爱不释手。图书外观形式从来没有像现在这样显得更为重要。出版图书是为了销售，从读者购买心理来分析，读者购买图书除了有准备专为一本书而去书店（包括实体店和网店）外，其他情况下，读者绝对不会等看完某一本书后才购买。在书店琳琅满目的图书中，最有希望被读者选中并且购买的一定是图书装帧有创意、吸引人的图书。在这种情况下，形式的重要性可能超过了图书的内容；或者说，形式是内容实现的前提条件。

2. 图书制作策划不可忽视

从对图书形式的研究上也可以看出图书制作策划的重要性。

图书的制作策划就是解决"感觉"的问题。美国出版人贝利指出，按常规设计一本易读的书是容易的，但是要设计出一本美观悦目的书却必须付出不少心血。

有一个不争的事实是，同样的图书内容，封面设计不同，其销量也不同。

概括说来，图书的制作策划在图书出版中的作用有以下四点：

一是，制作虽属于图书的存在形式，但与图书内容有着同样重要的作用，有时比内容还重要；

二是，在电脑技术广泛应用的今天，制作策划比以往任何时候都显示出在营销方面不可忽视的重要意义；

三是，随着印装进入工艺时代，制作策划会使图书从内容到形式上更接近完美；

四是，图书制作策划可以很好地解决图书形式的问题。

3. 重视新技术新工艺的应用

传统的图书封面装帧，无论是精装、平装、平背装、圆背装，还是加勒口、加封套，无论是高档还是低档，基本上都采用上光、覆膜等表面整饰技术。在封面文字和图案的设计和处理上，也主要是采用彩印、烫印、印金加压凸等工艺。近年来，随着物质和文化生活水平的提高，人们对图书装帧质量和式样的要求也越来越高，如何探索新的工艺路子，改变图书的装帧模式以满足不同群体的不同文化需求，无疑是图书策划人、出版社、书刊印刷企业应认真考虑和突破的问题。

为此，图书策划人应立足书刊印刷市场，勇于创新，大胆探索，卓有成效地推动新技术、新工艺在图书封面装帧方面的应用。

比如：

（1）采用特种印制工艺，增加封面色彩变化。

在封面的创意设计上，可以尝试使用有特色的印制技术。如在对某些青少年读物封面的设计中，可采用在亚光膜上进行局部UV上光、网印七彩水晶及磨砂特种油墨等工艺，以增加封面的立体感，赋予图文晶莹剔透的效果，突出封面活泼、阳光的风格。在封面上采用特色装帧技术，可提高图书的观赏价值。

（2）利用激光镂空雕刻新技术，提升图书装帧品位。

目前，要突破以往图书封面图案和文字只能靠印刷才能复制图文的传统方式，对一些新工艺、新技术进行探索和研究。如用激光镂空雕刻的方法代替印刷，在封面上产生无油墨的图文效果，以增加图文的立体感，提升封面档次。同时，采用一些不同的材料和工艺进行科学的组合，用更多新颖的创意与全新的工艺技术完美组合，全面提高图书封面的档次和装帧品质，以求达到让人心动、让人喜爱看的目的。

近几年，随着科学技术的进步，印制技术发展很快，印制包装进入了工艺时代，如今的图书，从封面设计到图书开本，再到书内色调、纸张、排版，样样设计考究、独具匠心，装帧的格调已逐渐与内容的重要性并行。

从图书封面上看，UV技术、布纹装饰已普遍使用。从开本上看，已经大大突破了原来常用的32开和16开，出现了不规则的32开和16开，以及20开、24开、40开等。

图书制作策划是图书整体策划的重要环节，图书策划人要积极主动地参与图书制作策划，并将自己的关注点和注意力延伸到图书制作的整个过程，力争使图书策划的每一个环节都能够不折不扣地贯彻图书策划的精神，保证图书顺利上市。

三、纸张类型及图书材质

材质是影响图书整体品质的重要因素，要注重设计要求和整体协调，不能为用材而选材。

根据图书的风格、档次和内容的不同，对其印刷纸张也提出了不同的要求，它们都属于书籍制作策划的范畴。图书材质的选用主要考虑出版物的使用特性和成本需求。

品质要求高的图书，材质相对讲究，因而成本也高。

图书材质选择根据装帧设计要求，一般有内文用纸、封面用纸、环衬用纸、封套及其他包装用材等。

市场上常用的书籍装帧设计的纸张一共有七种。

1. 胶版印刷纸

胶版印刷纸（或者说是双面胶版印刷纸）主要用于书刊封面，高档图书、期刊、一般画册的正文以及中档商标、宣传资料的印刷，有A、B、C三个等级，其中A、B级适用于高速轮转胶印机。胶版印刷纸分为卷筒纸和平板纸。卷筒纸的宽度通常为880mm、850mm、787mm。平板纸的规格通常为880mm×1230mm、850mm×1168mm、787mm×1092mm，也可以根据使用单位的需要改为其他规格。

2. 胶版印刷涂布纸

胶版印刷涂布纸又称"铜版纸"，主要用于画册、美术印刷品、挂历、细网点印刷品、精制印刷品等的印刷，有A、B、C三个等级。胶版印刷涂布纸为平板纸，规格通常为880mm×1230mm、787mm×1092mm。

3. 胶印书刊纸

胶印书刊纸主要用于一般图书、期刊的正文印刷，有A、B、C三个等级。胶印书刊纸分为卷筒纸和平板纸。卷筒纸的宽度通常为880mm、850mm、787mm。平板纸的规格通常为880mm×1230mm、850mm×1168mm、787mm×1092mm。

4. 中小学教科书用纸

中小学教科书用纸主要用于中小学教科书的印刷，有B、C、D三个等级。中小学教科书用纸分为卷筒纸和平板纸。卷筒纸的宽度通常为880mm。平板纸的规格通常为880mm×1230mm。

5. 新闻纸

新闻纸主要用于报纸、一些售价较低廉的书刊和商品宣传资料的印刷，有A、B、C、D四个等级，其中A、B级适用于高速轮转胶印机。新闻纸分为卷筒纸和平板纸。卷筒纸的宽度有1575mm、1562mm、787mm、781mm四种规格。平板纸规格为787mm×1092mm、781mm×1092mm。

6. 单面胶版印刷纸

单面胶版印刷纸主要用于彩色宣传画、挂图等的印刷，有A、B、C三个等级。单面胶版印刷纸一般为平板纸，按订货合同要求也可以生产卷筒纸。平板纸的常用规格为880mm×1230mm、787mm×1092mm。

7. 字典纸

字典纸主要用于字典、词典、百科全书等辞书以及科技资料、袖珍手册或者其他工具书的印刷，有A、B、C三个等级。字典纸主要为卷筒纸，也可生产平板纸。卷筒纸的宽度通常为880mm、787mm。平板纸的规格通常为880mm×1230mm、787mm×1092mm。

当然，根据使用者的特殊要求，书籍的纸张种类还可以根据特殊要求订制。

第二节　制作成本的控制

作为图书定价主要组成部分的图书成本，其高低在很大程度上决定着图书利润的变动，图书定价的高低直接决定着图书的生命力。随着多品种、小印数的图书成为图书出版的主流，图书出版成本越来越高，成本控制工作日趋复杂化、具体化。这就要求图书策划人必须加强图书成本意识，提高成本控制的水平，大处着眼，小处下手，从各个环节有效地控制成本，以降低成本，提升图书的市场竞争力，达到两个效益的双丰收。正如理查德·察金（Richard Charkin，麦克米伦出版公司首席执行官兼英国出版商协会主席）所说："成本掌控是最有效的出版。"

一、精心策划，做好成本预算

图书策划不仅要研究选题的价值、出版时机、初版印数、营销方式，还要考虑稿酬成本、制作成本和营销成本。因此，成本控制始于选题策划。只有准确地预算出选题从市场调研开始到最终成书达到销售所必须支出的所有成本，才能推导出定价，预测盈亏情况，才能对选题策划实施的全过程进行严格的成本控制，使选题的最佳效益得以实现。

在图书编、印、发整个流程所产生的全部成本中，印装成本、纸张成本和营销成本占有很大比重，仅纸张成本一项往往就达到整个成本的40%～50%。因此，如何降低印装成本、纸张成本和营销成本，成为图书成本控制的重中之重。

对印装成本和纸张成本的控制，除了采取合理确定印装工艺、合理使用纸张等措施外，关键是降低印装工价及纸张采购价。图书策划人有责任和义务积极地督促出版部门采取必要的措施来降低印装工价及纸张采购价。笔者以为，降低印装工价及纸张采购价最有效的途径是实行招标，招标可以是阶段性的也可以是项目性的。

随着图书营销力度不断加强，图书营销成本比重上升，成为与生产成本并重的又一重要成本支出。有些重点书的营销费用，甚至远远大于它的生产费用。因此，营销成本控制势必成为图书策划人进行图书成本控制的又一重点。然而，营销没有固定的模式，又是一项伴随图书由选题、编辑、出版到发行、销售全过程的系统工程，所以策划人对营销成本的控制体现在营销活动的各个环节中。只要绷紧"成本控制"这根弦，无论是营销策划方案的设计，还是图书市场调查、营销渠道管理、强化图书征订以及网络营销、主题营销等，都有成本控制的文章可做。总之，要以最经济的方式达到最理想的效果。

考虑成本的策划环节有以下几点。

1. 图书开本的选择

尽量选择正常的开本，少采用异型开本。正常开本即我们常说的16K、32K、大16K、大32K等，这些开本均以目前常用的纸张规格为基础，能够最大限度地利用纸张，便于印刷和装订，相应的成本也较低。同时，封面的开本选择也应考虑纸张的利用。正常情况下，一本正度32K的图书，如果书脊较薄，封面可用正度16K；如果设计满版底色，因印刷时无法借用空白版面作为印版咬口（咬口一般为1厘米左右），就必须采用大度的纸张，从而增加封面用纸及印刷成本。如果图书设计勒口，勒口宽窄应精心计算，大1厘米可能使原来用正度8K纸的就要采用正度6K甚至大度6K，导致封面用纸及印刷成本增加。

以普通32开本、字数为22万、黑白印刷5000册、正文用纸为普通70克双胶纸的图书印装为例。用正度纸张（787×1092），通常排版每面26行、每行26字，版面字数为676字，需10印张；而用大度纸张（889×1194），通常每面32行、每行30字，版面字数为7印张。以2015年7月市场行情测算，大度开本较正度开本，菲林费用节省280元，印刷费用节省720元，装订费用节省780元，纸张费用节省2600元，总费用可节省4380元。

2. 版心设计时增加版面排版字数

对于一些图书，在设计美观的前提下，增加页面排版字数，则相应的印张数会减少，出片费用、印订费用、纸张费用也会减少。

（1）增加行数和每行字数。

如按常规，正度16开一般采用每页38行、每行39字的排版方式，版面字数为1482字，但若采用每面39行、每行40字进行排版，版面字数增加至1560字。一本50万字的图书，粗略计算，前者排版336面（21印张），后者为320面（20印张）。如正文用70克胶版纸，印数为5000册，同样以2015年7月市场行情测算，则菲林费用节省64元，印订费用节省1000元，纸张费用节省1200元，总费用节省2264元。

（2）改换字体。

如果是科技类图书，读者年龄相对较轻，则正文字号可用9P

（16开可排双栏）代替10.5P。如正度32开，常规10P字排版，每面27行、每行26字，版面字数702字；而用9P字，每面32行、每行32字，版面字数增加至1024字。一本50万字的图书，前者排版712面（22.25印张），后者排版488面（15.25印张）。如正文用70克胶版纸，印数为5000册，以2015年7月市场行情测算，则菲林费用节省640元，印刷费用节省2400元，装订费用节省2600元，纸张费用节省8670元，总费用节省14310元。

（3）合理设计，四色变双色。

有些图书由于内容需要，放置了一些四色图片，往往会要求全书均四色套印，但通过阅览稿件，发现图片比较集中在某些章节，因此整体可采用双色设计，含四色图片部分印张再用四色印刷，版面美观，不减阅读愉悦感。如一本正度16开图书，采用70克胶版纸，全书22印张，其中7印张四色印刷，15印张双色印刷，印数5000册，较全书采用四色印刷，以2015年7月市场行情测算，排版、菲林费用节省1920元，印刷费用节省10800元，纸张费因伸放亦有节省。

3. 图稿的再利用

现在很多图书的图稿已采用电脑制作，手绘图稿通过扫描也可转化为电子文件。图书策划人可将这些电子文件进行妥善保存以便于再利用，从而减少组图稿的成本。

4. 装帧设计材料的选择

要谨慎使用进口和特种装帧材料及纸张。目前市场上进口特种装帧材料及纸张比较昂贵，以正度纸张为例，一般每张为8～15元；国产的特种纸，一张也在5～8元之间。而250G铜版纸一张的价格不过2元左右，同样一个12K的封面，纸张成本就相差0.5元甚至1元。如果用250G铜版纸覆膜再加上局部UV，一个封面只不过再增加0.25元的成本，效果却可能更好。

5. 基于装订的考虑

（1）装订方法的选择。

如一本正度32开图书，5印张，若用2mm荷兰板纸面精装，覆光膜，印数为4500册，以2015年7月市场行情测算，则封面印制、覆膜费、糊壳22500元，装订费3600元。而如果采用250克铜版纸平装、覆光膜，仍以2015年7月市场行情测算，则封面印制、覆膜费1400元，装订费1500元，合计节约费用23200元。也可用法式精装代替纸面精装，达到相似效果，费用亦有所节省。

（2）是否塑封。

有些图书比较厚重，装帧设计考究，价格较高，还会附些光盘，这时建议将图书塑封。虽然不少业内人士反对塑封图书，担心影响读者的取阅率，也会增加成本（每册0.15～0.2元），但如果考虑储运环节，没有塑封的图书，浅色封面上污迹斑斑、平装和法式精装书封面折痕、书顶灰迹、原有光盘丢失现象非常普遍，最终命运是化纸浆；但对图书进行塑封，未拆封即退回的图书（如这些书又是长销书）则可再次发货实现销售，这从另一方面也节约了成本。

6. 纸张的选用

（1）轻涂纸代替铜版纸。

对于专著，国外多采用低克重的铜版纸印制，按需印刷，以成本定价，因此价格昂贵。但国内读者对图书价格颇为敏感，80克铜版纸价格又高，因此对图片印制质量要求不太高的图书，可采用轻涂纸，在纸张价格和印制价格方面均比铜版纸便宜近20%，装订价格更节省近50%，其色彩饱和度、细腻度、还原力非常接近于铜版纸，唯纸张质感偏软。

（2）采用小全张轻型纸。

近两年小全张轻型纸已为国内众多出版社的大众、教辅类图书所采用。小全张纸能直接在小全张印刷机上印刷，印刷费用、装订费用、纸张伸放均会减少，尤其四色印刷图书的成本减少更多，且其成品尺寸较常规开本更为时尚。轻型纸比较环保，可减少阅读时眼睛的疲劳感，其松厚度较胶版纸较高，同样纸张克重和印张的图书，用轻型纸比胶版纸书籍要增厚一些，手感重量会轻些。小全张轻型纸最大优点在于大幅降低了单印张成本，同样印张的图书，定价亦大幅降低，更具市场竞争力。

7. 封面勒口、腰带

图书宣传对于图书销售的重要性不言而喻，除了利用媒体外，图书本身也应充分利用，比如勒口、腰带、书签。有些策划人认为加勒口或腰带费钱，也有些策划人在设计腰带、书签时与封面分开制作。遇有此类想法，不妨事先请封面设计人员算一算，因为有时封面拼版后仍有大量白边可用，不用也将被白白裁掉。

二、制作成本的控制

图书出版的各个环节都有成本产生，也都有成本可控制。策划人要善于从工作细节上发现图书成本支出中的漏洞，杜绝不必要的浪费，降低必要的支出。仅以图书印制方面的成本控制来说，策划人就可以从以下几个细节上降低成本。

1. 根据版式设计难易程度选择内文排版单位

图书版式设计如果每码都有设计的成分，也就是说每码都需设计不同的版式，那就只能交由工作室、设计公司或专业人士去做，以确保图书的制作效果。但如果一本书从头到尾只需套用一个或几个不同的版式，每码再加上一个或几个插图的话，交由印刷厂排版就合算得多。印刷厂的设计人员基本能够胜任简单的版面设计工作。在价格上，目前工作室每码（16K）的制作价格大多在30～50元之间，个别名气较大的甚至达到80～100元，而印刷厂的价格低得多，一般在5～8元左右。

2. 确定印张，单片拼大版

一本图书的印张以整数最佳，如5个印张、6个印张，达到5.5印张或6.5印张亦可。但印张突破整数，如5.625印张、6.75印张、6.875印张，就会增大拼拷、上版及用材的费用，装订也不方便，从而增加印制成本。

目前，不论彩色还是黑白图书，一般会交由排版公司负责按印制要求直接拼成大版出片，提高了套色的精度，也节省了不小的费用。如原来单片进厂拼成大版，每印张收取拼版费20元、拼版片基费14.4元、晒蓝图24元（不含税），拼成可上机印刷的大片后这些费用均可免除，即一本20印张的图书，可节省费用1370元。

当然，策划人在组稿时多花些时间与作者沟通以提高成稿质量，在审稿、编辑加工过程中提高编校质量，直接在计算机上加工稿件并附盘发稿，预先确认版式，在校样阶段尽量少改动、少统版，这些措施更可大幅度地降低成本。

3. 图书开印数的确定

图书印刷工价确定有一个起印数的概念。也就是说，工厂在结算时并非都是按实际印数进行结算，有一个不足起印数按起印数计算的规定。起印数一般是5000册。因此，一本书印100册和印5000册，它的印刷及装订成本基本一样，不同的只是纸张成本。所以，策划人在考虑开印数的时候，能印5000册的尽量按5000册开印，而不要先印3000册或2000册，因为这样单位成本会增加很多。需要说明的是，随着按需印刷技术的成熟，1000册以下少量快速的图书印制，快印业务是首选。

4. 套书封面能拼印的尽量拼印

例如，4本一套封面为8K的图书，可以4个封面拼印（印刷机一般为对开），6本一套封面为12K的图书，可6本一起拼印，这样比每本单独印要节省许多上版及印刷费用。套书的内封、彩色插页等，根据规格尺寸、色别，均可通过合理安排做到拼印。

（1）多个封面拼版。

对于正度32开平装书，其封面一般采用大四开四联的方式出菲林印刷。如封面用纸为200克铜版纸，覆光膜，印数为3500册时，则单本书封面菲林、印刷、纸张、覆膜的费用为1300元，如有四本以上的成套图书，则可将四本书封面拼成大四开印刷，四本书封面总费用为3000元，比4本书封面分别印刷节约成本2200元。如以后遇有单一品种重印，可另行出片，费用不足200元。整套图书封面同色，拼版印刷还可保证整套书封面颜色一致、无偏差。

（2）四色图书零版凑整。

工作中经常会遇到彩印图书零版，如一本大度32开图书，444面（13.875印张），正文用80克铜版纸，四色印刷，印数为6000册，印刷费用为36800元。因存在零版，建议凑成整印张，即在书前后各增加1页白纸变成448面（14印张），虽然装订、纸张费用增加了180元，但印刷费用却减少至33700元，总费用减少了2920元。当然，印数比较大，增加的纸张、装订费用会较多，则需重新计算其适用性。

5. 内文出片能用硫酸纸的尽量用硫酸纸，不用菲林

根据图书的重要性、图书内文的情况（比如内文主要为文字和简单图形）、图书的印数（30000册以内）等，可以用硫酸纸来晒版的，尽量用硫酸纸。比如开本为16K的图书，内文用菲林输出，一码价格在5元左右，而用硫酸纸，一码只需2元左右，这样一本书也能节省一笔不小的支出。

随着科技的进步，新的印刷技术也已经成熟，策划人可根据图书印制数量综合考量，采取不同工艺制作。比如，CTP印刷是一项新技术，其优点在于不用出菲林，节省了菲林费用（排版费用会有适当增加），差错处修改较方便，但每次印刷均需支付版材费，建议仅需印刷一次的图书，无论量大量小都应该是首先考虑CTP印刷技术。

三、综合考量，选择确定印装企业

我国目前的出版行业，图书印装多选择委托加工的方式完成。大部分出版企业的印装委托加工工作是由企业内部专门的机构，如印务中心、出版科或者印务科之类的机构来完成。

专门机构来负责并不是策划人就可以甩手不管，实践经验告诉我们，图书策划人是否参与承印企业的选择与确定，对图书的印装质量、图书交付时间以及成本控制关系重大。

图书策划人应该争取参与并选择确定图书加工责任方，必要时应该进行实地考察，这也是策划人义不容辞的责任。

随着我国科学技术的迅猛发展，我国印刷业也实现了由铅排、铅印到照排、胶印的历史性跨越，生产技术显著提高，印刷能力显著增强，印刷企业急剧增加，图书排版难、印刷难的问题得到了彻底解决。印刷业进入买方市场，各个出版社为了保证自己的产品质量和周期，选择印刷厂已是不可避免。选择印刷厂可以从以下五方面考虑。

1. 选择装备先进的印刷企业

实践证明，先进的技术装备是印刷厂提高产品质量和劳动效率不可缺少的物质条件。随着书刊印刷业对质量标准的高要求，印刷质量对技术装备的依赖性更强。多年困扰印刷企业的一些质量问题，如墨色不匀、彩色套印不准、折页误差、侧胶、空胶、裁切歪斜、飘口超标等，这些技术问题只有依靠先进设备才能真正有效地得到解决。设备越先进，质量安全保障系数就越高。

2. 选择印装质量稳定的印刷企业

产品的质量是一个企业的生命。仅有先进的生产设备，没有一个稳定的质量安全保障体系并不能保证产品质量。印刷厂之所以引进大量的先进设备，除了提高生产力外，就是要使产品质量长期保持较高水平。出版社希望与自己合作的印刷厂有一个健全的质量保障体系、长期稳定的产品质量以及一丝不苟的认真精神，将出版社安排的每一种图书当作精品去制作。印刷厂只有这样做才能得到出版社的认可和赏识，才能吸引大量的印刷业务。

3. 选择管理规范的印刷企业

管理出效益，管理出精品。只有管理好的印刷企业才能在市场竞争中立于不败之地。管理的目的是使企业在更短的时间内，用更经济的劳动力成本生产出更多的产品，减少浪费，提高客户满意度。内部管理好的印刷企业，各项工作都安排得井然有序，产品的质量稳定，周期也能得到保证。出版社将任务安排到这样的企业也很放心。

4. 选择诚信好的印刷企业

诚信是金，企业要在市场中获得优势，形成有效竞争力，诚信是最基本的商业道德标准和根本的行为准则。讲诚信就是全面履行自己的责任。只有诚信，才能取得最起码的竞争力并最终获得市场。出版社希望印刷厂接任务要实事求是，不能做的图书不要接，技术水平达不到的就不要接高档次书，周期转不过来就不要硬抢书稿。印刷厂一旦做出承诺，即使有再大的困难也要克服，保证按时保质出书。良好的信誉一定会给客户一个良好的印象和口碑，也会给印刷企业带来较多的业务。

出版社每年应对印刷厂进行质量、周期、服务等方面的综合评比，对印刷企业进行动态质量跟踪管理，以便及时掌握印刷企业的各种变化情况，做到随机应变、实时更新。

第三节 图书出版技术的变革

图书的内容与形式是不可分割的，并且相辅相成；图书的出版编辑加工与图书的印刷、装订也是分不开的，只要还有物理形态的图书，就离不开印刷及印后的装订与整饰。所以从古至今，出版业与印刷业从来都是相互促进，荣辱与共。出版业与印刷业同是出版产业链中不可或缺的环节，所以，只要有纸质图书的出版，两个行业就要相互多交流和沟通，以利于共同发展。

一、图书出版技术的专业性及其特性

在一个出版单位，对一部经过三审后发稿的书稿，做出一定样式的出版物的种种技术规定，是出版专业技术人员的任务。其内涵至少包括以下四个方面。

1. 开本决定版式和整体设计

图书的整体设计，包括图书外部装帧设计和内文版式设计。图书

外部装帧设计，由图书策划人、专业设计人员或出版社的美术编辑共同完成；图书内文版式设计，由图书策划人与专业设计人员或出版社的美术编辑或出版专业技术人员（技术设计员或技术编辑）承担。但图书装帧设计中的技术问题（如书脊厚度，封面、书壳、护封、主书名页等结构部件的配套等），则需由出版专业技术人员进行技术整合。

2. 设计要求决定制版、印刷、装订的工艺设计

工艺设计，是图书整体设计向生产复制转化的重要环节。制版工艺设计，包括工艺选择、技术要求、拼版方案等；印刷工艺设计，包括用纸选择、印张大小、质量要求等；装订工艺设计，包括材料选择、装订方式、技术要求等。

3. 经营要求决定图书生产成本

图书出版工作既有其文化性，又有其经济性的特性，这也决定了图书生产必须进行必要的投入产出核算。图书策划人员应该全面了解图书生产从稿酬到管理费用的全部成本"投入"，而核算图书生产"投入"（成本）和"产出"（定价），是出版专业技术人员的一项重要专业工作，图书策划人员要注意向他们学习这方面的知识。另外，当前，很多出版企业都实行了出版业务的 ERP，这种系统本身就已经设计有成本测算的功能，图书策划人员应加强学习，积极实践。

4. 施工要求是图书印装制作的依据

图书印装制作管理，是图书整体设计和工艺设计的延续。无论是图书整体设计，还是图书印装工艺设计，在实施过程中，都会有因设计方案与实施条件的差距而做出的必要调整。图书策划人员像出版专业技术人员一样，既是图书整体设计者，又是生产工艺设计者，因此，对图书印装制作实施跟踪管理，实际上就是对设计方案的实施进行全过程的跟踪。

出版专业技术具有明显的"中介性"，与编辑专业技术紧密联系，是编辑专业技术的延续（如在版式设计中，对书稿结构的检

查、与文字相关的图表位置设计等）；另一方面，又表现为与印装制作技术紧密联系，甚至可以视为是印装制作技术的前奏（如在图书制作中的"印前"这一概念，实际上是"设计"与"版面制作"的渗透与融合）。

出版专业技术的"运用性"特性，充分体现在图书整体设计和工艺设计中。图书整体设计，必须运用书籍装帧设计技术；制版工艺设计，显然是对制版技术的运用；印刷工艺设计，自然是对印刷技术的运用；装订工艺设计，则是对装订技术的运用。正是在这一特定意义上，可以把出版专业技术称之为"运用技术的技术"。

二、图书印装技术变化趋势

通过对各种获奖图书的研读，可见出版业越来越重视图书整体形态的塑造，使书籍设计形成有规矩的构成格式、有动感的视觉旋律、有传达内涵的色彩配置，再加上个性化的纸材运用、毫厘不差的印刷装订工艺，以达到书籍美学与内容信息传达功能完美融合的目的，构筑感动读者的桥梁。目前在纸材运用、印刷装订工艺方面，书籍的变化趋势归纳起来大致有以下几点。

1. 书芯纸张定量增大

前几年图书书芯用纸多为 $52g/m^2$ 的书写纸或 $60g/m^2$ 的胶版纸；图文并茂的图书、期刊或画报使用 $105g/m^2$ 的铜版纸。而近两年的图书印制除了继续采用质量较好的胶版纸、铜版纸以外，还大量使用 $70\sim90g/m^2$ 的蒙肯纸、轻型纸、纯质纸、牛皮纸、UPM 的低定量优光纸、雅光纸等；期刊常用 $60g/m^2$ 轻涂纸。这些纸各有特色，如蒙肯纸纸质飘柔、纸色温和，给人儒雅含蓄的感觉，富有书卷气质；触摸时，与铜版纸冰凉、坚硬的质地不同，给人以温暖的感受；印后图片效果独特，视觉感受特别，受到出版界及读者的青睐。又如，UPM 公司常熟纸厂生产的低定量雅光纸和优光纸可以使印刷色彩饱满、生动艳丽，并且文字清晰；良好的不透明度使得在低定量纸张的透印程度较小，双面印刷也能获得完美的效果，出版社使用得很普遍。有的出版社对于纯文字、单色印刷的图书也常选用纯质纸。

书芯的纸张质量好、定量高，使图书的质量尤其是图文的质量提高，手感好，但同时给装订加工带来一些难度，如单册书的厚度、重量都要发生变化。有时纸张的质量不够好，也给胶订带来障碍。还有，近年来国内生产的轻型纸、纯质纸种类较多，用量大，但是纸张的质量不稳定，纸张发脆不利于装订，图书易掉页脱落。

2. 纸张规格增加，书籍开本种类增多

我国的图书用纸规格几十年均以 787mm ×1092mm 或 850mm × 1168mm 为主，近几年，图书用纸呈现两大趋势，一方面，许多书籍使用的纸张规格已改为国际标准幅面，即 880mm ×1230mm 或 889mm ×1240mm；另一方面，纸张向"小型纸"，如 635mm × 965mm 系列发展，小规格纸张的出现，使图书的小型开本增多。此外，纸张可以定制生产，使得图书开本种类更加多样化，但对于印刷和装订而言，纸张的裁切成为新的课题。

3. 图书封面、环衬用纸种类、规格增多

为迎合市场需求的变化，图书封面、环衬用纸也更为讲究。纸张定量增加，胶版纸封面减少，封面几乎都在使用铜版纸、牛皮纸、特种纸。由于特种纸具有各种不同的纹理，柔软或坚挺，光滑或粗涩，轻薄或厚重，给读者触摸和阅读时增添了美感，故现在用量大为增加，纸厂的产量也逐年提高。但对于印后加工及装订方面，就要研究各种特种纸的适印性、纹理走向、与黏合剂的亲和性等问题。另外，用纺织品、皮革、木材等材料做封面时，同样需要多了解这些材料特性。

4. 图书勒口越做越大

现在，有的图书勒口设计得非常宽，甚至与封面一样；一些期刊也开始做勒口。这是由于平装书做大勒口，显得既装帧讲究，又比精装便宜。对于大勒口的书在折勒口及封面裁切时需要更加注意，以免歪斜。另外，除铜版纸外，一些特种纸的耐折问题、起毛边问题，也是需要图书策划人、出版社、印刷企业共同关注的事情。此

外,有的图书封二与封三也印有装帧性图案,对包封皮提出了更高的要求。

5. 软精装形式更多,异型装订悄然兴起

现在软精装的图书越来越多,它是在平装书封面内加纸板硬衬,或者在较硬的封面外包一层护封,这样既比精装本经济又比简装本精致耐用。

异型装订是指书籍本册等在加工中使用不规范的开本尺寸和加工形式。异型装订产品的加工不但要有精确合理的工艺设计和高超的技术水平,还要具备对各种装订形式、方法的了解和材料配备与使用的经验。这些装订方法也给印刷装订增加了难度。

6. 封面整饰方法增多

近几年,在书籍封面上进行烫印仍然势头不减,现在还流行在平装书籍封面及书脊上烫黑、烫墨绿等颜色;在书背、粘口压线痕。利用模切手段加工各种式样、形状的儿童读物、异形书籍也很流行。还有为防盗版及独树一帜,对封面进行的各种加工处理,如过油、局部UV、烫印、模切、压痕或几种方法混搭。

7. 在飘口上做文章

一本书是一个六面体,封面、封底已被设计者"开发"完毕,书背部分也被用来进行各种各样新的线装样式的装帧。而书的其他三面,也开始纳入策划设计家的眼中。如对三个平面上色(烫金口、蘸花口、涂色口等)已司空见惯,还有一些词典在书口上模切拇指索引、印上文字,或将书角切成圆弧形等。还有一些策划人别出心裁地在飘口上进行精心设计,印刷后利用书口左右翻阅时呈现出不同的动态图案。但是在拼版、折页裁切时必须要精心,在这方面大多数印刷企业由于折页、铣背、裁切问题还没有做到尽善尽美,表现不出设计者的良苦用心。

8. 书籍装潢形式多变

以线装形式点缀书脊,书脊裸露,塑圈装订,期刊以不同装订

方法混搭，精装书籍外套古线装函套等形式增多。

9. 环保要求提高

日益严重的污染也引起印刷界与出版界的焦虑与重视，既环保又便宜的全幅面上光技术"过油"可以取代封面覆膜工艺。但这种工艺还没有在书刊印刷企业生根，其设备、工艺技术、适用对象、上光质量等也尚待探讨与提高。

在这种情况下，可考虑放弃图书封面印后的覆膜加工，以求环保及降低成本。

三、图书出版技术在电子出版时期的地位与作用

以20世纪80年代初激光照排技术取代铅字排版技术为标志，我国出版业开始步入电子出版时期。如今，计算机和数字化技术不仅已普遍应用于图书制版的图文处理，而且在图书印刷和装订制作等方面也已相当成熟。

在计算机和数字化技术被广泛应用于图书出版的今天，技术在图书出版中的应有地位和作用亦然没变。这是因为：

（1）出版专业技术在出版环节中的地位和作用具有不可改变的客观性。

如同图书编辑工作的过程具有不可随意改变的客观性一样，图书出版过程同样具有不可改变的客观性。一部具有出版价值的作品，经过编辑审读加工发稿后，只有再经过一定物质形态的样式设计和生产工艺设计，才能交付印装制作。这种图书出版环节的客观性和每一环节的不可或缺性和不可替代性，不管其外部环境或条件如何改变，其客观性的规则是不可改变的。没有出版专业技术，图书的出版是不可想象的。

（2）计算机和数字化技术具有推动出版专业技术发展的客观性。

如前所述，出版专业技术是一种"运用技术的技术"。计算机和数字化技术既可被广泛应用于包括印刷在内的信息传播，也可被运用到以图书出版物整体设计和复制工艺设计为代表的出版专业技术上，从而使出版专业技术通过对高新技术的运用而获得新的更高层面的发

展。目前，相当一部分出版专业技术人员运用计算机和数字化技术完成图书整体设计、成本核算、施工制单的事实，雄辩地证明了这一点。

（3）出版专业技术与计算机和数字化技术具有相互依存和促进的客观性。

作为信息传播技术的计算机和数字化技术，其在技术层面上实现的是信息的数字化及其数字化信息的存储和转换。显然，这一技术要在图书出版领域获得有效的应用，还必须不断开发适应图书出版所需的大量实用的具有各种功能的图文处理软件。在长期实践中积累、形成的出版专业技术，可以为计算机和数字化技术，在图书出版所需的图文处理实用软件的开发提供丰富的资源和依据；同时又为这些不断开发和升级的图文处理实用软件的广泛应用提供了有效的途径和手段。由此可见，两者不仅具有相互依存、相互促进的关系，而且这种关系必将随着计算机和数字化技术，在图书出版领域不断开发和出版专业技术对这一技术深入应用，而不断推向新的层面。

在计算机和数字化技术广泛应用于图书出版的当今，图书出版技术在图书出版中的应有地位和作用不仅并未改变，反而丰富了高新技术实现图书整体设计和工艺设计的手段，获得了新的更高层面的发展。

第四节 图书印装质量的保障

一、影响图书印装质量的因素

图书在印刷装订生产过程中常常会出现这样或那样的质量问题。如印刷质量问题：墨色不匀、透印、套印误差超标、墨皮、缺网、白页、缺笔断画、脏迹等；装订质量问题：折页不准、多帖、错帖、页码误差超标、连页、缩页、掉页、残页、严重空背、侧背胶开裂等；精装缺陷：锁线松、台阶明显、无脊、飘口不一等；因原材料引起的质量缺陷：纸洞、纸张色差严重、破损等。当前为减少图书污损，很多品相较好的图书都加了塑封，但塑封脆硬、容易折损、破裂等。出现上述问题的原因是多种多样的，究其主要原因有以下几个方面。

1. 工期与周期的原因

承印单位根据出版社所要求的周期时间予以生产安排，根据现有设备情况调配印制。由于出版单位周期要求较紧，承印单位接受客户单位的任务又多（品种、数量），造成"嘴大肚小"现象，即接下吃不下，在出版单位要求的时间周期里完成不了，印装企业赶工期现象较为严重，加班加点赶产量，对工期时间压缩，造成出版物产品印装质量下降。由于书刊印刷企业业务上普遍存在"两季"现象，春、秋两季是生产高峰期，教材、教辅图书生产任务很重，在一般图书印刷生产上精力就有限。淡季生产任务少，能集中力量抓好产品质量；旺季生产任务多，生产能力有限，接下来印不了，所以企业先抓大色令印数图书，一般图书拖期较为严重，甚至拒接，就是勉强接下来也不认真对待，马虎从事，只忙于赶工期进度，质量意识和质量管理就松懈了许多。

2. 设备不配套和使用材料的原因

在承接任务上，出版社常有这样或那样的具体要求，有些图书制作对印刷工艺要求很高，一些承印单位现有设备或差或无，原来一些无力承接的产品，因争取业务而硬接下来，自己加工不好的工序改发外协加工，质量无法得到跟踪和保障，尽管承印单位也很认真对待自己加工产品的质量，但一些特殊工艺要求，如拔圆、压痕等，印件质量无法得到保证，做出来的产品品质、品相不能令人满意。如一些企业晒版车间的设备、环境、整体都不怎么好，晒版工艺质量就无法得到保证。由于价格因素，一些承印单位不肯用好的生产材料及辅料，如PS版、油墨、橡皮布和胶水等，造成印刷质量一般，该出彩的出不来，胶订质量差，成品送检时一拉就开胶。加上出版物印刷属于来料加工，对出版社调拨的纸张，纸到即印，纸张色差、破损等问题也就一概不查不管了，造成印刷物成品内芯夹花、墨色不匀、字迹不清等一些问题。

3. 软片和打样质量的原因

出片质量的好坏直接影响着印刷品质量。软片要保持前后密度一致，透明度好，无灰雾、划痕、斑点和脏迹，版心要保持一致，误差不超过 ±1mm。四色胶片必须检查其规线及网线角度是否正确，图像的正反是否正确。由于一些重印图书或部分修改、修订的教材、教辅图书出片时只是部分出片或改一帖四色片，所以重印时，片子密度或网线容易不一致，成书后整体看还行，但其中几页或几帖印刷质量就不一样，或深或浅，前后不一致。制版出片打样后，由于又调整颜色重新出片，为节约成本不再打样，造成印刷时或色序不准或无法把握正确的色样而影响质量。

特别是数码打样，由于制版公司在控制软件、打样纸及墨水使用上不一，打印精度也有所差异，质量不尽相同，传统印刷时追样较难把握。

4. 图书装帧和版式设计上的原因

装帧、版式设计一定要符合排、印、装的生产工艺要求。一些大面积实底设计和细小图案设计在同一版面上，由于实底印刷要求吸附更厚的油墨，在压力作用下，容易造成墨迹浸入细小线条图案，使其脏污而无法辨认。一些文字被设计成四色套印（包括反白套印）和网点叠印，在印刷上极易造成套印不准。在封面上，书脊常常被设计成色块或增加线条、图案，而将书脊厚度卡得太紧，装订包封时，装订机上封面稍有走动，色块、线条或图案就会偏向封面或封底。正文版式设计上一些跨页的图案，最好是设计在同一印张里的同一版面上，折页时就不会被错开。正文底纹设计的网点成数也不宜过大，底纹太深影响阅读，印刷时纸张还容易产生拉毛、掉粉现象；网点成数太低，晒版时又容易丢失，底纹印不出来。书眉、页码装饰线图案也要尽量避免出血设计，由于拼版折页的误差，装订成书后，从外观上看切口处色块线条上下参差不齐，影响美观。

二、图书印装质量的保障

1. 向读者承诺由出版社承担印装质量责任

长期以来,人们习惯上认为印装质量是印刷厂的事,将印装责任等同于印刷厂的责任。事实上,出版物是出版单位的产品,承印加工只是出版物生产中的一个环节。印刷厂固然要承担印装的质量责任,但出版单位才是质量责任的主体,在印装质量方面同样具有不可推卸的责任。向读者承诺出版社承担印装质量责任,为读者提供售后服务,是出版社通过市场反馈来监控图书印装质量的基本措施。

2005年3月1日施行的《图书质量管理规定》第十八条指出:"对于印装质量不合格的图书,出版单位必须及时予以收回、调换",这就从行政规章的角度,明确了出版者在印装质量方面的义务。

2. 加强印装质量知识的学习和职能机构的建设

图书印装质量是一个系统工程,贯穿于图书生产的全过程,很多方面无一不和出版社编辑设计相关。比如,单色教材文字出现糊字、缺损字,往往和字号或字体的选择不当有关。小字号黑体容易造成笔画粘连,产生糊字;小字号仿宋体容易断笔缺划;书脊字是否居中很多时候又取决于美术编辑在确定书背字大小和位置时是否精确计算了书脊厚度。又比如,依据《图书质量保障体系》的要求,责任编辑负有对编辑、设计、排版、校对、印刷等出版环节的质量进行监督之责。要负责提出图书的整体设计方案、具体设计或对委托他人设计的方案和设计的成品质量进行把关。出版社负责联系印刷的业务人员、责任编辑、责任校对及主管社领导,应从总体上对装订样书的质量进行审核。要提升图书的印装质量,"把关者"必须先行充实提高自己的专业知识与业务水平。

出版社可以有针对性地邀请出版印制方面的专家给编辑讲课,帮助他们系统地学习业务知识,适应印装工艺的现代化发展;组织编辑、设计人员到印刷厂实地察看图书的印制流程,了解生产工艺、出版环节与印装质量，尽力避免装帧设计与生产实际相脱节的现象，杜绝印装质量隐患。同时，出版社应加强印装质量管理职能机构的建设。出版管理部门每一个岗位的首要责职是"树立质量意识，严把排、校、印各个环节的质量关，确保本本图书合格，力争大部分图书优良"，并实行责任印制制度，把印装质量的质控点放在出版管理部门，落实到具体的人。针对印制管理环节涉及的面广事多，采用制度管理的模式，做到一视同仁、奖罚分明，促使大家绷紧印装质量这根弦。

3. 通过公开招标，采购符合要求的纸张

纸张是纸质印刷物的载体，纸张质量直接影响到印装质量，而纸张本身的品种和等级也是纸张质量的决定因素。目前，绝大多数图书的用纸都是由出版社提供的，印刷厂生产多属于来料加工。各种品种的图书选用纸张的标准，可谓见仁见智。出版社在拟订纸张采购计划时可以参考国家中小学教材用纸标准，在纸张招标公告中明确纸张品种及质量等内容，要求厂方在提供纸张样品的同时出具质量技术指标参数。在开标评标时，将纸张样品、质量技术参数、生产厂家的信誉度等对照出版社的纸张要求综合考虑。纸张招标不单纯是为节约成本，更主要是合理地运用价格杠杆买到合乎要求的纸张。纸张合同中明确注明由纸张供应商承担纸病责任。出版社请印刷厂对照出版社提供的纸样做好接货验收工作；印刷厂在施工过程中，收集选纸、印刷过程中相关数据和残次纸张实物，向出版社反馈使用的情况；同时明确如果印刷厂对纸张质量监督不力、使用过程中听之任之，就必须承担质量责任的全部后果。作为双方协作的条件之一，出版社要强调印刷厂对社供纸张妥善保管，并不定期地下厂察看纸张保管情况和出版社成品书、批量书的用纸情况，保证用纸质量。俗话说"巧妇难为无米之炊"，出版社提供的纸张好，印装质量就会锦上添花；反之如果存在质量问题，要提升印制质量就好似麻袋上绣花，勉为其难。

4. 厂社平等协商，共同研讨印装质量

图书的印装质量最终要通过承印厂的制作来实现，所以选好承印厂，建立相对稳定的协作关系是出版社提高图书印装质量的重要一环。出版社和印刷厂是一个整体，厂社之间要平等协作，在质量、周期、服务等方面求得共识的基础上合作双赢。为了加强厂社之间的沟通和交流，探讨印制过程中出现的新情况、新问题，不断优化印制工艺，进而确保并提高印装质量，出版社每年都应邀请协作单位参加本社举办的印装质量研讨会。通过每年一次的质量研讨会，总结上一年度的印制工作情况，找出存在的不足，研究并确定相应的措施，据此提出下一年度的工作建议或设想，使得以后的工作做得更好；协作单位也能借此机会取长补短、相互促进，在质量上比高低。

5. 实行"质量和业务量挂钩"的办法

出版社应在相对固定协作单位的前提下，从生产能力、管理水平、资质信誉、服务态度等多方面综合考察，以图书生产的质量为主要依据，将协作单位以优等品（一等品）比率进行排名，依照排名次序确定印制业务量的流向，实施"质量和业务量挂钩"。质量好的协作单位，多给予其业务；质量差的则减少其业务量；凡经省级书刊印质检部门抽查定为印装质量不合格的，终止协作关系。这样一来，排名靠后的单位压力很大，有的甚至渐渐淘汰出局；而那些质量好、信誉好的印制单位，则随着出版社的发展而加入进来，逐渐成为出版社印制协作单位的核心成员。业务流向公开、透明；协作单位滚动筛选、优胜劣汰。这种做法既能使协作单位集中精力抓印装质量，又能使被淘汰的厂家和业务量减少的厂家明晓原因。

6. 印厂方面的印刷装订质量保障措施

印厂方面的印刷装订质量保障措施，可从以下几个方面入手。

（1）把握出版社图书产品的付印样、胶片、发印凭单、制作要求（包括工艺和周期要求）。要仔细审校、对片对版，核检图书的版本尺寸，按装帧设计要求审查书脊、色调、印装顺序、环衬插页、前言、版权页等。有不清楚或有缺漏的要联系责任人（监印和责任编辑），了解落实清楚到位，及时同出版单位沟通联系，以取得在质量上的配合与支持，如原材料质量的保证与配合。

（2）在任务繁忙时，承印单位接受任务时要量力而行，不能为争取业务而将不能保证工艺质量要求的产品接回去。应考虑自身的实际情况，在保证质量、周期的条件下接何种类型的印件，做好印刷工序的周期管理和装订工序的周期管理，及时掌握来样、来片、来料情况，做好调度协调，保证生产流程顺利进行。

（3）鼓励企业积极推广使用新技术、新工艺和新材料，加强设备更新换代和从业人员技术培训工作，把产品质量与经济责任制结合起来，强化工序质量控制，建立有效的质量检查体系，强化产品管理，做好产品创优工作。

（4）加强送签样和送评样书（质检）工作。承印单位在图书印装好后必须先送签样后发货入库，编辑部门和出版社签样时发现问题后再重新返工。达到评优图书印张标准的一律不得缺检、漏送，也不得因质量挑不出来或达不到评检标准而不送。质量做得怎么样，评比结果看一看，对质量、周期做得好的企业业务要重点倾斜。

第五节　图书出版技术责任的认识误区

出版专业技术责任认识和实践上的误区，主要有以下几点。

一、出版技术是印制单位的事

有人认为，现在的图书生产已普遍数字化、计算机化，出版单位只要将经过编辑审读和加工的书稿直接发到印制单位，由其复制加工，图书策划人或出版专业技术人员只需"跑跑腿"就可以了。这种认识，显然模糊或混淆了"设计院"与"施工队"的界限，即"印制技术"与"出版技术"的界限，模糊或混淆了计算机和数字化技术应用的不同层面。确实，计算机和数字化技术进入出版领域，大幅度提升了图书印装复制的生产力；然而，这种印制技术的更新，其技术应用层面乃是"生产手段"，并非图书产品的设计。让以计算机和数字化技术为图书产品生产手段的印制单位承担以计算机和数字化技术为图书产品设计手段的工作，只能造成错位的结果。

近年来，确实存在某些出版单位直接将未经设计的书稿发往印装复制单位的现象，这一现象背后隐藏着两个不可否认的事实：这些出版单位在将未经设计的书稿发往印装复制单位的同时，往往随书稿提供了一本"依样画葫芦"的参考样本图书；或由印制单位内有相当经验的制作人员代为设计。其实，图书的不同类别、性质及其样式决定了其外部装帧和内文版式都不是"千人一面"，而是各有个性、特点。尤其是内文版式设计，设计人员需要在设计前对书稿的结构、辅文的配置、图表的完备等做必要的技术检核，甚至需要编辑的协同与配合。而这一切，非出版专业技术人员是难以做到的。因此，由印制单位承担图书设计，往往是不同种类图书设计风格的个性泯灭，或是啼笑皆非的差错百出。显然，这种淡化图书出版技术的说法，不过是把图书产品的设计由图书出版单位"转移"到图书印制单位罢了。

二、技术把握由图书策划人负责

有人认为，图书的选题和内容都是由图书策划人提出和审读的，图书策划人对书稿最熟悉，图书装帧设计和版式设计的要求也是由图书策划人提出的。因此，图书整体设计可由图书策划人兼做。

持这一认识或从这一认识出发的图书出版实践，就"图书策划人对书稿最熟悉"来说，自然不无道理。由于无论是图书"外部"还是"内文"，图书整体设计必须调动一切可以调动的手段，使设计的风格与图书内容取得和谐一致的效果，因此图书策划人应该对图书的装帧设计和版式设计提出一定的要求。这种要求，主要还是在言简意赅地说明图书内容的基础上，对图书装帧设计和版式设计提出原则性和总体性的建议，而绝不是具体的和有操作性的设计方案。

图书装帧设计和版式设计的具体方案，是由图书整体设计的专业人员在参考图书策划人对图书内容介绍和设计建议的基础上，经过创造性劳动而产生的。图书策划人之所以"对书稿最熟悉"，自然出于图书策划人的某学科知识的功底、鉴别作品优劣的能力及驾驭文字的本领等。在各门类知识更新频繁、图书市场竞争激烈、读者需求日益提高的当今，图书策划人如无足够的时间不断苦练基本功，未必能捕捉到学术水平、原创价值或社会效益和经济效益俱佳的图书选题。因此，就专业分工和"主攻方向"来说，图书策划人的专业技能自然在于选题策划、组稿、审稿、加工等专业工作，而对图书的装帧设计和版式设计及与之相关的技术设备、工艺过程、材料性能等自然不可能都了然于胸，更不可能对图书的整体设计得心应手。因图书策划人自作主张而导致图书规格差错、难以制版、无法折页、版心偏差的事实时有所闻。由图书策划人承担图书整体设计专业工作的认识和实践，是不足为取的。

三、出版技术工作由美术编辑承担

有人认为，图书版式设计可由承担图书装帧设计的美术编辑来做，这样可以突破传统版式设计的藩篱，使图书版式别开生面。

这种认识，在于并不了解图书外部的装帧设计和图书内文的版式设计的区别。尽管两者都以达到图书物质形态具有一定审美价值为目的，但两者的设计对象、手段和条件却有质的不同。

图书外部装帧设计的对象，包括图书的封面、书壳、护封、环衬、主书名页、函套等，其设计需要调动工艺美术的手段，运用写意或写实的手法，在设计对象上增添色彩、图像或图案纹饰等，从而使图书的"外部"产生预期的审美效果和价值。

图书内文版式设计的对象，则是表达一定思想内容和知识的文字、图形或图像，其设计则是运用排列组合规则和变化，使一定版面上的图文编排呈现出一种排列有序、虚实相宜、观赏惬意、阅读方便的审美情趣。显然，两种不同的设计对象、手段、条件，对设计者的审美意识、艺术素养及图书生产复制各个环节的工艺技术设备熟悉和掌握程度，都有不同的要求。

在从事图书装帧设计的专业人员并不能熟练掌握图书版式设计专业技术并有相应积累的条件下，让其承担图书版式设计的专业工作，往往造成图书版面规格差错、图文编排明显"犯规"、图书内容结构纲目杂乱等后果。有的设计人员因片面追求版面审美效果而酿出"注水"图书（即在版式设计中留出大量空白，报端批评这一现象为给图书"注水"，即"卖白纸"）。对"传统版式设计"也不能一概而论，而应取"既要继承，同时也要创新"的正确态度。以图

书装帧设计取代版式设计的认识和实践，也是不足为取的。

四、技术活可以社会化

有人认为，现在数字化技术和计算机技术已经相当普及，图书装帧设计和版式设计的专业工作，可以"社会化"。

这种认识和在这种认识下的实践，实际上是把出版专业工作中的图书整体设计从社内"搬"到社外。应当承认，由于数字化技术和计算机技术的快速发展和广泛应用，社会上确实已出现了一批专门从事图文信息数字化处理和制作的工作室和照排社。这些机构的出现，对于满足不同层次的信息处理、不同要求的复制需要，提供了技术上的便利。一些确有图书整体设计实力的社会机构，对于出版单位的出版专业技术人员来说，形成了一种竞争机制和激励机制。

然而，必须看到，这些社会设计力量，大多并非专门从事图书整体设计专业工作；还有一些从事图书整体设计的社会力量，大多出自出版单位。这些社会设计机构，以赢利为唯一目的，实行优质优价甚至"天价"的经营方针，图书出版成本核算、读者对书价的心理承受能力等，都不在其设计主导思想内。以"社会化"取消出版单位内出版专业技术部门，让图书整体设计在"体外循环"的做法，不仅不利于出版经营管理，更不利于出版专业技术人员素质的提高。

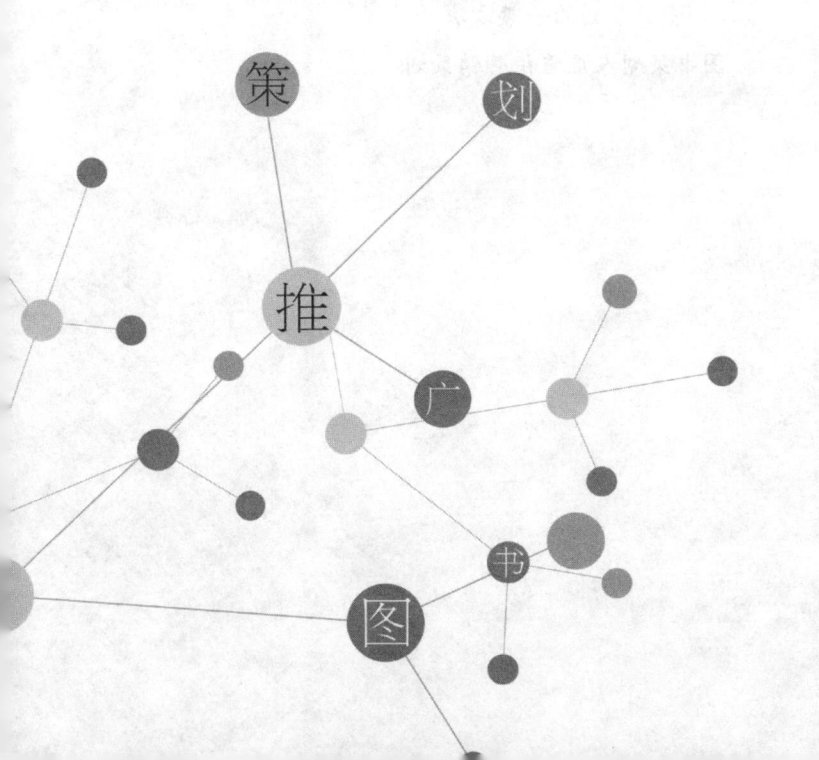

图书
推广
策划

下编
图书推广策划

◎图书宣传策划

图书宣传策划

图书宣传策划概说

图书宣传策划的方法与原则

媒体宣传

图书广告的投放

◎图书营销策划

图书营销策划概说

营销策划中的定价策略

营销策划的一般方法

图书策划人应重视营销策划

第八章 图书宣传策划

图书宣传，这是已经被大家所广泛接受的图书推广方法和途径。如果说图书选题策划是一次策划，那么图书宣传策划可以被称为二次策划，两者缺一不可。前者旨在根据市场需求生产适销对路的产品，而后者目的则是使产品为市场所更广泛地接受。

宣传什么、如何宣传、何时宣传是一个值得深入研究的课题。在目前书业同质化日趋严重、市场竞争日益激烈的环境下，图书推广在整个图书生命周期的作用越来越重要。图书的宣传需要策划，要在充分重视读者需求和习惯的前提下，关注各种媒体的发展变化。

第一节 图书宣传策划概说

图书宣传策划与否效果大不相同。有调查表明，30%以上的读者是在走进书店前就有较为明确的购买目标，这充分说明精心策划的宣传会带来巨大的市场空间。

一、图书宣传策划的含义

图书宣传策划是指为充分而巧妙地利用各种媒体的优势和通过举办富有创意的活动对出版社及本社图书进行宣传造势，以提高出版社影响力、图书知名度和扩大图书发行量的一种谋划行为。

这里有三层含义：一是宣传策划的目的十分明确，那就是扩大图书和出版社的社会影响从而提高图书的销量；二是利用各种媒体和举办各种活动，前者是利用广播电视、报刊、通讯社、网络、广告、短信和微信等，后者是通过举办能引起社会关注的活动；三是对媒体的利用和举办活动都要是有创意的、新颖的。

图书宣传策划是在图书策划人和图书销售环节之间架起的桥梁。

二、图书宣传的意义与作用

好的图书宣传推广是在最恰当的时机，将最恰当的商品以最恰当的方式推荐给最恰当的对象，促使其产生购买欲望。

图书宣传策划，直接关系到出版社的产品——图书的销售业绩。缺少这一环节，图书就难以同读者见面，难以实现其使用价值。图书宣传一定程度上决定着图书的销售量。

图书需求属于精神文化需求范畴，与一般的物质需求不同，需求弹性较大，读者的需求又具有较强的隐蔽性。如果出版社的宣传推广力度大、方式得体，图书宣传推广就正好刺激读者需求，从而达到扩大销售的目的。所以宣传推广被认为是出版社竞争的重要手段，它在相当程度上决定了出版社竞争的成败。

我国每天上市的新书达 400~500 种，再加上以往的图书，每年新上市图书达 20 万种之多。读者要想从数以万计的图书中挑选到满意的图书越来越难，迫切需要通过出版社的宣传推广活动来了解图书出版发行的信息，掌握图书发行的动态。就某种意义而言，宣传推广是图书销售的"推动力"。

图书宣传主要有以下四个方面的作用。

1. 传递信息，指导消费

中国人传统思想认为"酒香不怕巷子深"，但《学习的革命》一书的案例说明，图书营销宣传与不宣传是不一样的。固然，一本图书的好坏内容起决定性的作用，然而仅有好的内容选题、好的装帧设计等等，这些还是远远不够的，还要宣传。

中国一年有 20 万种新书问世，不做宣传推广，读者怎么会知道哪本书好呢？宣传就是主动向读者传递图书信息，节约读者的时间成本，为读者消费进行分类指导。

2. 刺激需求，扩大销售

一部图书从出版商的"宣传推广"到读者的"认同购买"，有时需要一段较长的过程，好书并不是总能一下就火爆起来。需要实实在在地去做市场调研与分析，进而通过宣传推广去刺激读者的购买需求。例如，人民文学出版社引进出版的《哈利·波特与魔法石》一书，在国内创造了销售600多万册的成绩，但在最开始销售的一个月里，业绩平平。在这一个月和以后很长的一段时间里，出版社坚持做了大量的、多种多样的、持续的宣传工作，引起年轻人特别是中小学生对魔幻文学的喜爱，读者最终痴迷上了《哈利·波特》，销售攀升也就成了不可阻挡之势。

《哈利·波特与魔法石》书影

3. 强化优势，形成偏爱

传统意义上的图书推广的宣传，是停留在一个层面上的单一的推销形式，从广义来说，图书宣传则应是立体的、全方位的商业策划和运作，是一种强势的宣传，在一段时间内对一部或系列图书进行集中的、连续的、有一定规模的宣传。仍以《哈利·波特》系列为例，在第一部出版营销成功后，出版社又连续引进了之后系列多部，结合电影大片引进等持续进行包装宣传、签售，在国内形成了哈利·波特热，培养了大批的"哈迷"，强化了图书的品牌优势，形成了稳定的读者市场。

4. 树立形象，巩固市场

一部优秀图书的成功商业运作，同样也会树立这部书、作者乃至出版企业的良好形象，从而在市场上、在读者心中深深扎根，形成品牌偏好。近些年来，职场励志类图书成为畅销书排行榜上的常客，起源正是2001年和2002年中信出版社凭借《谁动了我的奶酪》的市场宣传运作，夺得了该市场排名第一的位置，2002年其市场占有率达到66.68%。仅过了一年，企业管理出版社又凭借《把信送给加西亚》上升到第一的位置。中信社、经管社，都是抓住了对一部畅销书的市场宣传，树立了自己在经管、励志类图书的品牌形象，进而掀起经管类图书的市场热潮，扩大并巩固了自己的市场地位。

三、图书宣传策划的主要内容与要点

1. 图书宣传策划的主要内容

图书的宣传策划主要包括四个方面：出版社的形象宣传、活动宣传、广告宣传、图书宣传。这四种广告宣传方式都被广泛运用，四种办法相互补充，四管齐下才能真正形成较大的宣传声势。

宣传策划是有规律可循的。实践证明，凡是预计有一定发行量的畅销书的宣传，一般分为四个层次安排宣传：第一是连载或网上预售，第二是专访，第三是发书讯，第四是开展签售等宣传活动。具体操作时要因书而异、因时而异、因地而异。

2. 图书宣传策划的基本要点

宣传策划基本要点包括以下几个方面。

第一，随时掌握本社图书的选题动向，及时拟定对重点书目的宣传方案和计划。

"图书宣传策划方案"一般包含：宣传战略、宣传定位、宣传步骤、新闻发布会实施和有关宣传文章的设计等几部分内容。具体有下面一些内容：

一是本书的基本资料，其中包括：①书名（包括丛书名其他书目）；②著（译）者及其资料；③内容简介；④出版日期；⑤阅读对象；⑥首印册数；⑦定价。

二是本书的特点，其中包括：①书名有什么特点；②封面设计有什么特点；③开本有什么特点；④定价有什么优势；⑤本书的新闻点是什么。

以上两方面的内容可以用下面的制式文档来设计：

陕西师范大学出版总社新书信息

书名（含丛书名、副书名）	唐诗百话（全三册）
ISBN（加中横线）	978-7-5613-7574-7
定价（精确到小数点后两位）	88.00
著作者	施蛰存
版次	2014年9月第1版
CIP分类	I207.22-53
主题词（版权页上）	唐诗-诗歌研究-文集
开本（含成品尺寸）	660mm×920mm 1/16
印张	55.25
字数（单位为"千"）	624
内文页码	884
装帧（平装、软精装、硬精装）	平装
出版单位	陕西师范大学出版总社
预计入库时间	2014.8.19

作者简介（150字以内，含业内地位与影响、社会职务、代表作等）：

施蛰存（1905—2003），中国"新感觉派"主要作家，文学翻译家、学者，原华东师范大学中文系教授。1926年创作《春灯》《周夫人》，其小说注重心理分析，着重描写人物的意识流动。1958年以后，致力于古典文学和碑版文物的研究工作，1993年被授予"上海市文学艺术杰出贡献奖"。2003年11月19日，施蛰存在上海逝世，享年99岁。其代表作有《唐诗百话》《北山楼词话》等。

内容简介（150字以内）：

《唐诗百话》全书正文共100篇，上册收入"初唐诗话""盛唐诗话"；中册收入"中唐诗话"；下册收入"晚唐诗话"和全书名词索引，并附录了施先生有关唐诗研究的文章若干。全书以唐诗讲解和专题两大部分相结合，澄清了诸多历史上众说纷纭的唐诗难题。全书有识见、有考据、有性情，被誉为一部"唐诗百科全书"。

编辑推荐：

《唐诗百话》是著名文学大师施蛰存先生晚年创作的唐诗研究鉴赏佳作。施先生因此书的学术成就和广泛影响而获得了上海文学艺术奖的最高奖项"杰出贡献奖"。该书体裁既有宏观的诗史梳理，又有诗体流变的辨析澄清，更有诗情文意的体贴品评，还有历代唐诗疑难问题的独到见解，单看文字则又是蕴藉儒雅，可以让人再三颂诵。本书文字通俗，道理精深，普通读者亦不难读完。读完，则唐诗赏读水平不输于一般中文本科生。用以学诗亦佳。

《唐诗百话》（修订版）单行本以上海古籍出版社版为底本，参考了华东师范大学出版社版本，对全书做了全面的校订，对诗词原文、人名、地名、引用文献等都做了核对修订。此次校订耗时颇长，除文字和知识校对，我们也反复琢磨封面版式，希望能给读者提供一个装帧美观又方便阅读的版本。

卖点/广告语（40字以内）：
未读此书，莫谈唐诗。
古典文学名师孙康宜、骆玉明诚意推荐。
最新修订版，耶鲁大学中国文化学习历年指定教材。

名家推荐/媒体推荐：

1. 名家推荐

（1）该书深入浅出，篇篇俱佳，其论点之深刻、文体之精练，都让我佩服至极。

——《剑桥中国文学史》主编孙康宜

（2）《唐诗百话》综论唐代诗史与诗艺，浅明而深切，对理解与欣赏唐诗而言，是最为可靠和实用的一部书。

——《中国文学史》主编骆玉明

（3）这样体裁解说唐诗的书似乎是独一无二：既有宏观的诗史的关注梳理，又有诗体流变的辨析澄清，更有诗情文意的体贴品评，单看文字则又是蕴藉儒雅，可以再三颂诵而回味悠远。像这样的唐诗论著实不多见。

——博客：脉望馆书话

2. 媒体推荐

（1）《唐诗百话》在选诗、解题和理论基础等方面，匠心独运极具巧思，从不因袭前人或时贤，因而如清水出芙蓉般傲然挺立于众多同类平庸著作之上。全书一百篇，每篇均运用严谨的考证和比较文学的研究方法，将历代至今诸多众说纷纭百口莫辩的唐诗难题，在广征博引细按互证详尽的中外文献资料后，条分缕析清澈通达地将众多千古之谜举重若轻地揭示在读者面前，从而使读者充满了阅读的愉悦和惊喜。

——《中华读书报》

（2）《唐诗百话》，一部厚积薄发、广博精微之作，于唐诗的作者、诗歌、格律、鉴赏，无微不备。

——《南方都市报》青少年100本书单

（3）此书通俗而精深，不难读完。读完，则赏读水平不输于一般中文本科生。以学诗亦佳。

——中学语文教学资源网《中学生国学书目》

目录（略）

内文（略，可选部分，如：序、跋、精彩章节）

微博书讯（130字以内，含作者、书名、内容介绍、名人推荐等）：

未读此书，莫谈唐诗。《唐诗百话》，施蛰存先生历十年心血巨著最新修订，既有宏观的诗史梳理，又有诗体流变的辨析澄清；既有诗情文意的体贴品评，又有历代唐诗疑难问题的独到见解，文字蕴藉，道理精深，被誉为"唐诗百科全书"。古典文学名师孙康宜、骆玉明，作家安意如鼎力推荐。

三是市场预测，其中包括：①本书的前景资料（引进版图书在国外或地区有哪些影响）；②哪个地区有读者对本书感兴趣；③哪方面的读者会对本书感兴趣；④此类图书市场销售情况及分析。

四是本书宣传营销安排，其中包括：①分哪几个阶段进行宣传；②在哪些媒体上宣传；③举办哪些活动；④已经做过哪些宣传。

五是本书相关书讯和书评。为了搞好图书的宣传策划，策划好推广方案是非常重要的。

第二，研究媒体不同特点，加强与主流报纸、杂志、电台、电视台、网络媒体和新媒体的联系，建立运转灵活的图书宣传网络；

第三，开动脑筋，以书讯、书评、书摘、评论家撰文等的形式，扩大出版社的社会影响和图书的知名度；

第四，精心测算投入产出率，以较小的投入获取最大的回报，尤其是在刊登广告方面要慎重，做到除常规广告宣传外，只有重点和有市场潜力的图书才运用广告宣传手段，避免盲目投入；

第五，精心撰写评介文章和广告词；

第六，通过策划各种有创意的活动来宣传图书。举行新书发布会和分享是最常用的宣传方式；

第七，找准宣传点和宣传角度。一个宣传点，有时能撬动整个市场。宣传点找不准，事倍功半还是小事，很可能一本潜藏着巨大商机的书稿就此遭到遗弃。

宣传策划不但影响一本书的市场效果，更关乎一个出版社的出版战略和出版思路，关乎一个出版社的长远发展，也最能体现出版社的实力和水平，因此不可小觑。

四、图书宣传的主要形式

图书宣传推广形式比较常见的有：图书评介（图书评论）、图书广告、新书预告、书目宣传、书籍新闻（出版消息）、陈列宣传、口头介绍等。

1. 图书评介

图书评介是近代图书评论的一种形式。一般在专业报刊上均有专门的栏目介绍和评论新书，这已经被大家所广泛接受。

2. 图书广告

图书广告有多种形式，常见的有：报刊、广播、电视、DVD、海报、幻灯、路牌广告等。在市场经济日益发展、图书市场竞争激烈的形势下，出版社越来越认识到图书广告的重要性。美国、英国、德国、日本等国家的出版社，图书广告费都占本社经营费用的很大比例。许多国家的出版发行部门还利用广播、电视、录像等视听广告宣传图书。西欧、日本的一些大型书店，还在店堂里连续播放由出版社提供的新书录像广告，吸引众多的读者。

早在20世纪30年代，中国的出版发行部门就很重视利用报刊刊登图书广告。例如，著名出版家邹韬奋主持的生活书店，曾在报上刊登《青年自学丛书》广告；茅盾主编的《中国的一日》广告，文字富有揭露性和吸引力，版面设计也颇具匠心；鲁迅亲自撰写的《海上述林》《毁灭》《铁流》《死魂灵》《八月的乡村》等图书的广告文字，更是脍炙人口。这些广告在读者中产生很大影响的。

中华人民共和国成立后，《人民日报》《光明日报》《文艺报》《人民文学》等报刊经常登载图书广告。20世纪80年代以来，广播、电视也经常播放图书广告，有些已经形成固定的专题节目。

而今包括中央电视台在内的许多卫视和地面频道、网络等也都开设了新书推介频道和专栏，同样受到读者的喜爱。

3. 新书预告

在图书出版前，由出版社向书店和读者预告出版消息，征求订数，又称超前宣传。如中国的《社科新书目》《科技新书目》等书目报，附有征订单，供各地书店或读者预订新书。美国、英国、德国、日本等国的出版社和书店也都编有各具特色的书讯杂志。例如，德国的《图书》，日本的《新书展望》《日贩速报》《东贩周报》等。

有些出版社不惜成本印制非常精致的单页或折叠的宣传品，中国、日本等国出版的大型艺术画册，都印制彩色宣传品，上面还印有专家学者的评论和介绍。有的出版社还经常派专人到各地做旅行推销，如西方的大出版社，对一些价格高的大部头著作，在出版前三个月就派人带上样书模型或照片、插图，到各地书店推荐介绍，效果更好。

4. 书目宣传

由出版发行部门将已出版的图书编印成目录，供读者和有关部门查阅。主要有四种类型：

（1）综合书目。根据一定需要，按图书的门类分别编排而成的综合性目录，一般多为新出版的书，如中国的《全国新书目》（月刊）。也有按版别分类编排的汇报性目录，如《上海新书目》。

（2）专题书目。为配合读书活动而编印的书目，如《全民阅读月推荐书目》《全国中小学图书馆馆配推荐书目》等。有的出版社将各类专业著作单独编印专业书目，如《教材新书目》等。

（3）可添书目。根据出版社或图书批发公司的库存书编印的书目，主动分发给零售书店，供他们添配。

（4）在版书目，也称现货目录。美、英、法等许多国家都编有这种书目，美国的《在版书目》收书70万种。德国还编有《国际在版书目》。各国的在版书目每年编印一次，剔除绝版售缺书，读者凭这种书目就可以选购自己需要的图书。

当然，随着互联网+时代的到来，实时、丰富的网上书目也都十分普及。

5. 图书新闻（出版消息）

图书新闻指报纸、广播电台、电视台报道的图书出版发行消息。中国的许多重要著作都通过这种形式向社会宣传，以引起广大读者重视。新闻发布会、记者招待会、新书首发仪式等活动，也是通过新闻报道宣传图书的有效方法。

6. 陈列宣传

它是书店宣传推广图书的重要的、经常性的方法，主要有两种。

（1）橱窗宣传。通过书店的橱窗陈列各种图书，设计美化，以引发读者的阅读兴趣和选购欲望。橱窗陈列的题材十分广泛，是读者了解出版动态的窗口，有配合重大节日、纪念日布置的专题橱窗；有介绍重要著作的重点书橱窗；有介绍"最近新书""本周新书"的橱窗。国外有的书店橱窗，按气候、季节陈列有关图书，很受读者欢迎。

某书店厨窗图书陈列

（2）门市部的书架书台陈列。要求做到类目清楚、陈列整齐、标志明显、体现思想性与艺术性的统一。

7. 口头介绍

口头介绍有两种方式，一种是营业员接待读者时进行的口头宣传，包括介绍新书、同类书、配套书、同一作者或同一选题的书，以及各类书的陈列位置、服务项目、预订办法等，并要随时回答读者的询问。另一种是举办读书报告会、分享会、讲座，邀请专家、作者主讲。

第二节 图书宣传策划的方法与原则

一、图书宣传的基本策略

1. 广告是重要的图书宣传手段

按照美国市场营销协会的定义，现代广告是"由明确的主办人通过各种付费媒体所进行的各种非人员的或单方面的沟通形式。"广告是现代企业不可或缺的一种营销手段，它的作用越来越不容忽视。现代营销学研究结果认为，有广告的促销可以增加23%的销售。

广告宣传是每一个出版社在面对日益激烈的市场竞争中促销图书、打造品牌、树立形象的一种必不可少的手段，其主要作用：一是传递图书商品信息，指导图书购买与消费；二是刺激需求，扩大图书销售；三是提高声誉，树立良好的企业形象；四是增强图书企业的竞争力。

在图书内容质量优秀的基础上，配合以适当到位的广告宣传，可以让好书"走"得更远。

广告的作用在于画龙点睛，出版社须得先画好龙，也就是有好的选题、出版好的图书，定价有竞争力，还要有得力的销售队伍和有效的销售渠道及网络，然后再点睛，即根据目标消费者和经销商的信息接收方式和渠道，通过媒体组合，投入广告宣传，这样才会事半功倍。

2. 以具有公信力的权威书评引导图书市场

书评作为一种"软广告"在图书营销中得到广泛应用。以书评促进图书销售的做法，无论是在国外还是国内都非常普遍。在欧美出版业发达的国家，著名的书评人有极高的权威性，他们撰文说哪本书好，这本书几乎是必然畅销。他们往往是专职书评家，其权威性建立在对每本书公正准确的评价上，褒贬兼有之，公正客观不怕得罪作家和出版商。目前国内图书市场的书评也正在逐步成熟，权威评价对一部书的走势起着越来越重要的作用。

图书如产品也存在优劣之处，关键要看书评撰写者处在什么立场上讲话，如果是出版社请的，只谈该书好的一面，而不足的地方只字不提，只能是掩耳盗铃。还有的书评明显是自吹自擂，动辄说作者是"著名的×××"、专著是"填补空白"、销量是"火爆"、多卖了几本就是"全国畅销书"等等。市场是最好的试金石。这些片面的或者过头的话只能是误导读者，读者终究是不会认同的，有时还适得其反，引起读者的反感，影响图书的销售。

3. 以活动宣传做好图书促销

通常的图书宣传活动包括签名售书、新书发布会、作品研讨会等方式。签名售书主要是借用作者的名人效应。如借助百家讲坛的传播，于丹成为文化界的新名人，2006年11月26中华书局邀请她为《于丹〈论语〉心得》在中关村图书大厦签售，时间定在周日下午人流量最高的时候，读者云集场面很大，影响面很广。签售从下午两点持续到晚上10点，共签了1万多册书。当天，中关村图书大厦创下单日单本1.2万册的历史销售纪录。从实际效果来看，一般只要是准备充分的签售活动，基本上都是成功的。

无论是新书发布会、座谈会、签名售书，这几种宣传方式都各有优势，用其中的任何一种方式，对图书进行宣传，都能在短期内让一本图书在某一地区产生一定的影响，但相对于茫茫书海来说，用单一的方式宣传一本新书所起到作用真是微乎其微。只有以这三种宣传形式为基础，进行多层次、立体化的宣传，善于在行业动态和政治、文化、经济环境的变化中寻找宣传契机，利用每年全国书市和其他不定期举办的小型书市和各种图书订购会，针对重点宣传图书，展开一系列活动，签名售书、新书发布会、作品研讨会等穿插进行，这样会起到事半功倍的效果。活动宣传不但对图书销售有所促进，而且可以进一步提高出版社和书店的知名度。

但是，也应该看到，活动造势对于图书宣传只是"锦上添花"的作用。读者的购书观念正日趋理性化，更讲求的是书的内涵及其是否适合自己的口味。随着市场竞争的日益激烈，有些常规营销手段正在渐渐失去往日的功效。图书策划人及出版企业的市场策划部门也要分析什么是真正的"市场"，纠正、调整自己的经营思路与运作模式，学会促销方式的多样化，和各方通力合作，才能寻求到更见效的促销活动。

4. 注意宣传形式、样式创新

图书宣传除了借助传统媒体外，还应关注新兴媒体，借助网络、手机等载体的营销推广，采取长期战略持续宣传。网络媒体已经成为图书宣传策划方案中不可或缺的组成部分。通过网络发布新书信息，具有传播及时迅速，成本低，容量大的显著优势。网络发布图书内容不仅不会影响图书的销售，相反，网络诞生以来，恰恰是在网络上获得人气的作品，再版时仍然具有理想的销量。如《第一次的亲密接触》《明朝那些事儿》等，都是在网络上积聚了旺盛的人气，纸介图书的出版只是水到渠成。网络书评还具有交互性，可以使读者与图书直接见面，直接评论，缩短了图书与读者的距离。

对于图书而言，宣传策划已经成为图书市场营销与大规模市场沟通的重要方式。只有通过科学选择宣传的方式方法，才能为潜在的读者提供图书信息并引导其购买。然而不同媒体在产品展示、形象化、生动性、可行性、信息承载量等方面各有不同，因此图书策划人在进行图书宣传策划时，要明确图书市场定位、选好宣传角度、找准卖点，厘清各类图书的特点及所处生命周期的阶段，综合运用各种图书宣传方法。出版社的宣传策划部门也要注意培养自己的整合意识，在资金许可的情况下，尽可能保持宣传的一致性和连续性，让有限的资源发挥最大的效用。

二、图书宣传的一般原则

图书宣传策划的原则可归纳为四条。

1. 借势宣传原则

图书产品与一般产品不同，它是以内容为党和国家、为社会服务的。因此，图书策划人应当牢牢把握国内外的政治、经济、社会热点，甚至预设宣传方案，将自己的相关图书推介到读者面前。图书在传播领域并非强势媒体，其影响力明显逊于电视、网络、报纸、杂志。但是，这些强势媒体对国内外热点问题的集中报道，恰恰为相关图书的销售营造了氛围，提供了机遇。图书宣传就是要利用这种已有的氛围和机遇，实现自己的宣传目标。

借势宣传可以事半功倍。因为图书在内容上，拥有其他媒体不具备的深度延展性，在读者关注热点问题的情况下，出版单位要做的，其实就是告诉读者"我有你想要的产品"。反之，如果想凭一己之力，去营造一个热点，除特例之外，基本上是浪费金钱。

只要略加回顾，就会发现年复一年，有相当多的热点涌现，多到足以结集出书的地步。套用一句名言就是：我们身边并不缺少热点，缺少的是发现。如何才能发现？要关注时政，关注强势媒体的导向，及时调整本出版单位的图书宣传品种，顺水行舟，借势前行。

2. 持续宣传原则

做过图书宣传的人往往会有这种感觉，书讯发了，书评登了，新书发布会也开了，但市场反响平平。为什么工作做了，却没有收到预期的效果？这就是因为没有把握持续宣传原则。打个比方，一本图书的宣传资料，在一百家报纸上同日刊登，和百日之内每天都有一家报纸刊登，哪个宣传效果会更好？

在传统制造业，这种宣传手法早已司空见惯。杂志上登的汽车销售广告，很贵，假设是一期一万，厂家通常会预购十二期的版面。

并非仅仅因为多买打折，而是因为十来万能带来销售，而一万的话就只是一期广告。

3. "制造"新闻原则

图书宣传的目的在于引起读者关注，最终引发购买，但是，泛泛地说某书"就是好"还远远不够。现代社会，信息爆炸，读者要关心的事很多，这就要求图书策划人从自己的书中挖掘出可供读者关注的新闻价值来。

一般来说，名人出书，肯定是新闻。比如某位在社会上知名度很高的人物，沉寂多年，突然有著作出版，当然是新闻。问题是非名人作者的著作，如何能有新闻价值。假设这本普通图书的新书发布会上有知名度很高的人物出场，那这位非名人作者也就出名了，这本普通图书顿时也就不普通了。人们会好奇，作者同这位知名度很高的人物是什么关系，书里到底写了些什么呢？这就是新闻价值的挖掘。类似的"制造"新闻的手法有很多，从图书的装帧设计、印刷方式、发行数字、作者背景、内容价值、版权纠纷、收藏角度、纪念意义等方面，都能找到不错的新闻点。这些新闻点会吸引强势媒体主动去报道、转载，从而带动图书的销售。

4. 树立口碑原则

许多大社名社，通常有一些拳头品种，这与新中国成立之初的出版社专业分工相关，也同多年来各出版社的经营有关。历经数十载，有些社的品牌强化了，有些社的优势则丧失了。这就要求各出版单位在宣传自己图书的同时，勿忘打造自己的口碑。好的口碑，会在读者面临同品种选择时，左右其购买意向。政治理论出版物，人们会首选人民出版社的版本；《红楼梦》哪个社都能印，但读者一般会买人民文学的本子；《资治通鉴》家家能出，但读者通常会觉得中华书局的更可靠。这就是口碑的力量。口碑是一种行走的活动的广告牌，能发挥奇妙的功能。

出版单位可以借图书为题，经常开展与相关人群的主题活动。经常介入高校、科研机构的出版单位，就一定能够推出像样的学术作品。反之，一个尊重知识、尊重人才、尊重科学价值的出版机构，自然会吸引名家名作。

三、图书宣传策划各阶段的侧重点

图书在生命周期的不同阶段里，从市场到竞争都具有不同的特征，对宣传的要求也各不相同。

1. 图书上市前的宣传准备阶段

这是图书宣传的第一个步骤，一般在专业报纸上刊登一些信息类的文章，以引起读者尤其是图书批发商的兴趣。

2. 在图书上市期大张旗鼓地宣传

图书刚刚上市，读者不了解图书的内容、特点、价值及影响等，这一阶段宣传推广工作应利用读者喜新、好奇心强等心态，采用多种媒体组合方式，强力宣传该书的特点、卖点，力争让更多的读者了解和熟悉图书，争取在短期内掀起营销高潮，扩大影响，以求迅速打开市场。

3. 在成长期的全方位、立体型的图书宣传推广

在这一时期已有部分读者购买和使用该图书，图书的内容、价值及影响等已开始为较多的读者、中间商所了解，这一阶段宣传推广的重点应是以提高图书的知名度、确立图书的"优质名牌"地位为目标。这个阶段的营销已由单纯的广而告之变成与各种促销活动结合在一起，广告、书介、书评是这一阶段较为重要的宣传推广方式，推广对象从图书批发商、部分消费者转向一般读者，对读者直接引导和组织活动，从而形成全方位、立体型的图书推广模式。如书企组织名人在书市、书店等场合进行名人现场签名售书，形成好的轰动效应，提高图书销售的效率，这是书城、大型新华书店经常采用的方法。

4. 成熟期以维护性宣传为主

这一时期，图书产品已被广大读者所熟悉，同时，市场上同类

选题的图书也明显增多，竞争对手同类选题中的优势产品更为广大读者所青睐。此时图书宣传推广的重点应是以维护性宣传为主，重点在于稳定市场。宣传促销方式以营业推广、公共关系等费用相对较低的促销方式为主，如利用名人提出的各种不同观点，书企借势造势，以引起社会的注意。

5. 衰退期的宣传推广应大幅度减少

图书面临被淘汰，同类选题中的优秀图书已经出现。因此，这一阶段的宣传推广无需更多的投资，只是利用前面的宣传效应，以维持最终销售为原则，否则可能会得不偿失。推广的方式主要以折价销售、奖励销售等营业推广为主。

解决宣传策划的问题，需要由出版社专门负责宣传策划的人员去做，仅靠图书策划人是不够的。图书策划人不可能完全具备宣传策划人员的素质，而专门的宣传策划人员，一定是懂新闻策划、懂公关技巧、懂图书出版，又可以写一手漂亮的新闻作品的人员。作为一个出版社，图书的宣传策划需要保证人、财、物方面的投入，需要舍得花费精力。

第三节　媒体宣传

在信息时代，通过媒体对图书的宣传，可以把信息及时传递给目标读者，激发潜在读者的购买欲。但因为图书品种太多，且与其他关系国计民生的大事相比，图书出版又很容易淡出媒体的视线。因此，面对众多的媒体类型，出版社如何选择恰当的媒体并与之加强沟通，进而有效地宣传自己的图书，在营销实践中显得尤为重要。

一、媒体的作用

出版社的决策者和图书策划人员一定要重视媒体的作用。正如李仁虎在《如何与媒体打交道》一书中所说："媒体虽然不能改变事实，但可以放大你的优点，缩小你的缺点。"而且"媒体在报道时，总是带着媒体特有的眼光。媒体的眼光决定着你在大众眼中和心里的形象。"

图书宣传主要是利用各种媒体发表图书评论、刊登书籍广告、发布新书预告和播发书籍新闻等。此外还有一种情况可称其为"软广告"，即出版社用比刊登广告相比低得多的费用刊登介绍文字，版面上不一定标明广告字样。唯一的区别在于刊登广告要有联系方式，刊登软广告则没有，看起来和正常的文章一样。

一本书出版后，如果"临时抱佛脚"去找媒体，困难是比较大的，效果也会大打折扣，所以建立自己的稳固的媒体关系是非常必要的。维护媒体资源关系可以通过会议（如每年的北京图书订货会）、活动（如出版社举办的各类宣传活动）等途径日积月累地建立起来。只要是与出版社的出书范围有关的媒体都要建立良好关系，不要因为暂时用不上而放弃交往。出版社与媒体交往的基本原则是：既要和媒体友好相处，又要善于利用媒体为出版社服务。李仁虎在《如何与媒体打交道》中提出了与新闻传媒的交往时主要把握的几点：

（1）企业要与新闻传媒保持长期、密切的联系；

（2）决不可因新闻媒体的名气大小、级别高低而采取截然不同的态度；

（3）向媒体提供的信息应该真实可靠；

（4）努力挖掘自己的新闻潜力；

（5）要学会制造新闻点；

（6）不要轻易地得罪媒体。

图书策划人员要研究和熟悉媒体的特点及其运作规律，包括了解媒体的需求。只有把出版社宣传图书的欲望与媒体的需求结合起来，才能达到最佳效果，两者结合的交叉点，就是图书信息中的新闻点。

二、传统媒体不能放弃

媒体的特点各有不同，媒体都关注新闻，但不同媒体关注的重点不一样，关注的对象不一样，关注的角度也不一样。

从功能上讲，有传播学意义上的传统媒体，如报纸、杂志、电视、广播四大媒体和新兴的网络媒体。从媒体特点上讲，有行业报纸和大众传媒之分，与新闻出版业相关的行业报纸主要指图书出版界的《中国图书传媒商报》《中华读书报》《中国新闻出版广电报》《书报刊博览》《出版人》等。从媒体的受众范围讲，又可分为领导干部、知识分子阅读的和社会各阶层普遍阅读的两种。前者具有权威性，多为领导阶层所关注，但又严肃有余，活泼不足，如《人民日报》《光明日报》等；后者阅读范围广、发行量大，对扩大图书的社会影响，引导图书消费，具有不可估量的作用，比如《北京晚报》《北京青年报》《西安晚报》等。即使需要在如此众多的媒体上全面宣传，也要有所侧重，抓住宣传重点，即处理好量和质的关系。

熟悉媒体、研究媒体、选择媒体，把图书的特点和媒体特点结合起来，才能在图书内容各不相同的情况下（每一本图书都有不同的主题、内容和特点），做到图书和媒体准确对接，发挥各自优势和作用，达到既有互动效应，又有深入扎实的报道效果。

三、要重视新媒体在图书宣传中的作用

互联网+时代的新媒体宣传，简单说，是以人为中心，发挥了人作为媒介的巨大作用，这和传统媒介以大众媒体为中心的展示型广告形成了巨大区别。这种新广告传播的方式正在豆瓣、当当、卓越等网站以及微信、客户端等不断地被付诸实践，并且逐渐蔚然成风。目前，很多出版社都搭建了与读者沟通的平台，建立了自己的微信公众账号，把兴趣比较相似、具有购买倾向的人群聚集过来，建立读者数据库。在这个平台的基础上，设立图书报道阅览室，提供图书评论或聊天活动，向会员发布图书报道内容，提供在线试阅等，所有这些都反映了新媒体在图书宣传中的作用。

1. 如何运用网络进行营销

网络确实对传统出版产生了一定的冲击，但网上阅读量持续上升以及网民上网时间的不断增长都有利于出版社利用网络进行图书的宣传与营销。

利用网络进行宣传，主要的手段有：一是建立出版社网上书店；

二是与社会网上书店合作；三是与读书网站或一些网站的读书频道合作；四是与行业性网站或频道合作。行业性网站与频道提供专业性的资讯，很受需要特定信息的人群的欢迎。而今，亚马逊、当当、天猫等网站图书销售效果都比较可观，应该引起图书策划人的注意。

利用网络进行图书的宣传与营销，具体方式很多。除在网站上发布图书的信息外，还可以采用的方式有：

（1）建好书目数据库；
（2）投放网络广告；
（3）在线内容发布；
（4）在网络上发表书评；
（5）开展在线对话和网上发布会等活动；
（6）开设博客、论坛和微信公众号；
（7）重视搜索引擎。

如何让消费者在海量信息中关注自己的产品，话题设计是一个关键。出版社可以利用网络的特点制造新鲜的话题，并通过互动让话题持续并扩大影响，从而延长产品宣传的周期。

首先，通过网络的及时传播，在初始阶段尝试让读者参与到作者的创作中，充分调动读者的注意力。如上海人民出版社在青春成长纪实作品《文武之鼎》的创作阶段即通过网络征集插图，不仅解决了稿源的时效问题，而且从组稿阶段就营造了一个贯穿始终的话题，让读者共同参与和关注这本书。

其次，利用网络的即时和免费特征，在产品制作运筹的同时，用连载、选载等形式预告图书内容，可以起到"导入"的效果。

第三，网络使签售这个传统的促销手段有了保证。签售的实质是给媒体提供话题，提高产品信息在更大范围内的有效传递，促进下一轮的购买。现场组织、气氛营造是签售活动成功的关键。

第四，利用网络的即时反馈和互动效应展开图书讨论，保持话题的新鲜度，互联网博客、论坛、手机微信等平台都是图书话题营销的很好舞台。

2. 利用自媒体平台，开展社会化营销

2014年3月6日，微信牵手作家余秋雨首次试水图书销售业务，

4000册新版《文化苦旅》签名本上线三天即售罄，舆论一片哗然。其实，"华东六少"早就在新书推广中运用新媒体、自媒体等平台进行社会化营销。

喆妈公益阅读是百万博客博主，拥有20多个阅读群，有50人以上的义工团支持，目前与多家出版社合作。《林良童心绘本1》上市后，福建少儿出版社便制定了与喆妈公益阅读平台的合作方案。利用喆妈微博的影响力，福建少儿出版社和海峡儿童阅读研究中心两个微博的粉丝数量大幅增长。同样，安徽少儿出版社跟喆妈公益阅读等知名阅读推广账号开展合作，在新浪微博和博客开展了《一年级的小壮壮》《小猪佩奇》等产品的试读交流活动。

江苏少儿出版社与一些在家长圈子里有广泛影响力的微信公众平台进行合作，2014年1月份重点推出一套引自韩国的情商培育类图书——"儿童心灵成长魔法书"系列。这套书在合作媒体的微信、微博、网站开展了试读招募、有奖转发等活动，不到两周该书套装在当当网卖断货。

事实证明，借助微博、微信等自媒体平台卖书，可以大大节省渠道成本、营销成本，营销投放也会更为精准。

3. 应用新媒体预售新书

预售通常在图书上市时间前的两周左右，并要求在预售期之前确保各仓准时到货。在网店流程进行和图书线上线下展开宣传的同时，要能争取到网店预售链接最大限度的曝光，让读者在看到宣传心动文章的同时获得购买的入口。

预售要想取得成功，就要从宣传着手，做到预售内容丰富（有纪念价值、收藏意义、附加赠品等）。如果在预售期发售作者珍藏签名本或者采用相对较低的预售价格、发放附属赠品等不同的宣传形式，让读者在提前付款的前提下也同时获得相应的"增值服务"，这样使得效果更好一些。

《小时代》曾跻身年度畅销书主角，这与该书的新书预售模式注重实体书店的预售辅助脱不开关系，据长江新世纪文化传媒公司介绍，公司借势电影热潮，在北京王府井图书大厦、北京图书大厦、北京中关村图书大厦、上海书城、杭州解放路购书中心、南京新街口新华书店、长沙叶洋书店、青岛市新华书店等全国各大书城和网络书店全面铺开预售《小时代》的限量珍藏版。该版本在全国发行99999套，每套均有流水套装编码。

《拆墙：全网革命》为中国品牌营销专家、央视品牌顾问李光斗讲述的互联网时代全新的营销格局和策略。因李光斗在业界具有一定知名度，电子工业出版社在预售期准备了其签名本在京东、当当、卓越三家网店售卖，并随机赠送8版《拆墙》专属特色书签。三家网店采购人员确定预售期为网店到货前10天。卓越网还特将该书放至其签名本专区，并做重磅推荐，进一步扩大宣传。在当当、京东网，该社设定前300名购书读者可获得签名本，以此刺激消费。同时，三大网店的预售页面开放后，作者与该社即通过丰富的宣传渠道，如官方微博、微信平台、书友会、读者群等推广该书预售信息，并附加预售链接，使读者便于在快速了解新书信息的同时产生购买意愿。

网上书店利用预售的"预"字，其实也给图书及其出版方做了大量的广告，预售多长时间，相当于多长时间的广告。

四、各种媒体力量的综合运用

图书推广策划对于市场化图书具有更加现实的意义。

在市场化图书的宣传推广活动中，要综合运用各种传统媒体的力量，自始至终进行立体式的宣传造势。

当前一个不可否认的事实就是，如果缺少了大众媒体的参与，一本书要想在茫茫书海中脱颖而出、走俏市场，那几乎是不可能的。利用大众的"媒体依赖"情结，通过电视、广播、报刊等传统的大众媒体对图书进行广泛、深入的宣传，已经成为国内畅销书营销运作的主要手段，甚至是一些出版社打造畅销书的不二法门。分析当前众多的经典案例，可以看出，在动用传统的大众媒体营销运作畅销书的过程中，有以下三方面的特点值得关注。

第一，对市场化图书的宣介必须是自始至终，不能间断的。市场化图书有一定的生命周期，对于市场化图书的策划者来说，要获得预期的效益和利润，就必须在图书的生命周期内尽可能地把读者的阅读期望转变为购买行为，这样就必须保持媒体的连贯宣传优势。当然，根据各个不同阶段的具体情况，宣传策略和方法可能有所不同。成功的案例往往在图书的介绍期甚至介绍期以前就能借助媒体大张声势，甚至故弄玄虚，吊足读者的胃口，使读者产生购阅的需求。

2007年开始创作出版的《盗墓笔记》系列，连续十年受到稻米（《盗墓笔记》粉丝昵称）的热捧，除了该书内容设计、描写有过人之处外，媒体的作用应该也功不可没。就在2015年8月17日，原著作者南派三叔当天凌晨应十年之约，发表长微博为未完的情节"填坑"，在网络即刻登上热搜榜，而为了纪念这一时刻，同名网络剧在前一天中午提前放送第一季结局篇。不少稻米们甚至相信这些角色在真实世界存在，按照小说情节自发赶往长白山，迎接闷油瓶张起灵"回家"。

南派三叔更新完最后一章，表示对大家的感谢："青山不改，绿水长流，后会有期。"有网友则求他别就此封笔，写番外篇。更多的人则对他表示感谢："谢谢你创造了这么好的角色，《盗墓笔记》已经是我青春最美好的回忆，谢谢你一路带给我们的成长。"

第二，必须是综合利用各种大众媒体，发挥电视、广播和报刊的各自优势，从而达到最佳的宣传效果。电视、报纸和广播各有其长处，电视的宣传主要通过电视专题节目和电视新闻；广播除了专题节目和新闻以外，还有联播；报刊则主要有新闻和短讯报道、转载以及书评等方式。要达到最佳的宣传效果，就必须采用立体的宣传策略，即在一个较短时间之内，同时动用几种媒体进行地毯式的媒体轰炸，给予受众关于某书的强烈刺激。这样所得到的效果远比单线作战的效果要好出许多。

第三，必须从"小众"媒体走向大众媒体。在市场化图书的运作过程中，如何从专业圈子中跳出来，走向大众媒体，是一个值得思考的问题。成功的案例给我们的启示是尽量在选题策划中顺应大众媒体的需要，即从媒体的宣传动向和公众普遍关注的热点中发掘选题，把握图书与大众注意焦点和媒体特性的契合点，使图书本身或与图书相关的话题具有新闻性，首先增强对新闻媒体的吸引力，接着通过媒体对大众的影响力影响图书市场，最终收"水到渠成"之效。如《哈佛女孩刘亦婷》一书之所以能吸引多家媒体的关注，原因之一就是能够紧扣素质教育的话题。素质教育是那些年举国上下都在关注和讨论的重要话题，该书在这样的大环境下应时而生，所讨论的话题本身就具有很大的关注价值，更不用说主人公自身的传奇经历的新闻价值了。

第四节 图书广告的投放

广告宣传在图书推广中的作用已被广泛认同，广告宣传在现代出版业中已显示出越来越重要的作用。美国著名出版人贝利指出广告的另一个效果，他说，不管这些广告对销售图书有无实际效果，作者总是喜欢为他的书做广告的，看来好像是为了促进销售，实际上是为了加深作者对出版社的印象。当然，也希望这些广告对销售有好处。

与图书潜在的和客观的发行量应该有一个指数一样，一本书出版上市后，在图书市场和读者中间的影响力也会有一个客观的指数。

一、广告宣传策划

广告的最终目的是将图书信息传达给读者。广告的关键是如何以最小的付出获得最佳的效果，在运用大众媒体进行广告促销时，以下几个方面值得关注。

1. 如何选择广告媒体

选择恰当的广告媒体是成功地做好广告宣传的重要因素之一，选择的原则是广告发布的针对性要强。如今社会的信息传播方式和传播媒体呈现出显著的多元化趋势，各种媒体传播信息的方法不尽相同，发行量和覆盖面也各不相同，传播效果也不一样，这些不同直接影响到广告效益和读者对广告的接受程度。例如，报纸的优点是读者广泛、稳定，信息量大，费用低，可信度高，时效性强；缺点是感染力较差，保存时间短，传阅率低，易被忽略，比较适合纯文字图书的宣传。所以，策划人必须根据媒体特性、图书产品特性、读者接触媒体的习惯来确定该图书广告应使用何种媒体、不同媒体如何进行组合，然后制定出图书宣传的广告方案，有的放矢地进行图书宣传。一般而言，针对图书经销商的广告多刊登在出版业的专业媒体上，例如《中国图书传媒商报》《中国出版》《出版广角》《全国新书目》等媒体；而面对读者的广告多发布于各类大众媒体，其中少儿读物可以考虑运用电视媒体来进行宣传促销，学术图书应选择在相应的专业期刊杂志上进行广告宣传。普通装帧的纯文字图书多利用广播、报纸等媒体即可达到较为理想的宣传效果。

据调查，在众多的图书宣传媒体中，业内人士认为营销效果最好的媒体依此排列为：报纸广告、电视广告、新闻发布会、座谈会（分享会）、邮寄书目等，另外，还有其他很多的广告方式，如在医院挂号单、车票、各种门票上做广告等。

在图书宣传媒体的选择上，主要根据图书的目标读者定位、宣传费用的多少来确定使用何种媒体。若不计成本与获益，只希望达到最佳的宣传效果，就必须采用立体的宣传策略，即在一个较短时间之内，综合运用多种媒体进行全方位的媒体宣传，给予读者关于某书的最强烈的刺激。如《学习的革命》的促销就采用了此策略，也获得了一定的成功，但运用此法的风险也很大。总之，只有熟悉媒体、研究媒体、选择媒体，把图书的特点和媒体的传播效果结合起来，才能在图书主题、内容和特点各不相同的情况下，做到图书和媒体准确对接，达到既有轰动效应，又有深入扎实的广而告之的营销效果。

2. 图书广告时段分析

广告的时效性非常强，图书广告在许多情况下也是机不可失，时不再来的。同时，畅销书与其他图书一样，也有诞生、成长、成熟和衰亡的生命周期，图书广告的发布时间、持续时间、发布次数、各媒体的广告发布顺序等应随着图书生命周期各阶段的特点而策划，尽可能地把读者的阅读渴求转变为购书行为。在做出版社的商誉广告时，在媒体的选择上可以宽泛一些；而在为经销商做通知广告时，则应注意要放到定期、相对固定的媒体上，这样就会使经销商稳定地获得新版图书信息，尤其在书市、图书订货会、读书节等活动之前，要做好这方面的广告。在为读者做劝说广告时，则应注意分析其图书性质和作用，例如一些与实际工作关系密切的图书广告，应选择在周一至周四的时间里，而休闲、生活时尚方面的图书广告，则尽量安排在节假日和人们闲暇娱乐时间内。

广告宣传做得越好，占领市场的可能性就越大，创造的利润也越可观。

二、图书广告投放的基本原则

图书企业做好图书广告需要遵循以下原则。

1. 选择适合的媒体

面向批发商和零售商的图书广告，要选择在书业界有影响力的专业媒体；而面向终端读者的广告宣传则要看图书门类，大众图书的宣传要选择读者覆盖面广的大众媒体，专业和教育类图书的宣传要选择目标读者明确的小众媒体。

2. 精心计算投入产出率

投入和产出要预先计算出具体数据，不能只是模糊的概念。尤其在刊登广告方面要慎重，应该量力而行，除常规宣传外，只有重点和有市场潜力的图书才运用广告宣传手段。

3. 精心策划，做好广告文案

宣传文案的撰写是图书宣传方案中实际操作的重要部分。要抓住卖点，结合图书产品的特色，把书中的精彩内容、专家书评作一番精心挑选，组成简短的介绍，并最终提炼出吸引人的广告语。还要选好宣传角度，比如《哈佛女孩刘亦婷》的宣传既可以从留学梦的角度策划，也可以从素质教育的角度策划，策划者经过反复思考，最终选择了"素质教育"的角度，结果引发了整个图书市场的"素质教育"风潮。

4. 确保发行到位

若计划在全国性的媒体上做广告，必须确保广告图书已完成铺货——即在全国各地的书店都能买到，以方便顾客购买图书。此外，备有足够存货，以及时供应广告引起的购书热潮。

5. 跟踪调查广告的效果

准确掌握哪一种媒体对广告投入产生了最好的回报，以指导如何进一步做广告，不论是做再版图书的广告，还是做将要出版的新书广告。

三、保证广告效应的有效措施

采取什么样的措施才能使广告宣传取得最佳效果呢？笔者以为主要有三方面的事情要做：

一是，提高广告宣传的质量，从数量型向质量型转变，尤其是增加广告宣传的策划含量。要在实践中慢慢摸索适合本出版社特点的广告宣传模式。适于策划、炒作的图书应该是那些社会类、生活类、热点类的选题，像有关教材、教辅、专著的图书，在策划、炒作上的确有一定的局限和难度。

二是，增加广告宣传投入。一般的企业用于广告宣传的支出约占利润的5％至10％，这笔支出是企业必要的成本，没有这部分成本开支，产品就打不进市场。

出版社对广告宣传投入力度越来越大，只要走进全国书市和每年年初在北京举办的全国图书订货会，就会充分感受到图书广告宣传的巨大声势和广告竞争的硝烟味。很多出版社把图书的广告宣传策划作为一项常规性工作，每年从利润中拿出一定的比例用于图书广告宣传。

三是，学会图书广告的策划方法。

图书广告有别于其他商品广告，这与图书的属性有关。

图书，有形式更有内容，而且其内容有一定的文化内涵，一般是供给对其感兴趣的消费群体。更为特别的问题在于图书是可以深度"试用"的。因此，广告内容夸大其词往往会适得其反，缺乏针对性或宣传不到位又不能引起读者购买欲望。

图书的宣传策划是图书市场竞争的产物。实践反复证明，在通信手段日益多样和媒体日益发达的今天，图书的销售对宣传的依赖程度不断增高。离开了图书的推广宣传，图书的销售真可谓举步维艰。尤其是那些具有市场潜力的"畅销书"，如果不是借助强有力的广告宣传，则不可能为出版社带来销售量和丰厚的利润。

第九章　图书营销策划

一般认为，图书营销是出版社发行人员为了扩大图书销售量，通过一系列推介、宣传和造势活动而有计划、有步骤地实施的引导读者购买图书的行为。图书营销策划是在图书已经或即将上市时，完全靠后期针对图书内容、作者等策划出一系列宣传推广方案并加以实施，从而达到扩大销售的目的。实践证明，营销策划与图书策划人关系重大。

第一节　图书营销策划概说

图书营销策划是指出版社通过组织各种有利于扩大本版图书社会影响和吸引读者购买图书的营销宣传造势活动，是出版社采取首发式、广告、书评、座谈、组织书友会等多种营销手段，努力扩大图书销售的营销策划行为。

值得一提的是，图书营销策划的目的非常明确，以提高图书销售量为目的，而采取变化多样、富于创意的手段引导读者消费。它和在计划经济年代那种靠企业的产品销售部门来推销产品的行为是根本不同的。它强调的是更为积极主动、有更多谋划因素在内、并且精心组织实施的图书推广活动。市场完全是按照策划者的安排进行的，而外界包括读者对策划者的用意并不知悉。

营销策划已经成为图书策划的一部分。

一、图书营销策划的一般内容

图书营销策划一般可以从事前、事中和事后三个方面来考虑。

1. 事前阶段的营销策划

事前阶段的营销策划内容主要在于策划合适的内容和装帧，具体内容有：

（1）图书市场调研，研判图书市场品种、需求走势及预计变化；

（2）读者调研。了解读者需求种类、大小及变化；了解读者的消费习惯及生活特征等；

（3）研究、细分目标读者市场；

（4）了解预定选题领域及相关领域的发展变化；

（5）根据目标读者市场需求进行选题工作；

（6）确定选题、叙述风格、选定作者等。

2. 事中阶段的营销策划

事中阶段的营销策划内容应集中在对图书设计制作方面，主要工作包括：

（1）以目标读者购买便捷为原则，设计发行渠道；

（2）以共同推动新书主旨的目的联合渠道，制订销售方案及促销策略；

（3）根据市场价格及目标读者购买力制定销售价格；

（4）设计新书的装帧方式及封面、用纸以及制作工艺等；

（5）谋划新书的周边产品问题（横向产业化运作）。

3. 事后阶段的营销策划

事后阶段的营销策划内容应重点关注以什么样的方式向潜在读者推荐并促成购买行为的发生，其重点是：

（1）根据目标读者的利益点，确定传播主题；

（2）针对目标读者的收看习惯，选择媒体进行广告宣传及软性报道；

（3）有计划、有步骤地开展公关活动，如新书发布会、作者签名售书等；

（4）在图书生命周期内其他与图书相关联的事件、特殊日期的利用。

二、图书营销策划的基本原则

图书营销的基本原则可归纳为如下几个方面。

1. 读者原则

读者是营销计划的起点，也是营销活动的最终对象。读者不确定，市场就不确定。哪些书是自己想读的，读者不会到处去声张也不会主动告诉出版者。畅销书很可能是一种不约而同的现象。要避免图书策划人的喜好和读者购买的动机相脱节，为此，出版人应该定期不定期地深入图书市场，经常模拟买书的情景。

2. 营销原则

新书的营销责任主要在图书策划人，出版社市场部的工作是增加实现销售的可能，而旧书的销售责任在市场部。发货不等于销售，只管发行，不问销售，将使发货配置与实际销售变相脱节。

有时候说某书销售了多少，其实只是发了多少货。销售是成绩，也是一种信息，要建立销售反馈机制。

3. 成本原则

宣传也是销售成本，对于图书宣传来说，这是一个十分敏感的话题，也是一个两难的选择。一本书宣传成本空间较小，如果是一套书，宣传成本空间就大了。

4. 信息原则

在书出版前，就将相关信息告知读者；书出版后，还要有信息反馈。要对这些信息进行汇集整理。

5. 策划原则

每一个成功的营销策划案，总是搭配和组合的完美呈现，比如价格搭配版本、海报搭配陈列、签售搭配发行等。

6. 测试原则

每次营销都是一次测试，通过反馈测出需要改进的地方。

图书推广涉及宣传和营销两个环节，宣传是造势，营销是实战，二者缺一不可，尤其是在图书市场多品种、少印数、追求新品的环境下，宣传、营销工作就显得更加重要，必须引起图书策划人的充分重视。

三、图书市场营销策划的现状

图书是一种商品，因而图书的市场营销和其他商品一样，有其一般的规律和运作机制。图书市场营销的内容是根据读者的需求决定提供的图书，并综合运用各种战略、策略和方法促进读者购买，以取得最佳的经济效益和社会效益。近些年，全国每年出版的20多万种图书中，绝大部分缺乏系统完备的市场营销方案，其中一小部分图书进行了市场宣传，但所采取的手段也十分有限。出版社最常采用的营销方式是在订货会上宣传和在业内媒体上刊登广告，且以书目和图书介绍两种形式为主；有的图书还由责任编辑或者请作者、评论家写一些评论推荐文章，配合图书的销售。这些方式虽然对于社店、社社之间的信息沟通起到了非常重要的作用，但对于市场终端销售——读者的接受和购买，显然是缺少针对性的。造成这一现状的原因是多方面的，概括起来有以下几点。

1. 市场意识滞后

与真正意义上的经营性公司关注的企业形象策划、广告策划、公共关系策划、营销策划相比，出版业的策划意识是相对滞后的。虽然图书选题策划近几年已受到了广泛重视，许多出版社还成立了选题策划部门，并注重培养专门的策划编辑，但是计划体制时采用落后的图书生产方式不仅制约了市场主体的建立，也使中国出版界过去是只重编辑而轻发行，现在是重选题策划而轻营销策划，往往是选题的酝酿与营销的运作严重脱节。

2. 市场策划能力不足

几年前，"策划"或"企划"对于大多数中国人来说还是陌生的；今天，著名策划人都成了企业的座上客。策划主体的增多，策划专业化、职业化的发展，使策划从社会生活中脱颖而出，成为备受青睐的对象。职业化是一个行业成熟的标志。一方面营销策划是一种知识性、操作性、竞争性非常强的市场行为；另一方面我国的营销策划相比欧美的策划业，还处于个人英雄时代，没有形成集体智慧。缺少专业分工，远未形成专业权威；不是通过严密的市场调查和信息分析，而是凭感觉和经验进行设计；策划主体不成熟，策划群体的水平参差不齐等都是我国策划业的现实问题。在这样的大背景下，由于书业本身的独特情况，外界人士很难掌握其内部运作规律，更为策划机构与书业之间的合作增添了难度。出版策划尤显能力不足。

3. 市场策划行为单一

在多数出版社，销售部门从促销角度会加强一些将图书推向市场的措施、策略。但它毕竟不是专门的市场营销策划部门，各类图书在这里被看作同等的销售产品，很难按照不同读物的特点和读者的阅读需求，有针对性地开展促销活动。成功的市场营销策划应是从市场调查入手，了解消费需求，进而进行产品定位和创意，确定价格，选择分销渠道和促销方式，并及时收集消费者的反馈意见。因此，就图书的营销策划而言，它贯穿于选题策划、编辑制作、宣传发行到售后服务的全过程。发行只是整个营销策划链条中的一环，而且由于二者的目标市场不同，在销售那里，市场（各种渠道的批发商、零售店）位于营销过程的终点；在营销策划部里，市场（读者）则位于营销过程的起点。前者体现的是生产决定销售，后者则反映需求引导生产。因此，发行促销与策略虽注入了一些市场因素，但作为参与市场竞争的策划模式，明显过于单一且难以奏效。

四、图书市场营销策划的运作方式

图书总是面向市场的。长销书、畅销书，学术书、大众书……各类图书各有其特点、定位，只要予以恰当的营销策划，总能找到合适的消费群体（目标读者）。在整个书业营销策划还不是很成熟的情况下，每个图书策划人如果从关心自己图书的销售情况考虑，就不会对市场策划无动于衷。也正是在这个意义上，目前中国出版界有一种说法，叫作"有畅销书编辑，没有畅销书出版社"。畅销书的运作，某种意义上说还是策划人的个人行为。一本书从选题构思到成功发行，作者、出版者、发行、媒体、批发商、销售商等因素和资源是需要合理配置、统筹运作的，这其中策划人运作水平、参与程度无疑起着至关重要的作用。一个具有市场意识的策划人，不仅应在选题策划阶段进行充分的市场调查、市场预测，从而捕捉到市场机会，把握市场发展的客观规律；也不仅应在图书制作阶段确定合理的纸张、装帧、版式、印数、利润等直接影响促销策略的因素；更应当在图书的营销策划阶段，针对图书精神产品的特性，在图书定价、目标市场选择、促销时机把握、宣传媒体组合以及品牌运作等方面发挥策划人的创造性。在国内大多出版社尚未建立专司市场营销策划部门的情况下，策划人的这种作用的发挥就尤显重要。

1. 把握商机，宣传营销同步起动

图书的市场宣传大体上可以分成四个阶段。出版前，即预知阶段的宣传；出版后，即告知阶段的宣传。这两个阶段可以通过在媒体上发书讯、书评、广告抑或内容摘登等，以达到制造热点的目的。第三阶段，可以称之为图书销售阶段的宣传，即随着图书的进店上架，进行有针对性的深入宣传。可以通过邀请知名的作家、评论家，让他们实话实说谈感想，利用他们的学识及威望刺激读者求新、求奇、求名、求知的阅读、购买欲望。而后续阶段的宣传，目的是根据市场形势做一些分析引导，确定图书是否可以再版，是否制作后续产品，并借助其形成新的宣传热点。

当然，营销策划的最佳效果决不仅仅是为了制造轰动效应，相

反，却应以最小的投入获得最大的产出。因此，宣传要与发行工作同步或适当前置，形成相互促进的良性购销关系。依据整套营销策划方案，无论采取"订货会策略"，还是"淡季出书策略""顺风驶船策略"，选择的时机必须有效。丛书、套书最适宜成系列面世。否则，宣传热点过后市场却见不到书，或图书上市两三个月仍未通过宣传刺激读者的购买欲望，读者的兴趣点就会不断地被新的图书热点所吸引和分散，宣传的投入也会付诸东流。

2. 依据图书特点，选择最佳宣传媒体组合

国内出版社在进行图书宣传时，不大根据图书本身的特点来选择最有效的方式，而习惯于追求表面的奢华和气派，动辄搞首发式（经常在人民大会堂），找领导人、名人撑门面等。这与其说是为营销进行的活动，倒不如说是为宣传而宣传。再如《学习的革命》一书的出版方选择在中央电视台一套黄金时间斥资数千万做的几秒钟形象广告，虽在业内引起轰动，但其综合效益究竟如何则不得而知。其实，图书种类千差万别，每种图书都有适合自己的广告宣传方式，有的以地域为主，有的以行业为主，有的以特定的读者群为主。对风云人物的传记和畅销书作家的新作采用首发式，往往能造成轰动效果。对专业图书及学术性著作，专业刊物比大众媒体更具促销效果。有时地区性媒体广告比全国性媒体广告，实际收效更大。围绕某一市场机会，如诞辰、逝世、全国性的纪念活动等，利用密集的书评进行"轰炸式"宣传，产生的市场效果往往比纯粹广告促销要强，且省钱。

3. 树立品牌意识，重视品牌策划

现代社会，无论是卖电脑、手机等高科技产品还是出售牙膏、化妆品等日用消费品，其中一个强有力的市场营销工具就是品牌。有的专家指出：一个企业的品牌是其竞争优势的主要源泉和富有价值的战略财富。出版业在市场经济条件下同样应注重品牌运作。

出版业的品牌不同于一般图书或出版社的名称，名称只具有使人将事物辨别开来的功能，不体现事物的个性，而品牌则附有图书（或出版社）的个性以及读者的认同感。因此，我们认为出版业的

品牌是体现图书（或出版社）的个性和读者的认同感，象征图书生产经营者的信誉，被用来与其他图书（或出版社）区别开来的名称、标志、包装等符号的组合。有调查表明：有的读者在选购同类内容读物时，偏好某家出版社的图书；有的偏好某个作家或某个编辑的作品；有的因喜爱某种丛书当中的一种，进而对整套丛书产生兴趣。这事实上都是品牌效果在起作用。好的品牌是读者对其产品的承认和信任。品牌策划实际上就是创名牌的过程，它通过人们对名牌产品的崇拜而实现销售的目的。在市场消费心理逐渐成熟、读者购书渐趋理性的今天，每一种新书的制作和投放市场的策划，出版社、策划人、责任编辑都要具有强烈的品牌意识。了解和掌握读者的阅读口味、购买心理和实际需求，树立为读者负责的意识，将图书品牌命名与塑造出版社品牌紧密联系起来，加以创造和维护。这是一项代代相继的系统化工程，需要长期规划，精心策划。

在出版社的经营中，如果说"选题是出版社生命线"的话，那么图书营销则统帅出版社的灵魂。因为一个缺乏现代营销意识的出版社，将很难在市场经济条件下有所作为。作为出版社的决策层，应牢牢树立"营销决定企业命运"的市场观念，积极引进现代营销的理论和方法，培养自己的市场营销策划队伍，构建一套成熟的图书编辑机制和图书营销机制。到那时，延续了多年的传统编、印、发环节将为更具市场策划色彩的制作经理、市场经理、媒体经理甚或发行人和书商的参与而打破，新的社会分工将更有利于提高劳动生产率。在此基础上独立的图书策划人也将与传统的案头编辑相分离，从而全身心地投入到"选题策划"乃至"营销策划"的全过程中，使图书的市场运作更科学、更富创意。我们相信这个以市场为导向、以读者为中心的"图书策划人模式"将非常有利于实现图书的"双效益"。

第二节　营销策划中的定价策略

出版是文化事业，图书的出版意义与阅读价值比较抽象。图书作为一类特殊的商品，具备经济效益和社会效益双重价值。目前，图书的定价权主要掌握在出版社的手中，还没有形成西方国家那样的市场体系、运作规则以及自律意识。根据国家物价局和原新闻出版总署联合发布的《关于改革书刊价格管理的通知》，除大中专教材和中小学课本实行国家定价外，对书刊全面实行在控制定价利润率下，由出版社自行定价。

一、图书定价方法

我国图书采取定价制，即图书定价标于封底，出版社按照一定的销售折扣将图书发给发行商，最终书店按照定价销售。出版社综合考虑成本、书类、市场竞争、供求关系等因素确定图书的定价。其中，成本是确定图书定价最重要的因素之一。

一般来讲，图书的成本由固定成本和可变成本构成。固定成本包括稿酬（一次性付酬、字数稿酬）、编校费、设计费、制版费、管理费等费用，这些费用不因印数多少而变化；可变成本包括版税及印数稿酬、材料（用纸等）费、印装费等，各项费用均随着印数有所变化。教材（除中小学教材教辅外的大中专院校教材）、大众书、科技类图书等根据制作工艺及设计不同，成本呈现一定差异。教材的成本相对较低，而科技类图书尤其是使用四色印刷或者高规格用纸的专著或特殊工艺图书，成本将数倍于一般的教材。除去成本因素外，需要根据不同书类的印数和对市场销售的预判，在一定的利润空间基础上，确定图书定价。这需要对销售量有精确的预判，数据准确与否不仅考验图书策划部门和发行部门的能力，也将通过实际销售情况反映出版单位的经营水平。

1. 成本导向法

成本导向法是最基本的图书定价方法，它是出版社在图书成本的基础上，再加一定的预期利润而制定的价格。包括印张定价法、利润倒扣法、利润率估价法和综合定价法。印张定价法，即估定单位印张的定价，然后计算出整本书的价格，并与发行部门协商确定；利润倒扣法，即先确定图书的预期利润额，加上总的会计成本和销售折扣形成预期销售收入；利润率估价法，即根据出版企业已有图书的平均利润率或所要求图书完成的基本利润率来估计图书定价；综合定价法，即综合以上几种定价方法来确定价格。

2. 竞争导向定价法

竞争导向定价法是很多出版企业常用的定价方法，这是考虑到图书市场竞争的需要，既要打入市场，又要获得利润，关键是要把握准定价的分寸，主要有两种方式：

（1）根据市场同类图书产品的平均价格水平来确定自己的图书产品价格；

（2）如果本版图书在同类图书市场居于领袖地位，那么就相应地拥有该图书产品定价的主动权。

3. 需求导向定价法

需求导向定价法是顺应图书市场需要的一种定价方法，主要有三种形式：

（1）认知价值定价法。即把价格建立在对图书产品的认知价值基础之上，作为定价的关键不是卖方的成本而买方对价值的认知，认知价值定价的方法能与产品定位思想很好地结合起来；

（2）价值定价法。即用低价提供高质量的图书产品，让渡给读者最大的价值，让读者可以买到物美价廉的图书，但这种定价方法也具有一定的风险，关键是要尽可能地压缩成本；

（3）区别需求定价法。即根据需求条件的不同，对同一图书确定不同的价格，基于图书在出版过程中的零售价格已经确定这一原因，这种定价方法在图书营销中的应用受到了一定的限制，即价格差别只能低于图书零售价格（如以打折的方式或捆绑销售的方式等）。

国外尤其是西方国家出版社在确定图书定价时有不同的考虑，原因在于生产成本、出版社管理费用和发行商折扣的不同等。由于国外员工薪酬较高，出版社管理费用分摊的比例比较大。

二、图书定价策略

关于图书定价的策略，主要有图书价格水准策略、心理价格策略、对比定价策略、谐音口彩定价策略和图书发行折扣策略等五种，下面分而述之。

1. 图书价格水准策略

具体包括以下三种：

（1）撇脂定价策略。这是新品种图书上市之初，在没有同类图书竞争的情况下采取的一种高定价策略，运用此策略的关键是图书的确有竞争优势，对图书市场，尤其是图书的需求价格弹性要有充分的了解，而且发行速度要快，防止竞争对手在短时间内跟进。

（2）渗透定价策略。在通常情况下，绝大多数类型的图书都适用于这一策略，特别是市场容量大、同类品种多、市场竞争激烈、需求价格弹性高的图书产品。在现阶段读者购买力相对较低的情况下，运用此策略会收到更好的效果。

（3）满意定价策略，这是介于撇脂定价策略和渗透定价策略之间的一种折中定价策略，一般是按照书业系统平均价格水平来确定自己图书的定价。这种定价策略较为理想，其不足之处主要体现在主张被动地去适应市场，而不是利用价格手段去积极参与市场竞争。

2. 心理价格策略

具体包括以下三种：

（1）尾数定价策略，即在给图书定价时，有意确定一个保留尾数价格。消费者心理研究表明：绝大多数消费者普遍感觉到尾数定价比整数定价要便宜、精确一些。需要说明的是，这种策略主要适用于那些低价、需求弹性大的应时书，对于那些高档次、高价位、高质量的图书则不宜采用。

另外，在国民收入较高或读者熟悉市场的情况下，这种策略的作用不大，有时甚至会适得其反。

（2）整数定价策略，即定价通常以"0"为尾数，这主要用于那些高档次、高价位、高质量的大部头图书。

（3）声望定价策略，即所谓的"品牌高价"，对于内外质量均高于市场上同类图书或市场上尚无竞争者的图书，定高价是可能而且是必要的，因为高价格会满足一部分读者的购买心理，激起他们的购买欲望，但此类定价策略在运用时要十分慎重。

3. 对比定价策略

对比定价策略比较适用于装帧形式不同的同一种书。如果一种图书的精装本市场更大一些，那么可以多印精装本的同时，印制少量的平装本，并且将二者的定价差距尽量缩小，使读者有购买精装本比较划算的感觉。

4. 谐音口彩定价策略

利用消费者讨口彩、图吉利的心理来给图书定价的策略，从营销学角度看，谐音口彩定价策略只要读者乐于接受，是有利于图书销售的。

5. 图书发行折扣策略

图书发行折扣策略是出版企业灵活运用折扣手段、鼓励图书分销的技巧。可以说发行折扣策略是影响图书出版利润最为关键的环节并且日益受到重视。图书发行折扣策略即所谓的量大从优，这可以稳定客户，鼓励中间商建立长期的图书分销、批销关系，但关键时要确定一个合理的数量目标、标准、等级和折扣比例。除了数量折扣外，还有品种折扣、现金折扣、季节折扣、功能折扣等不同的折扣策略。

三、高定价的 N 个理由

从某种意义上来说，书价是在一定时间段内，努力寻找市场或读者的最大可能接受度，从而给出版机构、渠道、作者提供最大收益、最大动力。

书价不应该只由印张、纯生产成本来定，而应该根据实际的供需、消费能力和读者心理来定。如果书价一直低迷，从业者得不到回报，优秀人才就会流失，整个行业发展就受到影响。

1. 根据消费能力和读者心理去定价

定价不应该根据纸张和纯生产成本来定，根据实际的供需和消费能力来定才更合理。商务人群阅读的商业类书籍、引进版图书，高收入工作群体的高级认证教材，艺术类、收藏类图书的读者通常有较强的购买力，所以这类图书的价格通常可以定高一些。

电子工业出版社2013年1月推出一套"奢华传奇"系列图书，套书包括4册，分别是：《红酒：流经岁月的奢华诱惑》《腕表：时间与尊贵的永久珍藏》《高尔夫：高雅与技巧的快乐同行》《名车：性感金属的前世今生》，全彩印刷，240页，全精装，护封烫金，单册定价128元，内文和装帧制作得相当精美。这套书的定位读者人群就是具有一定经济实力、对收藏有一定兴趣的人士。

2. 刚需图书应该标高价

大众畅销类图书读者对价格比较敏感，读者甚至会因为贵了一两块钱就不肯买书。但是工具类、专业类、学术类图书是刚需的，不需要这类书的读者，价格再便宜他也不会买；需要这类书的读者，价格贵一点他也会买。真正在乎定价的集中在非功能性阅读上，比如文学、娱乐、生活、励志等等，功能性阅读都不会过于在乎价钱。

英国的专业书籍，比如法律、财税这一类，定价往往都很高，是大众畅销书数倍甚至十倍以上。整体来说，国内专业类图书与大众类图书的定价差别并不算大。综合国内的消费水平和读者接受度，如果你觉得你的图书有刚性需求，那么正常定价多十元钱，基本不会对读者购买造成影响。

3. 定制图书可以标天价

针对特定目标人群的定制图书，其实也算"针对购买力去定价"范畴，只是目标更为精准，甚至在印制之前就已经确定了购买者和销量，那么这类图书的定价就可以有更灵活的机制。如果目标人群消费层次较高，高定价也就是顺理成章的事。因为对于某些消费人群来说，他们在乎的是书的品质。当然，支撑高定价的，应该有更高的品质，从内容到装帧。

清华大学出版社出版过一本高级定制书《教育的温度》，只为目标人群定制，只印1500册，永不重印。该书一共300多页，定价为300元；东方出版社2012年出版过一本《世界最珍贵的100种绝世美酒》，该书曾获"世界美食美酒图书大奖赛"金奖，也是高端定制产品，版权页上的印数为3000册，定价598元。

4. 限量版价格直接翻两番

对于知名作家，出版机构是否可以推出作家限量签名版，再给一个高定价？

所有商品，只要加上"限量"二字，价格就可以成倍、数倍上涨，而购者还会趋之若鹜，唯恐抢不到手。

图书其实也是如此。郭敬明在出版《小时代》三部曲（长江文艺出版社）时，就分别推出了普通版和限量版，普通版价格不超过30元，有唯一编号的限量版却要卖到99元，是普通版的3倍多，销量依然很好。时至今日，这些限量版在网上通常可以卖到三四百元，有的甚至可以卖到900多元。

既然市场有这个需要，那么对于知名作家，出版机构是否可以推出作家限量签名版，再给一个高定价？

5. 稀缺的才是最贵的

如果仅此一家别无分店，没货可比，那主动权就掌握在商家手里了。

出版业也是一样的。稀缺类图书，定价权在出版社。某专业出版社出版的学术著作、古籍文献等，质量很高，有很强的权威性，其他社的版本无可代替，同时这类书印量又比较少，通常只有2000～5000册，因此这些书的单印张都远远超过大众类图书。从市场反馈来看，适当的高定价并未影响到销量。高质量也是一种稀缺。打造有价值的书，读者认可，自然可以适当调高价格。

6. 提高印张定价

在维持绝对价格不变的前提下提高相对价格，算是一种提价策略。

读者对图书价格有一个心理预期，触红线的下场可能很惨——超过了这个心理预期，他就不会买书。将定价维持在读者的心理预期之内，只是把书的开本变小，适当做薄一些，减少印张，在维持绝对价格不变的前提下提高相对价格，这也算是一种提价策略。

做薄未必就一定要压缩内容，把字体变小以减少印张也是常用方法，但字体变小阅读起来就会很累，读者未必喜欢。那么增加册数也许是更好的方法。比如一部200万字的长篇小说，原计划出上中下三册，每册定价42.00元，现在不妨考虑拆成25万字一本，出上八册，每册定价29.90元。这样整体定价几乎翻了一番，但给读者的心理感觉却并不贵。

7. 做精装本提升定价

对于一本字数较少、又确实有市场价值的图书来说，做精装本几乎是必然的选择。

毋庸讳言，现在图书其实是以纸定价，而非以质定价。按照规定，图书定价要预设十个方面的利益，包括造纸厂、排版厂、印刷厂、装订厂、出版社、作者（稿酬）、储运商、批发商、零售商、国家税收。但在实际操作中，出版方往往有两种比较简单的做法：一是以纸张、印刷、稿酬等直接成本乘以3至4的倍数，作为图书价格；二是按纸定价，即以印张数量乘以黑白、彩色等不同印刷方式和不同用纸确定的印张价格来确定价格。

那么对于一本字数较少、又确实有市场价值的图书来说，做精装本几乎是必然的选择。十多年前，中信出版社引进《谁动了我的奶酪》，就遇到了这个问题。该书仅有2万多字，按常规做法定价只能几元钱，很难赢利。最终就做成了精装本，定价是16.80元。

与做精装本类似的思路还有：字大行稀加插图，以及用好纸。

8. 再版变身"升级版"

再版时在封面上标注"升级版"或者"修订版"字样，提高价格就显得理直气壮了。

当一本书再版时，一定不要忘了提高定价。一本书能够再版，就说明这本书有足够的品质和读者群，那么提价就是应该的；提价可以增加利润空间，对出版商和作者都有益处；提价可以形成"陪衬人"效应，对还没有卖完的原来的版本的销售有帮助。

不过如何提高定价，也有技巧。通常来说，再版时在封面上标注"升级版"或者"修订版"字样，提高价格就显得理直气壮了。请作者重新修订一下原来的版本，适当增加一些内容，然后提高定价，作者、出版商都有更好的收益，读者也会觉得物有所值。

9. 网店专供可以略贵一些

网购者往往关注"打几折"，而对图书的相对定价（基于印张、开本、装帧的定价）不够敏感。

实体书店正在渐渐沦为网店的展示台，许多读者会到书店扫码或抄书名，然后去网上购买打折书，而且还可能会货比三家，挑最便宜的买。这种现象让实体书店很无奈甚至是愤怒，但是对于消费者来说，便宜永远是王道，谁也没有办法改变。

但是网购也有网购的坏处。在实体书店，你可以把一本书拿到手里看，装帧、印刷、厚薄，再与定价相对比，判断是否合适。但在网店就没有这个便利。网购者往往关注"打几折"，而对图书的相对定价（基于印张、开本、装帧的定价）不够敏感。那么相应的对策是，专供网店的图书，不妨定价高一点。对于网店来说，高定价、低折扣才是王道。

出版商甚至可以开发出专供实体书店和专供网店两个版本。专供网店的版本可以专门设计、有相应赠品，价格也可以相应高一些。这样也可以顺便解决实体书店与网站串货的问题。

10. 提升图书附加值

可以随书给一些赠品，比如附赠光盘、海报、明信片、相关的玩具公仔等。提升图书的附加值，就可以顺理成章地提高定价。

生活类图书则可以拉一些赞助，附送面膜、护手霜，以及商场和大牌产品的优惠券，这样对于商家来说相当于广告，对于读者来说，赠品价值甚至会超过图书定价，高定价也就容易接受了。

第三节　营销策划的一般方法

从图书营销的角度出发，有四种独特的图书分类法：一种是畅销书，即在一个不长的时期内有较大影响和较大发行量的图书。第二种是长销书，即能够长期销售，不断再版和重印的图书。第三种是动销书，有广义和狭义之分，广义是指在一个时间段产生销售的图书品种；狭义是指不包括畅销书、长销书，而专指产生销售但销售数量小于长销书的那部分品种。如果说畅销书是快的问题，长销书是量的问题，那么动销书则是这个品种该不该加印的问题。第四种是滞销书，即在一定时间段没有销售的品种。

图书营销策划方法千变万化，几乎每一种图书都有适合自己的营销策划方法、方案。拿一种畅销书的营销方法套用另一种图书是很难成功的。

一、全程营销

全程营销又叫立体营销。在这种营销战略中，包含一系列行动。出版社为了推销图书可谓竭尽全力，不惜投放人力、物力和财力。

1. 《哈利·波特》的营销案例

《哈利·波特》系列自2000年10月6日上市后，至今已累计发行超过600套，3500万册。当初，出版社对这套书针对中国的市场调研和分析是这样的：

（1）该书在国外的市场由平淡到畅销，第四册方引起轰动，说明不是一时的炒作，内容本身具有生命力。

（2）大陆儿童文学创作从观点到艺术手法上都过于传统，不能满足童话需求，需要有新的现代气息强的小说来填充，"哈"系列正具备基本的条件。

（3）业内外媒体对该书的关心已超出它本身的意义，为今后的宣传做了有利的铺垫。

（4）人民文学出版社有出版文学书的优势，近年来营销策划也从无到有，积累了一定的经验。

此后人民文学出版社作为第一重点书，从人力、物力、资金、生产安排、宣传策划都一路畅通，社长亲自挂帅，图书策划人、总编室、排校部、装帧设计室、出版部、策划室、发行部齐动员，每个环节都竭尽全力。此书开机就印20万套。

基于这样的分析，《哈利·波特》的立体化营销全面铺开，除召开专家研讨会、专门的订货会（为一种书召开的很少）、全面覆盖新华书店和灵活的销售折扣外，同时学习这本书在欧美成为一个产业的经验，即涉及影视、服装、玩具、形象、音乐等领域，尽力开拓外延产品的空间，在出版社内部设立了"哈利·波特"工作室，专门抽调专人进行相关产品的研究与开发：同邮局合作推出"《哈利·波特》邮资明信片"首印1万套30万张；出版系列填色书，把书延伸到9岁以下的低幼儿；出版系列海报书，发挥海报的广告作用；出版系列贴画书，把形象贴到书包上、文具盒上等。

2.《富爸爸，穷爸爸》高密度媒体营销

2000年9月，《富爸爸，穷爸爸》系列图书开始被世界图书出版公司北京公司引进出版，依靠"高密度媒体营销"，把"富爸爸"系列做成百万量级畅销书。

2000年9月上旬，负责该书策划的北京读书人公司借助举办第八届北京图书博览会（BIBF）的时机，在一、二、三层展馆设立醒目的展位，展示样书，并制作两米高的纸制"大书"，用另类的色彩——紫色做封面。

新书上市后，恰逢南京书市将要召开，北京读书人公司在新华社举办了一场大型的专门新闻发布会，邀请了全国数十家报纸、电视、网站等权威媒体以及40余位来自全国各地的

《富爸爸，穷爸爸》书影

政府官员、金融专家、企业家、教授参加发布会，由专业媒体、图书行业媒体和综合媒体共同进行的转载和报道逐渐扩散。短短的三个星期时间内，首版印刷的5万册图书已销售一空。

在随后的南京订货会上，读书人公司又推出第二本书，并开始对"经销商"造势，在书市上展示喷绘对联，并加大当地新闻宣传力度，通过订货会现场对读者的零售出现的轰动场面，来拉动经销商的订货。第二本书的出版不仅使"富爸爸热"持续升温，还取得了单品种一次订货81万码洋的业绩。订货会后，全国200多家知名媒体均对"富爸爸"图书进行了报道，吸引了更多的读者对此书的关注，引发一批理智型读者对此书的抢购热潮。

3.《皮皮鲁总动员》系统营销成就畅销

2006年郑渊洁作品"转会"二十一世纪出版社以后，该社通过花样翻新的系统营销，再加上作家郑渊洁本人积极配合宣传造势，使得这套长销书"摇身一变"成了当时的超级畅销书。

除了高密度的常规宣传外，二十一世纪出版社策动了一系列别出心裁的大型营销活动：举办"皮皮鲁25周岁生日庆典"，邀请"皮皮鲁之父"郑渊洁亲临现场，与广大读者、粉丝零距离接触；策动"皮皮鲁阅读总动员：我阅读，我快乐，我想象，我写作"活动。邀请郑渊洁分别在上海、北京、江苏、浙江、广东、广西、四川、吉林、湖南、江西等省市进行签售，与全国各地的几十万名小读者面对面接触，开展"零距离营销"；成立"皮皮鲁俱乐部"，只要读者购买该社出版的《皮皮鲁总动员》系列书的任何一本，就可以成为"皮皮鲁俱乐部"的星会员。

二十一世纪出版社还主动利用郑渊洁当时点击量逾两千万的中国排名第10位的博客宣传《皮皮鲁总动员》，这套书的页面长期置于郑渊洁新浪博客的首页广告栏，给读者造成视觉认同感。还利用郑渊洁主持多档电视节目的优势，通过电视媒体为《皮皮鲁总动员》造势，如郑渊洁出任央视《联合对抗》节目嘉宾，赠给选手的礼物都是《皮皮鲁总动员》。

二、造势营销

造势营销是指制造热点以引起读者和市场关注的营销策划方式。也有人称"造势营销"为"事件营销"。事件营销（Events Marketing）指的是企业、商家通过介入重大新闻事件、社会活动等，迅速提高品牌知名度与美誉度，以达到名扬天下的目的，并最终促进市场销售。

1.《时间简史》用媒体放大"传奇"的力量

1992年，当《时间简史》在湖南科技出版社出版的时候，首印数只有3000册。而且此前出版社有点拿不准，为了印不印、印多少，开了很多次会。但是，该书编辑通过媒体有意识放大了该书作者及其思想的"传奇"力量，让这本书在出版三年后开始畅销起来。

该书出版后，曾经遇到发行上的难题。许多书店认为这套书太高深，没有兴趣订货，编辑李永平开始主动策划。当时作者在中国知名度低、内容过于艰深，是该书的弊端。然而，不但该书作者的经历就是一个传奇励志的故事——霍金肢体运动能力几乎全部丧失，只能斜躺在电动轮椅上，靠语言合成器写作；而且作者的优美文笔，使得该书具备了一种审美的力量，让该书成为人文气氛和理性精神交相呼应的特别文本，而不仅仅是本专业书。湖南科技出版社不断通过媒体将这本书作者的传奇故事进行发布，该书也开始在读者中"慢热起来"，开始有书店陆续添货，慢慢畅销起来。至于后来出版方邀请霍金来中国演讲而举办推广活动，那已经是该书热销之后的"锦上添花"行为了，出版方认为畅销的关键还是在于最初的"媒体放大"的慢热阶段。

《时间简史》书影

2. 《谁动了我的奶酪》强势媒体来"开路"

2001年最为火爆的畅销书当属《谁动了我的奶酪》。有趣的是，该书在中信出版社出版之前，至少在五六家出版社和书商手里经过，都一致地不被看好。

《谁动了我的奶酪》的策划者认为，虽然这本书只是个简单的寓言，而且原书太薄，但其把住了时代的脉搏——变化和应对变化，从这种角度看非常适合中国国情。于是，出版方与当时创办不久的中央电视台财经节目《对话》联系制作了一期节目，组织了国内顶级CEO们对此书进行了相关讨论，这无疑"相当于"做了一个效果非常明显而直接的广告。随后，还在《中国图书商报》等强势媒体进行连续报道。不久之后，该书掀起了企业团购的热潮。

中信出版社原社长王斌认为，靠强势媒体"开路"是必要的前提，而该书内容的突破则是畅销的基础。该书寓言式的小故事通俗易懂且耐人寻味，而且2001年是变化迅速的一年，亲身经历着变化的人们不免有着各种焦虑和彷徨，以讲述如何面对变化为主题的《谁动了我的奶酪》正是应对如此病症的一服良药。另外，策划人对这本小册子式的书进行了改造，配了插图，全书彩色精装，一下子将书提升到一本经典励志读物，为此后的销售打下了良好基础。

3.《中国美术全集》全国百店推广

人民美术出版社、文物出版社等多家出版社共同出版的《中国美术全集》，是我国有史以来规模最大的美术图书出版项目，全新再版的定价2.4万元的《中国美术全集》作为一套高码洋的品牌图书，如何能够使渠道和读者真正认识其价值呢？

该书发行方北京三希堂原总经理付双全提出"百店推广"活动的方案：三希堂公司把该书市场营销推广办法教给合作伙伴，比如一定要在店面显著位置进行陈列、安排专职导购服务等；同时推出了一系列可操作性强的特别优惠政策，比如承诺确保参加活动单位的发行权益，主办方不再向加盟店以外的其他单位供货；及时在权威媒体公布指定经销单位信息；及时报道活动情况，并重点对业绩突出的营销单位和成功的营销经验进行专题报道和宣传。为此，付双全经过广泛调查后，将《中国图书商报·图书营销周刊》作为《中国美术全集》

全国百店推广活动的唯一支持媒体，通过《图书营销周刊》这个平台，与国内书业有经验有信誉的新华书店、民营单位进行广泛合作，实施品牌图书的品牌营销。

2007年8月，全国百店推广活动一经推出，全国各地新华书店、书城、专业美术书店、古籍书店和《中国图书商报》书香区域合作伙伴单位等纷纷报名参加，短短一个半月，报名参加活动单位达到100家以上。参加活动的百家店将《中国美术全集》作为主营品种进行重点营销，营销形势喜人。

三、创意营销

从广义讲，所有的营销都具有创新意义，都是创意营销，这里特指完全不同于传统方式的让人感到耳目一新的营销方式。这种有创意的营销又主要指具体的营销方式，甚至可能是某个营销环节、细节有创意。虽然从营销战略上讲，创意营销毕竟是手法和方式方面的创新，但它对于图书营销，对于扩大图书的影响能产生重要影响，起到四两拨千斤的作用。

1.《高效能人士的七个习惯》蓄意引发"团购潮"

2003年，由中国青年出版社出版的《高效能人士的七个习惯》，通过营销运作，有意识地引发团购销售的热潮。

负责该书发行的中青文公司为了引发该书销售的热潮，侧重进行团购的发动，为全国各大主要企业公司老总和人力资源总监免费寄送样书。他们分析：从图书市场热销的励志书来看，基本上都跨越商业和励志两个门类，而这本书正属于"商业+励志"的范畴，因此更适合团购。经过广泛面向企业的宣传，最后统计：这本书的销售量中有约10%的比例是通过中青文公司直接联

《高效能人士的七个习惯》书影

系团购实现的，而那种通过书店进行间接团购的就更多了。大部分企业团购该书作为员工的内部培训教材。

2.《话说中国》"整合营销"破惯例

很多人都没有想到，上海文艺出版总社出版的《话说中国》这样一部以中国历史为主题的厚重巨制，总定价近千元，单册定价60多元的高码洋丛书，会在出版前就卖出海外版权、出版后一年畅销16万册。

一般的丛书要一次出齐，《话说中国》却采用滚动出版方式，一月出一卷，15个月出完。该书借助于上海文艺出版总社旗下的《故事会》等多家媒体的宣传广告支持，很快就有2000位读者预付书款购买整套丛书。为了让这套图书拥有更多的读者，总社把《话说中国》系列赠送上海市部分名牌中学，得到在校师生的肯定，为该书走进中学助学读物市场开辟了新路。该书另一成功之处是其编辑内容手法上的创新：融故事体的文本阅读、精彩细腻的图片鉴赏、丰富多彩的知识资讯于一体，经纬交织，互为表里，折射出令人神往的中国历史长卷的秀美景致。

3.《经济学原理》"润物细无声"式渗透营销

2003年9月，机械工业出版社推出了曼昆《经济学原理》第三版，距离美国当年5月正式推出《经济学原理》仅仅四个月，是国际上的第一个译本。为向高知读者推广这本书，该社通过年会、晚会、读书栏目等方式，向知识分子读者进行"渗透式推广"。

该书出版之前，中央教育台邀请北京大学王其文教授在大学书苑栏目中介绍《经济学原理》一书的教学优势。很多老师、学生收看节目后，纷纷询问该书具体情况。机械工业出版社见机行事，把该书资讯迅速刻成光盘，在2002年上海经济学年会上向500位与会老师发送。当年12月24日，在全国MBA教育指导委员会召开的套餐工作会上开始报道此书，汤姆森还与机械工业出版社借机举办晚会，并借曼昆名气将晚会命名为"曼昆之夜"圣诞晚会。晚会基调定为"构思和乐趣"，在庆祝工作会召开的基础上，巧妙地把《经济学原理》中文简体版的整体构思予以介绍。依靠上述"润物细无声"式的营销方式，机械工业出版社让《经济学原理》首先走入了高校教师、领导的心中，借助他们对该书的口碑介绍，到2003年年底，出版仅三个月的曼昆《经济学原理》第三版就已经销售超过3万册。

四、精准营销

1. 内容仍是王道

无论时代如何变迁，人们喜爱的始终是图书的内容。"内容为王"亘古不变。在新形势下，传统图书出版业要认真分析读者的阅读习惯和文化需求，分析目标人群在图书方面的消费能力和他们的整体经济水平，出版的图书不仅要价格适当，更重要的是内容必须合适。同时，要利用分级理论，将图书有针对性地细分，对不同年龄段的读者适合读什么类型的图书要做到心中有数。

如同饮料界的可口可乐，在文学图书中"布老虎"丛书的名字也如雷贯耳，早些年有关机构曾对"布老虎"系列产品的知识产权、商标价值等多个指标进行评价，认为该品牌的无形资产价值过亿元，成为出版业少见的"金字招牌"。

1993年，国内出现了一个以醒目的虎头图案为标志的文学畅销书品牌——布老虎。明确的识别标志和以都市爱情故事为特色的内容大大方便了读者选择，春风文艺出版社出版的"布老虎"系列，逐渐成为国内文学图书出版的知名品牌。从1998年开始，"布老虎"开始进行品牌扩张，"小布老虎丛书""布老虎丛书·随笔系列""布老虎中篇小说""布老虎散文""布老虎青春文学"和"小布头丛书"等相继问世，针对不同的读者细分，各具特色。其中，长篇小说针对广大成年读者，散文偏重男性读者，中篇小说以细腻的情感吸引女性读者，随笔的读者为喜欢独立思考的知识分子，而"小布虎"和"小布头"则针对学龄儿童和低幼儿童，青春文学则针对青少年群体。

这个实例说明，无论图书市场多么变幻莫测，内容始终是主导因素。

2.《新语文读本》内容变靓，销售上量

1998年，广西教育出版社出版了《新语文读本》，被当年的媒体誉为"五四以来最好的人文启蒙读本之一"，创下出版当年销售码洋过千万、年均销量以60%以上速度增长的佳绩。

《新语文读本》的初期营销策略，是以专家座谈、演讲、讲课的形式，通过理论推广带动销售。请某一位专家、某几位学者到某一个地方做一场座谈、报告不会非常困难，难的是专家学者们不辞劳苦几年来几乎走遍全国到各地去做一场场理念推广报告！《新语文读本》的编委们作为国内一流的专家学者，虽然各有"主业"，编书只是"副业"，却如对待自己的孩子一般，配合发行部门进行持续的演讲、讲课、专家座谈的"活动营销"。

更重要的是，为了让《新语文读本》持续畅销，广西教育出版社坚持不断修订的营销策略，根据专家座谈、讲课的反馈信息，采取"删""换""增""改"的办法，对原有丛书12册进行全面调整，比如：增加了"保卫母语"的专题，收入有关语言文化和体现汉语的魅力、特点的文章；增加散文、随笔、杂文单元等。

此外，除全国通用版本，《新语文读本》还延伸开发出了《新语文写作》《新语文读本》农村版及《新语文读本》广西版、山西版、陕西版等新的图书品种，使《新语文读本》成长为畅销与长销结合的品牌。

3. 利用大数据进行精准营销

任何类型的产品营销，如果能掌握足够精准的用户信息，分析出他们的喜好，自然就能了解营销对象，做出合适的营销策略。大数据技术提供了这种可能。正如金山软件CEO张宏江所说："大数据将是一个革命性的工具，它不仅能够提高效率，更能够提高整个生产力。未来的大数据技术，无论是电商、游戏，还是我们的办公，基本上所有的产业，都会针对大数据进行改变，从而提高我们的效率。"大数据最重要的特点是"一切都被记录，一切都被数字化"。读者的上网搜索、阅读等行为都可以记录，并生成相关的数据分析报告，书店可依此进行针对用户的精准营销。比如，有的网上书店通过数据来分析受众的独特品位，为他们建立开放的数据库，为需求量大的受众开展个性化服务。图书营销进入了个性化服务甚至是一对一营销的阶段，为特定读者做订制服务，还能升级成延伸的活动，如为读者订制自己喜欢的作家的签名会和读书会等。

例如，上海人民出版社出版的《达·芬奇密码》中文版，由上海世纪文景公司进行运作，2003年他们拿到中文样稿后，得知《达·芬奇密码》的故事、情节的行进十分吸引人，在国内较早推出了"网站互动"的营销新方式，来快速扩大影响。

文景公司大力挖掘当时在中国出版行业利用并不充分的网站的宣传优势对该书进行推介。他们迅速建立了《达·芬奇密码》网站（www.davincicode.com.cn）。该网站设计非常独特，首页是一个游戏，也是读者与作者布朗"较量"的一个机会——读者只有赢了布朗才被许可进入站点。一年内，该书中文站点都能保持每天10万次的点击量。在2004年8月的上海图书订货会上，文景公司又特别策划了一场活体雕塑展演，这是以《达·芬奇密码》中三位主要人物为原型的一场演出，现场还配合有与读者就该书话题进行的互动，成为配合网络互动的线下互动。《达·芬奇密码》很快吸引了很多线上、线下的读者，并借助网络口口相传，成为当年的畅销书。

第四节　图书策划人应重视营销策划

我国的图书出版业以国有出版社为主，市场化水平还不是很高，生产模式在很大程度上仍然延续传统的运行机制：机构多、职能划分细、各部门并行且相互独立。图书生产制作职能划分明确，选题策划人负责策划选题、组织稿件，编校由专职文字加工人员完成，印制则由印务部门负责，图书印制入库后，接下来的事情就是销售部门的职责了。选题策划人在整个图书加工制作过程，有建议权往往没有决定权，一般情况下，如果策划人不主动了解和跟踪进度和生产环节，可能只有等到印制前来决定印数了。

在买方市场环境下，出版社的销售部门只能给经销商提供信息，而经销商是否添货、添多少货完全由他们决定，出版社销售人员不可能强求，书到了经销商（书店），就完全交由读者选择了。据统计分析，新书到书店"鲜活期"大概在15天左右，这还说的是先期已经有新书发布之类促销活动的书，如果能够"存活"，那之后还有大约三个月的销售期。对于一般图书而言，上市之前若没有其他促销手段（包括告知），投放市场之日就是石沉大海之时，基本上10天左右就会淡出书店显眼位置，任其自生自灭。

如此看来，重视自己所做的图书的营销策划理应是每一个图书策划人必须慎重考虑的问题。但是，在实际工作中的的确确存在着绝大多数图书策划人营销意识不强，对图书的营销策划关注不够、责任缺失，用一句俗语来说那就是"生娃不养娃"！

一、图书营销中策划人的作用

图书的生命周期中离不开营销，从选题策划阶段开始到成品上市，应该围绕如何满足读者需要、促进读者购买行为的发生来展开，如果认为图书上市才是营销工作的开始，最好的效果也只能是事倍功半，甚至是竹篮打水。

图书营销环节很多，但能否实现好的销售业绩和社会影响，图书策划人的作用非常重要，其主要表现在以下几个方面：

（1）开展市场需求调研，负责图书内容设计；

（2）作者的选择，图书风格的确定；

（3）装帧、版式以及包装设计；

（4）编校工作的跟进，编校进程、质量的监督；

（5）推介资料的准备，书评作者的联系组织；

（6）图书制作过程的跟进，印装质量的监督；

（7）提供与图书相关且有利于营销的其他咨询；

（8）市场销售情况的了解，加印事项的及时确定；

（9）关注作者、与图书内容相关事件变化，为营销随时提供信息支持。

二、图书策划人营销意识缺失的成因

出版业现状是，图书策划人往往对市场营销意识不强、责任缺失或者无法作为，给市场化图书造成负向影响。分析调查发现，导致此类问题发生的成因可以归结为以下几个方面。

1. 现行机制制约，无法作为

图书策划人对市场化图书的营销兴趣不足，其表现看似个人行为，实则与出版社的机制有一定关系。传统出版社图书策划、组稿的源头在编辑部，编辑们关注的是选题策划，担心的是无书可做；选题的报批由总编室（或办公室）承担，他们关心的是选题是否规范，能否顺利获批；编校部门承担的是书稿内容的文字加工，他们最看重的是图书内在的质量；制作由印务部门负责，他们关注的是完成任务；销售部门承担了图书的营销工作，但他们更多关心的是回款率。

影响市场化图书成功的因素很多：书稿内容、作者影响力、图书装帧设计、用纸、定价、制作质量、上市时机、宣传力度、售后服务等，每一个环节的缺失都可能造成图书的滞销或报废。而这些因素可能发生在那些并不关心市场成败的环节，或者说是关心图书成败的图书策划人所无法涉足的工作领域。这种例子在传统的出版社比比皆是，成则皆大欢喜，败责由选题策划人（或项目组）承担。这是传统机制的弊端。

2. 参与意识不强，观念落后

出版社的图书策划人也存在对营销工作参与意识不强，观念比较落后，"铁路警察"现象依然存在。突出表现是：

（1）仍然坚守"内容好，就一定会好卖"。

图书策划人，在其内心深处会有这样的一个观念：只要内容好，就一定好卖，至少是好内容应该卖个好价钱。这反映了出版主体对图书内容、书稿价值的充分看重，也是对内容根本价值的坚守。

内容好是基本的，也是应该的，但内容不会对市场销量构成直接的拉动力，内容影响生命力的久长，但绝不意味着内容好就一定好卖。因此，内容好还要辅之以好的形式、形态。

（2）简单认为"只要营销力度大就可以赚钱"。

图书是一种非刚性消费的产品，总的受益额往往较小，且受到图书生命力的限制等，较难长期持续销售。

图书策划人甚或是部分出版从业人员和组织，简单地认为"只要营销力度大就可以赚钱""市场化图书成败的主要责任在销售部门"。

事实上，一本书的长销不衰，主要反映了内容的经典、不可或缺、极其重要以及这些内容在非自然力因素影响下获得的社会认同；而营销手法在时间上往往追求短期效应，如果不能将产品发展成品牌，一旦营销力度走下高位，很快就是自然力在起作用。

3. 缺乏专业素养，水平有限

目前，我国的出版从业人员大多是转行而来，科班出身的骨干人才还没有挑起业界大梁，整体的谋划工作容易从主观意志出发，按照自己的思路去策划选题、按照传统产品的营销模式和手段开展图书营销。表现为：

（1）图书市场调研流于形式，缺乏科学的手段及归纳、分析，往往会根据自己的经验和喜好左右调查活动及数据，选题策划多是凭感觉和经验行使；

（2）选题实施过程不规范，作者的选择、内容的取舍、风格的把握往往不能按照选题策划的要求执行，将就凑合、"差不多就行"的传统做法在实施过程随时可见；编校、印制等环节把控困难；

（3）设计制作随心所欲，很少从读者的需求考虑或者说根本不了解读者的需求，当然也不排除某些选题在策划初期的读者定位就不明确。

不通过严密的市场调查和信息分析，而是凭感觉和经验进行设计，其根本原因是缺乏专业素养和策划水平，是图书策划能力不强的表现。

三、强化图书策划人的图书营销作用

图书策划人对市场化图书的成败作用十分明显，如何突现其地位，发挥其作用，努力提高产业效益，真正建立出版业市场主体，我们给出如下六个基本途径。

1. 转变观念，增强意识

图书策划人要根据市场的实际需求来设计书稿，用商人的思维来运作图书，在图书策划人制作图书时，一定要考虑并积极参与图书的营销活动。

做书的目的是为了满足读者的某些需求，在实现社会效益最大化的同时获得一定的经济效益。图书策划要明确读者需求，图书设计与制作要适应读者的可支配能力，市场运营要适应读者的心理诉求。图书策划人应该摒弃传统的"为做书而做书"的观念，强化参与市场化图书营销的意识，要为图书的整个生命周期负责，通过在现代营销策划理论指导下的扎实工作，提升图书策划的水平和能力，增强市场化图书的正向能量。

2. 加强学习，提高素质

学习是一个老套但又十分重要的话题，学习不是一句空话，素质的高低往往决定着事业的成败。

出版工作是智力型劳动，图书策划人应在学习专业知识、科技知识的同时不断学习现代营销理论。传统出版如今好像已经走到了冰点，市场化图书销售可谓举步维艰，何以应对是整个行业面临的困局，何以突围也需要探索，但这种探索不是靠坐在办公室拍脑袋就能想出来的，必须通过学习，探索新的模式、新的形式和新的适合读者需求的发展之道。书业是精神文化产业，从业人员的综合素质理应在普通读者之上，因此，不断学习对于出版从业人员，尤其是图书策划人员就显得更为重要。

3. 精致做书，真情服务

精致做书，首先要明确哪些因素是可以让市场化图书获得成功的最关键的因素。研究发现，下面两点图书策划人应该给以重视：

一是作者，尤其是绝对名人或者已经功成名就的公共名人的作者，他们的书基本上没有市场障碍。绝对名人出版的图书，只要其图书内容的内涵与其公共形象内涵是吻合的，取得市场成功应该没有问题。

二是通过富有创意的诉求来打开市场，这是根本。对大部分出版社来说，追求绝对名人有点不大现实。事实上，有很多书销量是不错的，但读者并不熟悉作者，如陕西师范大学出版社出版的累计销售达500万册的《杜拉拉升职记》，其图书本身的影响已经远远超过作者的名气。

出版社应该在读者诉求上下更大功夫，在熟悉市场表现、实地考察市场需求、广泛开展市场调研、充分熟悉细化市场情况的前提下，综合考虑创意情况、图书定位、内容本身、同类竞争情况、图书的总形态等，确保市场化图书具备良好的商品特性。

三是真情服务。图书是一种特殊的产品，对于从事图书营销的出版社来讲，服务不是一个简单的口号，而传统的产品营销中的那些服务举措只能借鉴，不可照搬。如果一定要提到服务，那更应重视的是为作者服务，为读者提供优质（内容适合、装帧实用、编校和印装质量高）的图书就是对读者的最好服务。

4. 长远谋划，打造品牌

品牌的价值在书业尤其显得重要。近年来，国内图书市场可谓繁荣，琳琅满目、万马奔腾，图书的新品种上市率比十多年前翻了好几倍，同类书、同质书充斥市场。在如此"丰富"的图书市场中，读者购买行为的决定因素是什么？品牌是首选之一，当然这包括了作者和出版社。品牌的打造非一日之功，需要出版社多年，甚至是十多年、几十年或几代人的努力。

内容的精致、装帧的精到、质量的保障、服务的始终如一，都是打造品牌的具体作为。作为图书策划人，应该强化品牌意识，出版社更应该将出版品牌作为企业的长期目标。

参考文献

一、著作类

1. 要力石．谋划出书［M］．北京：新华出版社，2012．
2. 易图强．图书选题策划导论［M］．北京：中国人民大学出版社，2009．
3. 易图强．出版学概论［M］．长沙：湖南师范大学出版社，2008．
4. 要力石．实用图书策划学［M］．北京：中国书籍出版社，2007．
5. 宋连生．图书选题策划学［M］．北京：中国水利水电出版社，2006．
6. 苗遂奇．现代出版选题学引论［M］．苏州：苏州大学出版社，2005．
7. 朱胜龙．现代图书编辑学概论［M］．苏州：苏州大学出版社，2003．
8. 张志强．现代出版学［M］．苏州：苏州大学出版社，2003．
9. 阙道隆，徐柏容，林穗芳．书籍编辑学概论［M］．沈阳：辽海出版社，2000．
10. 徐柏容．图书策划人创意论［M］．天津：天津古籍出版社，1999．
11. 邹韬奋．经历［M］．北京：三联书店，1979．
12. 杰夫·赫曼，德博拉·利文·赫曼著．崔人元等译．选题策划

[M]．石家庄：河北教育出版社，2005．

13．格罗斯主编．齐若兰译．编辑人的世界[M]．北京：中国工人出版社，2000．

14．J．P．德索尔著．姜乐英，杨杰合译．出版学概说[M]．北京：中国书籍出版社，1988．

15．斯坦利·昂温著．谢琬若等译．出版概论[M]．北京：中国书籍出版社，1988．

16．小赫伯特·S．贝利著．王益译．图书出版的艺术和科学[M]．北京：中国书籍出版社，1995．

17．清水英夫著．沈洵沣等译．现代出版学[M]．北京：中国书籍出版社，1991．

18．塔·波·伏尤科娃著．屈洪，宁宝双译．八十五次喜与忧——一个编辑的思考[M]．北京：中国书籍出版社，1990．

二、论文类

1．李鹏．新编辑快速上手选题策划的15个策略[J]．科学与出版，2009（6）：34—37．

2．杨向萍．按需印刷时代的图书定价[N]．新华书目报，2015-06-08：A07．

3．朱晓莉．论图书编辑的选题策划[J]．传播与版权，2015（4）：48—49．

4．李梦玲．书籍装帧设计与图书生命力[J]．出版发行研究，2015（3）：98—101．

5．王少波．2015书业营销走到"十字路口"[N]．中国出版传媒商报，2015-01-16：69．

6．武旭．图书设计的非与是[J]．出版发行研究，2014（12）：82—84．

7．刘艳华．浅论书籍装帧的发展趋势与当今的现状[J]．价值工程，2014（12）：301—302

8．卫广刚．编辑在书稿加工过程中的工作要求[J]．科技创新导报，2014（11）：243．

9. 申敏. 提升图书策划能力的思考［J］. 品牌，2014（9下）：251—252.

10. 席春燕，张志. 出版企业图书定价的方法与策略浅析［J］. 内蒙古科技与经济，2014（7）：25.

11. 程俊蓉. 新时代背景下图书选题策划的创新与发展［J］. 新闻研究导刊，2014（7）：10.

12. 郝珊珊. 新市场条件下策划编辑要掌握的营销方法［J］. 传播与版权，2014（7）：64—65.

13. 刘光辉. 兰登书屋网络营销策略［J］. 出版参考，2014（7上）：14—15.

14. 欧阳丽. 书籍勒口的设计与应用［J］. 艺海，2014（5）：118—120.

15. 张梦童.2013年"中国最美的书"获奖图书赏析［J］. 印刷技术，2014（4）：42—43.

16. 阿依娜扎尔·阿布力孜. 图书编辑的选题策划创新意识研究［J］传播与版权，2014（3）：30—31.

17. 吕敬人. 华彩书美悠悠我心［J］. 中国美术，2014（3）：86—89.

18. 曲春晓. 浅谈图书编辑策划与加工一体化［J］. 出版广角，2014（1下）：46—47.

19. 石羽丰. 论图书装帧设计的造境之美［J］. 出版广角，2014（1下）：76—77.

20. 杨扬. 浅谈策划编辑在图书版式设计中的作用［J］. 传播与版权，2013（11）：62.

21. 索昕煜. 图书装帧设计中的中国文化符号应用［J］. 出版广角，2013（11上）：64—65.

22. 闫华忠. 图书编辑策划能力的培养［J］. 新闻传播，2013（6）：203—205.

23. 王琪. 大数据时代图书选题策划的技术手段［J］. 编辑学刊，2013（5）：76—79.

24. 祝肖虎. 图书装帧艺术［J］. 印刷工业，2013（5）：85—86.

25. 李鲆. 合理提高图书定价的13种技巧［N］. 中国图书商报，2013-04-26：13.

26. 彭晔. 浅谈图书选题策划的特性［J］. 企业导报，2013（2）：240.

27. 程文卫. 浅谈图书版式设计的基本原则［J］. 出版广角，2012（12）：48—49.

28. 何富生. 好书是做出来的［J］. 中国民营书业，2012（6）：8.

29. 刘艳华. 浅谈图书的装帧设计［J］. 中国出版，2011（11上）：38—39.

30. 汪萍. 浅谈图书准确定位的几个关键问题［J］. 科技与出版，2011（10）：31—33.

31. 闫晓春. 策划编辑如何磨练自己的基本功［J］. 科技之讯，2011（9）：241.

32. 盛威. 论版式设计在书籍装帧中的应用［J］. 戏剧之家，2011（9上）：58—60.

33. 冯雨乔. 试论畅销书及其产业链的形成［J］. 新闻与出版，2011（6）：227—228.

34. 许维丽. 图书之计在于策划［J］. 新疆新闻出版，2011（3）：60—61.

35. 杜燕. 略论选题策划及编辑素质的培养与提高［J］. 经济研究导刊，2010（21）：224—225.

36. 王军平. 影响书籍装帧设计品质与格调之因素探析［J］. 大众文艺，2010（10）：58—60.

37. 常小虹. 图书策划与图书编辑理念［J］. 科技与出版，2010（2）：21—22.

38. 林志农. 创意灵感信息与选题策划［J］. 出版发行研究，2009（6）：35—36.

39. 王莹. 关于图书版式设计的几点建议［J］. 中国编辑，2009（4）：40—41.

40. 曹叶平. 影响图书印装质量的原因分析及对策［J］. 印刷世界，2009（4）：35—36.

41. 史洪源．论编辑选题策划能力的提高［J］．大连海事学院学报（社会科学版），2008（2）：126—128.

42. 张镜．科技类出版社对印刷厂的选择［J］．印刷杂志，2007（2）：31—32.

43. 何桂林．出版环节与印装质量［J］．出版于印刷，2007（1）：22—24.

44. 郭爱民．编辑策划选题的十大基本原则［J］．编辑之友，2006（2）：21—24.

45. 陈杰．书名策划的经验法则［J］．湖南城市学院学报，2006（3）：45.

46. 宋岚．责任编辑要关注图书装帧设计［J］．出版科学，2004（5）：61—62.

47. 桂国强．优秀策划编辑的四种能力［J］．编辑学刊，2003（6）：76—80.

48. 虞信棠．论图书出版技术［J］．出版与印刷，2003（3）：7—10.

49. 王玉成．选题策划应遵循的几个原则［J］．编辑之友，2000（6）：57—58.

50. 张作明．出版策划的主体与运作［J］．出版科学，1997（3）：18—19.

51. 高哲峰．图书版式设计的基本原则［J］．科技与出版，1997（5）：41.

52. 杨鸥．图书版式策划的基本原则［J］．科技与出版，1996（3）：42.

后　记

　　我的大半生，好像与书的情缘更为丰厚。说起来大概可以用"读者，作者，出版者"几个字来概括。从本书的谋划、准备、搜集资料、着手写作到初稿成型，前后5年时间，辛苦自不必说，体会倒有一箩筐，借此，寒暄几句。

（一）

　　我上学的年龄，大部分时间与"文化大革命"同步，那些年不读书，也没书可读，除了课本之外，其他图书几乎没有见过，我上高中，"文革"正好结束，高考恢复，算是赶上了好时光。

　　高考对于我们是陌生的，备战也是毫无目标的。考什么，怎样应考，全凭老师说了算。还有就是，今天的学生可能无法想象，一个备战高考的学生，手里除了课本竟然没有其他任何复习资料！

　　有件事，说起来也许你不信。我的初中班主任后来随丈夫调入北京某小学任教，在我"备战"高考那年，她给我弄了一套当年非常稀缺的"海淀"复习资料，通过邮局寄给学校的一位老师让她转交给我，但那位老师的孩子与我同级，也正处备考之际，结果是我到高考结束也没看到这套资料。读书人，缺书，真的缺书！后来如愿上了大学，可那时，我深知：肚子里不但缺油水，也缺墨水。

（二）

　　记得那年高考填报志愿，我和其他大部分同学一样，不愿意报考师范专业，并发誓今生不当老师。

可是，人算不如天算，偏偏大学毕业就从事了教育，尽管我当年上的是军校，毕业后分配到遥远的南疆部队，却仍然是一名"教员"，之后干脆直接进入部队高校任教，专业教授计算机应用技术。

大学期间，我读的是计算机工程专业，也算是国内最早接触计算机知识的专业人员，毕业后自然就成了社会上的香饽饽，因此受到比较好的"待遇"。

那些年，计算机普及速度很快，硬件、软件的更新换代、技术的发展令人眼花缭乱。学用计算机成了当年的热门。可惜的是作为一门实践性很强的专业知识和技能，紧紧依靠读书而不去实践是无法掌握的。

面对渴望学习计算机知识、应用计算机技术的各级各类人员，我在教授计算机专业知识的过程中，开始探求普及计算机应用技术的更为广阔的领域。从1985年开始，近十年时间，我先后在各种报刊上发表各类计算机技术学术研究论文和文章近百篇，出版了十多部计算机普及读物，俨然成为一位作者，因而受到西安几家以出版计算机类图书为主的出版社的重视和欢迎，同时参与并策划了诸如"轻松学习系列""直通车系列""从零开始学习系列"等普及类计算机图书。因此，我产生了做一个出版者梦想。

（三）

记不清是哪年，有次与一个出版社的老总闲谈，他无意间告诉我，有很多优秀的作者最后都成了出版人，对此，当时我不以为然。今天想想，那位老总的话可能影响了我后半生的人生选择。

随着中国社会改革开放的深入，在蓬勃发展且富有活力的大形势下，一切都在发生剧烈的变化，人们不满足现有的生活，纷纷踏上实现自我价值的拓展之路。1997年，我选择转业地方到高校并明确要求到高校的出版社工作。

1998年，我如愿成为一位出版工作者，陕西师范大学出版社是我出版职业生涯的第一站，也可能是唯一一站。近二十年，我体验了出版环节的各种工作，也策划出版了一些好书，受到了来自读者、社会的肯定，实现了做一个出版人的夙愿。

我一直在读书，也曾写过书，而今是一个真真正正做了几本好书的出版者。此时，拙作脱稿之际，我在想，我在问自己：你的确策划过几本被社会认可的书，那么，你算得上有思想的图书选题策划人么？你曾经拿下了在他人看来不可能实现的出版项目，难道你就敢说自己已经是一个成功的出版人么？你也许面对专家、潜入市场、左拼右杀，在某些研究成果的市场化图书运作中取得了令人羡慕的成绩，你是否敢言，自己的学识和能力已经足以应对下一个出版选题或项目？

做一个有追求、有情怀的出版人，可能需要付出一生的追求和奉献。

（四）

这本书是我与书结缘几十年以及做书体会的小结，是自己多年从事编辑出版事业探究、思考和感悟的一些归纳，其中少不了借鉴同行的真知灼见，也少不了借用他人的职业体验。为能充分反映我国图书策划发展变化的成果，参考和采用了多位当代学者的著述。全书采用成说最多的是要力石的《实用图书策划学》和易图强的《图书选题策划导论》，其中部分章节依据、参考、参照了他们著作，当然也引用并参照了许多同行近年来的大量研究成果，这里难以一一列举，这些参考文献均在书后列出，文中没有一一标注出处。特此说明，并向这些论著的作者致以由衷谢意。

（五）

成为职业出版人，当从那些年写书算起，20世纪90年代初期，西安电子科技大学出版社李荣才总编、贺晓军社长给予过帮助，徐德源老师责编了我多本书稿，给予了我作为做书人对书最初的理性认识；《陕西电子》原社长张忠智先生也曾约请我编写了多本计算机普及读物并使其正式出版，同样给了我做书人的启蒙和引导，在此，真诚表示感谢。

真正算作一个出版人，是从成为师大人、进入陕西师范大学出版社开始的。起初几年，我从谋划电子出版（后来改说"数字出版"）开始，在时任社长高经纬先生及出版社的大力支持下，建立了出版社信息管理系统（ERP），实现了出版发行业务的计算机化，之后又先后做过出版信息宣传工作、图书营销工作、电子音像出版，体验了几乎所有出版流程业务，感受了作为一个出版人的辛劳与成就。之后我转为专职图书策划人。此期间，得到来自出版社领导、同事们的大力支持和帮助，其情其景，历历在目，不敢忘怀，理应感谢。

做书需要作者的理解和支持。我很欣慰，认识并得到了音乐家赵季平先生，作家贾平凹老师、高建群老师、和谷老师，以及欧阳宏生、翟博、徐明正、王军哲、李四军、曾静平、李荣、王安中、王历之、年亚贤、吴军安、刘华阳、焦海民、邢小俊、徐伊丽、李家洋、钱允凤等众多朋友的帮助，是他们赐我"衣食"，成就了我的做书梦想，我要衷心地向他们说一声谢谢，真心感谢你们。

在我的人生旅程以及本书的写作和出版过程中，我的家人付出了太多。每每在我人生的转折时期，他们无怨无悔跟随我从零开始打拼人生：多少个日夜，为了自己的事业我舍下了他们，让他们独自承受辛苦，他们与我共同承担了生活的辛劳及由于我事业峰谷给他们造成的伤怨，却很少分享到我带给他们的喜悦和慰藉。在此，我要对他们说一声对不起，同时由衷感谢他们对我的理解和支持。

近些年，我所策划图书的装帧设计工作大多由"鼎新文化"实现，他们的创意给我的策划锦上添花，他们的真诚无私为我的职业增色添力，感谢以贾艳红为首的设计团队！

本书编写和出版过程，得到了中国编辑学会会长、中国新闻出版研究院原院长郝振省，中国书籍出版社刘向鸿，陕西师范大学出版总社领导、同事的关心和大力支持，还有本书责编的辛勤付出，在此表示感谢。

  同样，我还要感谢来自设计排版、印刷装订方面体谅我、为我操心付出的朋友。

  最后，要真诚的向看到本书的读者说一声谢谢。如果本书能对您的工作有所帮助，那是我的初衷；倘若本书耽误了您宝贵的时间，我要向您说一声抱歉，并请将您的意见反馈给我。

作　者

2016年6月于西安